国家智库报告 2017（4）
National Think Tank

金融

中国农户家庭资产负债表与农村普惠金融建设

孙同全　董翀　陈方　韩磊　等著

FARMER HOUSEHOLDS' BALANCE SHEET AND RURAL
INCLUSIVE FINANCIAL SYSTEM BUILDING IN CHINA

中国社会科学出版社

图书在版编目(CIP)数据

中国农户家庭资产负债表与农村普惠金融建设/孙同全等著.—北京：中国社会科学出版社，2017.2

(国家智库报告)

ISBN 978 - 7 - 5161 - 9282 - 5

Ⅰ.①中…　Ⅱ.①孙…　Ⅲ.①农村金融—研究—中国　Ⅳ.①F832.35

中国版本图书馆 CIP 数据核字(2016)第 270769 号

出 版 人	赵剑英	
责任编辑	侯苗苗　蔡　莹	
责任校对	周晓东	
责任印制	李寡寡	

出　　　版	中国社会科学出版社
社　　　址	北京鼓楼西大街甲 158 号
邮　　　编	100720
网　　　址	http://www.csspw.cn
发 行 部	010 - 84083685
门 市 部	010 - 84029450
经　　　销	新华书店及其他书店

印刷装订	北京君升印刷有限公司
版　　次	2017 年 2 月第 1 版
印　　次	2017 年 2 月第 1 次印刷

开　　本	787×1092　1/16
印　　张	18
插　　页	2
字　　数	306 千字
定　　价	75.00 元

凡购买中国社会科学出版社图书，如有质量问题请与本社营销中心联系调换
电话：010 - 84083683

课题组成员

顾　问：刘文璞（中国社会科学院荣誉学部委员、研究员，原农村发展研究所党委书记、副所长）

杜晓山（中国社会科学院农村发展研究所研究员，原农村发展研究所党委书记、副所长）

宋洪远（农业部农村经济研究中心主任、研究员）

主持人：孙同全（中国社会科学院农村发展研究所副研究员、农村金融研究室主任）

成　员：董　翀（中国社会科学院农村发展研究所助理研究员）

韩　磊（中国社会科学院农村发展研究所助理研究员）

陈　方（中国社会科学院农村发展研究所助理研究员）

孟光辉（中国社会科学院农村发展研究所博士后）

聂　强（西北农林科技大学副教授）

汪雯羽（中国社会科学院研究生院硕士研究生）

李　勤（甘肃省陇南市金融办副主任）

刘兴祥（重庆市开县人民银行副行长）

钱　峰（重庆市开县民丰互助合作会理事长）

董三荣（甘肃省陇南市金桥村镇银行副行长）

罗洋明（浙江省仙居县农村信用合作联社主任）

刘大伟（宜信公司高级副总裁）

胡安子（宜信研究院总监）

李　根（宜信研究院研究员）

序一 如何推进中国的农村普惠金融建设

杜晓山

中国社会科学院农村发展研究所研究员

中国小额信贷联盟理事长

国家智库报告《中国农户家庭资产负债表与农村普惠金融建设》是我们课题组完成的一项新研究成果。本报告是我们课题组成员共同努力的结果，但为之付出最多精力和最大贡献的是本报告的主持人、主要协调人和总报告的撰写人孙同全副研究员。我们真诚地欢迎所有读者对本报告进行审视、批评和建议。

党中央、国务院年初批准发布了《推进普惠金融发展规划（2016—2020年）》（以下简称《规划》），确立了推进普惠金融发展的指导思想、基本原则和发展目标，对普惠金融服务机构、产品创新、基础设施、法律法规和教育宣传等方面提出了一系列政策措施和保障手段，这是我国金融领域的一件大事。《规划》开宗明义地指出普惠金融的基本含义、重点服务对象和发展普惠金融的重要意义。本报告也可视为我们对《规划》要求和内容的部分诠释和理解。我在此想再补充些我个人的理解、观点和看法。

一 普惠金融的特色

（一）普惠金融的基本含义、重点服务对象和重要意义

依我的理解和认识，发展普惠金融是党中央在"十三五"期间推进金融改革发展的重要组成部分。《规划》提出的普惠金融的基本含义是指：立足机会平等要求和商业可持续原则，以可负担的成本为有金融服务需求的社会各阶层和群体提供适当、有效的金融服务。普惠金融强调穷人等弱势

群体也需要获得各类金融服务的平等机会和公平享用权。普惠金融的基本要求是金融扶持弱势群体发展且能实现金融供给机构自身可持续发展。

当前我国普惠金融重点服务对象（或称服务目标群体）是小微企业、农民、城镇低收入人群、贫困人群和残疾人、老年人等特殊群体。应使这些弱势群体及时获取价格合理、便捷安全、适宜的存款、贷款、汇款、保险和直接融资等各类金融服务。它的出发点和落脚点是要提升金融服务的覆盖率（广度和深度）、可得性（各种需求可获得）、满意度（服务质量和水平），满足人民群众日益增长的金融需求。

大力发展普惠金融的重要意义就中短期而言，在于这是我国到2020年实现解决7000多万贫困人口（2014年年底统计数据）脱离绝对贫困和全面建成小康社会的必然要求。就当前和长远来看，有利于促进金融业公平、可持续、均衡发展，推动大众创业、万众创新，助推经济发展方式转型升级，使最广大人民群众公正分享金融改革发展的成果，增进社会公平和社会和谐。

（二）普惠金融体系建设

普惠金融是由微观（直接向穷人、中低收入者和小微企业提供服务的各种类型的零售金融服务提供者）、中观（金融基础设施和为微观金融服务机构服务的中介组织）和宏观（政府和金融监管当局法律法规和政策）层面组成的完整系统。

因此，应从整体上考虑建设好普惠金融体系。在微观上，健全多元化、广覆盖、可持续的机构体系，创新金融产品和服务手段，重点缓解和解决城乡小微企业和弱势贫困群体融资难、融资贵的问题。在中观上，发展金融基础设施建设和支持性中介服务提供者。例如，运用互联网技术、大数据、云计算的效能，发展征信系统、结算支付系统、审计评级机构、培训机构、管理信息系统和信息技术提供者、行业协会、批发机构等。在宏观上，政府和监管部门完善相关法律法规体系，发挥政策引导激励作用，加强普惠金融教育和金融消费者权益保护，实施有效监管。以此加快建立多层次、广覆盖、可持续、竞争适度、风险可控的普惠金融体系。

在讨论普惠金融健康可持续发展问题时，国际主流的观点是既反对长期依赖补贴式金融，又反对过分商业化（以利润最大化为目标）金融的做法，也就是说，应以为弱势产业、弱势地区和弱势群体提供金融服务为宗旨，同时追求机构自身组织上和财务上的可持续发展。这与我国监管部门所倡导的普惠金融要走"保本微利"和可持续发展之路以及金融企业要承担社会责任的要求是一致的。现在，业内和学界的主流共识是，对一个小额信贷机构和普惠金融体系的评价要同时考核它的业务业绩指标（财务绩效）和社会业绩指标（社会绩效）。对开展小额信贷和普惠金融活动的机构，有一个对其业务（财务）绩效和社会绩效双底线、双考核、双评价的要求。

（三）我国普惠金融发展目标、成绩和挑战

《规划》要求到 2020 年实现的总体目标是，要建立与全面建成小康社会相适应的普惠金融服务和保障体系，有效提高金融服务的覆盖率和可获得性，明显增强人民群众对金融服务的获得感，显著提升金融服务满意度，特别是要让小微企业、农民、城镇低收入人群、贫困人群和残疾人、老年人等及时获取价格合理、便捷安全的金融服务，使我国普惠金融发展居于国际中上游水平。

我国普惠金融发展目前仍处于初级阶段。不过，经过各方的共同努力，现已呈现出服务主体多元、服务覆盖面较广、移动互联网支付使用率较高的特点，人均持有银行账户数量、银行网点密度等基础金融服务水平已达到国际中上游水平。这是十分喜人的成绩，我们应继续努力，巩固成果，更上一层楼。同时，我们也应十分清醒地认识到我国普惠金融作为一个宏观、中观和微观层面组成的完整体系的发展仍面临诸多问题与挑战：普惠金融服务不均衡，小微企业和弱势群体融资难、融资贵的问题突出，金融资源向经济发达地区、城市地区集中的特征明显；普惠金融体系不健全，金融法律法规体系仍不完善，直接融资市场发展相对滞后，政策性金融机构功能未完全发挥，金融基础设施建设有待加强；普惠金融的商业可持续性有待提高等。这些"短板"应是今后力争改善的主攻方向和重点，而且，我们要特别关注低收入和贫困群体的覆盖率与服务深度不足这一"短板"问题的解决。在此，我仅就普惠金融服务的小微企业融资、扶贫小额信贷组织发展、贫困村互助资金项目和组织发展问题再谈些意见和建议。

二 小微企业融资

我国间接金融（银行业）融资比重约占80%以上，远高于直接金融比重。截至2015年年末，全国银行业小微企业贷款余额占各项贷款余额的23.90%。不过，据普惠金融联席会统计，目前我国存款类金融机构和非存款类金融机构对小企业贷款（笔均100万—500万元）覆盖率均为20%；两者对微型企业贷款（笔均30万—100万元）覆盖率各为2%和10%；两者对个体工商户贷款（笔均10万—30万元）覆盖率各为1%和2%；民间金融对个体工商户贷款（笔均10万—30万元）覆盖率为20%。可见，小微企业贷款难的现象是十分突出的。

另据中央财经大学史建平主编的《中国中小微企业金融服务发展报告（2015年）》，2014年年末银行业金融机构小微企业贷款余额占其全部贷款余额的比例为23.85%，大型商业银行在这一比例上未达到银行业整体水平，而其他类型的金融机构均超过银行业整体水平。在小微企业贷款余额占比上表现最好的是村镇银行，高达74.51%。城市商业银行、农村商业银行和农村信用社的狭义（企业法人）小微企业贷款占比顺次递减，以个人贷款形式发放的小微企业贷款（即个体工商户和小微企业主贷款）占比顺次递增。在各类机构中，村镇银行的狭义小微企业贷款占比最低，略超过5成，相应地，以个人贷款形式发放的小微企业贷款占比是几类机构中最高的。

农村中小金融机构小微企业贷款结构与其他银行业金融机构最大的不同在于，以个人贷款形式发放的小微企业贷款的比例显著高于银行业平均水平，尤其是村镇银行接近5成的小微企业贷款都是以个人贷款形式发放，而银行业这一比例仅有2成。

由此可以看出，大中小银行依然延续了在小微企业金融服务方面的比较优势。其中，大型商业银行在小微企业贷款余额的规模上遥遥领先，而中小银行则在增速、占比、网均贷款效率方面更胜一筹，从户均贷款规模可以看出中小银行在客户结构重心方面相对于大型商业银行也更侧重于单户贷款规模较低的小微企业客户。

在讨论小微企业贷款问题时，还有一个已经延续了几年的各家金融机构统计口径和指标不一致而无法合理比较的问题。例如，2011 年披露的小企业户均贷款余额（但额度多超 500 万元/户，实际上已不属于小企业贷款）是：国有商行约 1000 万元/户。其中，农行和建行 1270 万元，中行 1006 万元，工行 815 万元，邮储银行（四川）1000 万元（新华网，2012 年 3 月 21 日）。股份行和城商行：南京银行 1650 万元，华夏银行 1230 万元，中信银行 645 万元，民泰商行 200 万元，浙商银行 152 万元。

2013 年年末部分大型商业银行小微企业户均贷款余额超 500 万元的情况（摘自刘克崮的《论草根金融》）：中国银行 1670.2 万元，光大银行 649.8 万元，华夏银行 845.8 万元，广发银行 1060.3 万元。工商银行小企业贷款统计口径为 3000 万元以下的企业贷款。

2014 年各类商业银行户均/单笔小微企业贷款额度：大型商业银行为千万元（个别数百万元）；股份制商业银行为数百万元（个别超过千万元）；城市商业银行为数十万元（个别超过千万元，少数数百万元）。有的已不是真正意义上的小微企业贷款了。

各类商业银行主要指标区间分布（2014 年）

指标	大型商业银行	股份制商业银行	城市商业银行
小微企业贷款余额	接近或超过万亿元	千亿元（高不过 5500 亿元，低不足千亿元）	百亿元（高度分散，高接近 2000 亿元，低不足 150 亿元）
小微企业贷款增幅	−8%—20%	−0.5%—30%	3%—40%
小微企业贷款余额占全部贷款比例	平均 15.01%（均不超过 16%）	平均 25.48%（高超 30%，低不足 10%）	平均 41.24%（高度分散，高超 70%，低大约 20%）
网均贷款	1 亿元左右（最低 0.5 亿元）	0.7 亿元—7 亿元	1 亿—6 亿元
户均贷款	千万元（个别数百万元）	数百万元（个别超过千万元）	数十万元（个别超过千万元，少数数百万元）

注：摘自史建平主编《中国中小微企业金融服务发展报告（2015 年）》。

由此可见，从商业银行信息披露情况来看，目前信息披露在规范性和完整性上仍存在较大的问题，离全面反映小微企业贷款发展状况仍有相当的距离，各机构披露的数据之间可比性差，有自说自话之嫌。而且，我们尤其缺少可靠的来自需求方的统计评判数据。因此，一定要像《规划》所要求的那样，建立健全普惠金融指标体系和发展监测评估体系。在整合、甄选目前有关部门涉及普惠金融管理数据的基础上，设计形成包括普惠金融可得情况、使用情况、服务质量的统计指标体系，用于统计、分析和反映各地区、各机构普惠金融发展状况。实施动态监测与跟踪分析，开展规划中期评估和专项监测，注重金融风险的监测与评估，及时发现问题并提出改进措施。

三　支持农村扶贫小额信贷组织发展

《规划》提出，通过法律法规明确从事扶贫小额信贷业务的组织或机构的定位。并要求，支持农村小额信贷组织发展，持续向农村贫困人群提供融资服务。这是对从事和支持扶贫小额信贷发展的人士和组织的极大鼓舞与鞭策。

公益性（非营利性）扶贫小额信贷组织，绝大多数设在国家和省级重点扶贫开发县，现有约200家，多借鉴孟加拉国"乡村银行"模式，均有五年到十几年甚至二十几年的历史。一般由社团组织、社会组织（不少依托政府机构）建立，它们利用社会筹资，专向中低收入群体和贫困户（多数为妇女）提供小额信贷服务，只发放几千元至几万元贷款，且只发放贷款而不吸收社会存款。它们扶贫的社会效益显著，每个县的项目已覆盖了几千到几万户次不等的低收入农户。它们中的多数也在探索可持续发展之路。而且，其中不少机构已基本具备了既扶贫又达到财务上的可持续发展（即保本微利）的水平。它们与贫困村互助资金项目一样在真扶贫、扶真贫，而且，经历了时间的考验，服务更专业、规模更大。

目前，中低收入和贫困农户较普遍缺乏贷款服务，扶贫贷款由于成本高、风险大，农信社等金融机构（包括近两年被银监会和央行批准新设的农村金融类机构）由于以盈利为导向，一般解决不了这方面的问题，而这些保本微利的公益性小额信贷组织和贫困村互助资金项目可以弥补这方面的缺陷。它们的存在和发展，也有利于推动农村农户信贷服务市场竞争局面的形成，还有利于抑制民间高利贷活动。而且，扶贫小额信贷对改变传统金融观念（或者依赖外部补贴，或者追求利润最大化）、建立普惠性金融体系、实现社会公平、促进共同富裕都有着重要的现实意义，确应大力扶持。

但是这类小额信贷机构的发展面临许多困难，除了其自身业务水平和能力制约以外，最重要的是政策环境有待改善。当前妨碍公益性小额信贷健康发展的政策环境主要是机构缺乏适宜的合法身份，以及缺乏资金来源和融资渠道，因此很难扩大规模和可持续发展。

正像《规划》指出的那样，这类不吸收社会存款的公益性小额信贷机构（例如，衡量的标准是：该机构的所有单笔贷款和服务的每位客户的贷款余额均不超过5万元人民币），现在已具备了通过法律法规给予合法身份的条件。我们真诚地希望和盼望《规划》提出的此要求能真正得以贯彻落实，并在实践中得以解决。为此建议：

（1）中央有关部门（央行、银监会和财政部等），或者在中央有关部门的授权下，各省有关部门尽快出台相关政策和管理条例，从政策上支持鼓励这类机构的健康发展。对于符合规定的给予合法地位和身份，给予财政和低成本融资资金的支持（当然这些机构要符合一定条件）。

（2）从国家财政或专项财政扶贫资金中拨出2亿元，作为扶贫小额信贷机构的垫底循环基金，设立专门的扶贫小额信贷批发基金（可由国开行或农发行或农行代管和运作），并以此吸引国内外各类其他资金，以解决扶贫小额信贷组织发展的资金"瓶颈"问题。特别应优先支持可持续和有潜力可持续发展的扶贫小额信贷机构的发展，以有效发挥正向激励机制的作用。国外一些国家在这方面已有很成熟的经验，可供参考借鉴，例如，孟加拉国由政府设立的专为扶贫小额信贷机构服务的批发机构PKSF就是十分成功的案例。

（3）可以替代上述"建议（2）"的方案是：以上述财政资金作为银行的贴息和担保资金，鼓励愿意承担社会责任的商业银行为这些扶贫小额信贷机构提供批发贷款资金，以解决目前一些合格的公益性小额信贷机构严重缺少融资来源的问题。可以选择若干具备条件的扶贫小额信贷机构先进行试验。

（4）对于那些有一定年限和规模、业绩优良的扶贫小额信贷机构，给予一定小额贷款业务的合法经营权，允许利用商业银行的转贷款、政策性银行或商业银行的委托开展贷款业务。这样可以对推动扶贫小额信贷机构的健康发展起正面的示范作用。

申请上述经营权的小额信贷机构应该至少具备以下基本条件：具有至少200万元人民币的信贷资本金；拥有专职、专业的合格高管从业人员；有独立的专门机构和固定的经营场所；有连续3—5年良好的经营业绩。

（5）给予这类扶贫小额信贷机构一些特殊的优惠政策：如免税和适当的财政补贴，提供业务培训经费等。

四 将贫困村互助资金项目发展成可持续的贫困地区合作金融组织

《规划》要求积极探索新型农村合作金融发展的有效途径，稳妥开展农民合作社内部资金互助试点。我想强调的是除了发展人们知晓的合作金融形式外，当前应特别注意把贫困村互助资金项目尽可能地转变成在贫困地区的可持续发展的资金互助社。

从2006年至今，国务院扶贫办和国家财政部主导在以中西部农村为主的约2万个贫困村开展了"贫困村互助资金"项目，现有近百亿元的资金在周转，主要来自中央和地方财政投入与农民的股金。这是一支非常现实、宝贵的合作金融基础队伍。这些贫困村互助资金项目多数开展得红红火火，形成了政府支持、农民自有自管自享的初级阶段的合作金融形态。然而，也有很多的此类项目，无论从外部有效监管，还是从内部规范运营的角度，都存在不少的问题。因此，现在应借《规划》出台的强劲东风，争取使它发展成为贫困地区中低收入和贫困群体的健康可持续发展的扶贫合作金融组织。

对这近2万个贫困村互助资金项目，应因地制宜、区别对待、分类指导、妥善处置。不应任其自生自灭，而应以此为基础，真正使之发展成为合规的、有前景的、可持续发展的农民资金互助社。由于它们都位于贫困地区，意义尤为重大。而且，它们如能规范正常运营，国家政策应要求银行承担向它们提供融资的责任。例如，扶贫合作金融组织可将社员股金作为质押资金放在银行，银行则以适当杠杆率给予贷款融资。

本文也算作我对我们课题组这本专著所做的序。

序二 中国农村普惠金融之路的探索与前行

刘文璞

中国社会科学院荣誉学部委员

中国社会科学院农村发展研究所研究员

本报告的写作源于早前的一项关于小额信贷的政策研究,主题是以扶贫为目标的小额贷款的政府政策。本报告在内容上有较大的扩展,从更多的角度探讨了农村金融的现状、面临的挑战及政府的责任。中国普惠金融规划已经把农户作为一个整体纳入金融扶持的对象,本报告也更多地从农户的角度分析农村未来普惠金融的发展,并对农户按其收入进行了分组,分别分析了各自的信贷需求与获得,对低收入和贫困群体仍然给予了特别的关注。本报告写作的一个特点是以农户家庭资产负债表为基础揭示农民金融需求和供给的内在规律与矛盾。本报告关注的是农民多种形式金融需求的满足而不仅仅是贷款。但是,由于在各类金融服务中,贷款仍然是难点——贷款的获得要远比获得诸如储蓄、取现、支付、转账等服务困难得多,尽管后几类服务仍有很大拓展和改善的余地,贷款难仍是农村金融供给的症结,也是今后发展农村普惠金融面临的主要挑战。所以本报告研究的重点仍在贷款,包括正规的和非正规的各类形式。

正规金融机构(指银行、信用社,下同)对农户的信贷供给有时候相对宽松,有时候紧张,但从总体上和长时期考察是偏低偏紧的,农户贷款难的问题一直是困扰农村经济发展的重要因素之一。这在很大程度上取决于政府金融政策的走向。

在人民公社集体经济制度下,农业生产性贷款主要是给生产队集体经济组织,用于困难农户紧急消费性需要的,数量不大。20世纪80年代初,实行家庭联产承包责任制后形成了以家庭经营为基础、双层经营的生产制度。但是农村金融机构未能及时调整自己的业务方向，它们的贷款对象主要还是地方国营企业和集体经营的社、队企业（后文统称作乡镇企业），而对已经成为农业生产主体的农户家庭的信贷支持长期缺乏积极的政策和有效的制度保证。1986 年开始实施的扶贫贷款，主要也是支持乡镇企业。当时的着眼点是，向农村企业贷款，促其发展再吸收贫困户劳动力就业比直接向贫困户贷款更有效。少量对农户的生产贷款主要给了有一定经济实力的专业户。农村信贷重点支持地方国营企业和乡镇企业主要是基于地方经济高速增长的考虑，而非农民收入。

在当时的金融管理制度下，地方政府能够干预金融机构，使资金投向自己预期的方向。由于不少地方国营和乡镇企业，特别是在中西部地区的，经营得不好而导致不良资产一度大量发生，不少农村金融机构到了难以为继的地步。这是之后（20 世纪 90 年代）金融机构实行商业化改革的诱因。政府对大部分国有银行和信用社进行商业化改革，目标是处置经济制度转型时期遗留下来的严重的不良资产，建立起可持续发展的金融体系。在此目标的带动下，农村金融机构开始大量撤并在基层和县域内的分支机构与营业网点。作为农村贷款主要提供人的农信社取消了存在多年的村信用站。增加盈利成为更重要的考核指标。农信社的商业化走向使其进一步丧失合作性质。加上以后法人和管理权上移，农信社有了更大的可能性在更大范围内调动资金，使农民的资金通过"自己的组织"更多地从农村流向城市，从经济不发展地区流向发展地区。尽管当时也有恢复农信社合作性的呼声，但已形成的制度和体制使得这样的想法注定是不可实现的。21 世纪初的新一轮农信社改革彻底放弃了恢复农信社合作性的政策，农信社最终按照股份制商业性金融机构的方向发展。这一次金融体制改革的结果是，一方面提高了金融机构的经济效益，不良资产大幅度下降，资产质量有了明显提高；另一方面也因此减少了对农村尤其对农户的资金供给，加剧了农民信贷资金的供求矛盾，扩大了农民收入、城乡和地区差距，加剧了农村的社会矛盾。①

---

① Pete Sparreboom and Eric Duflos, *Financial Inclusion in the People's Republic of China: An Analysis of Existing Research and Public Data*. August 2012. CGAP and the Working Group on Inclusive Finance in China. http://www.cgap.org/sites/default/files/CGAP-WM-FG-Financial-Inclusion-in-China-Aug-2012.pdf.

为了探索和解决农民贷款难问题，20 世纪 90 年代初联合国和其他一些国际组织与政府、学校、事业单位合作试验小额信贷，取得了积极效果。同时政府也开始认识到扶贫贷款不能只到县，必须到村到户才能更有效。于是各种行之有效的扶贫资金到户的形式，特别是小额信贷在政府政策推动下获得推广。1997 年全国扶贫会议决定，扶贫贷款主要以小额信贷形式直接发放到贫困户。90 年代末，信用社开发和试验了直接面向农户的信用贷款和小组联保贷款，之后在全国农村推广。

对农村普惠金融有标志性意义的是 21 世纪初开始的新一轮农村金融体制改革。新一轮改革除了继续坚持商业可持续发展的基本方针外，突出强调加强对"三农"的服务，增加对其资金的投入。中央政策要求农信社要面向"三农"，继续发挥农村金融服务的主力军作用。农业银行恢复了主要服务"三农"的定位，较大幅度增加了对农户和农业的资金投放。新建的邮储银行明确要加强对农村的服务，发挥自己独特优势，开展包括信贷在内的多样化金融服务。在政策的鼓励下，有些城市商业银行也开始涉足农户和农业信贷。与此同时，国家放宽政策限制，适度鼓励私人资本进入农村金融市场，建立起多种新型农村小型金融机构。一些大银行和农信社又恢复部分已被撤销的分支和基层组织。银行和农信社还积极利用金融业务领域发展起来的新技术拓展各类金融业务，使得农民在享受金融服务上有了明显的改善。但是，正规金融机构提供的各类金融服务（包括贷款）仍有很大差距，离普惠金融还有很长的路要走。

正规金融机构对农户的信贷供给的覆盖面（亦即覆盖广度）仍然很小。农业部"全国农村固定观察点调查系统"（以下简称"农村固定观察点"）对全国 2 万左右农户的抽样调查数据显示，2013 年只有 1.82% 的农户从银行和信用社贷款。该调查数据还显示，正规金融机构对农户的信贷覆盖面呈下降趋势。2013 年比 2009 年下降了近 1.19 个百分点。

上述数据与全国其他调查的数据比较，虽然有较大差别，但都一致反映出，只有很少比重的农户有机会从正规金融机构贷款。当然在没有获得贷款的农户中，也包括了没有信贷需求的农户，通常这部分农户占很大的比重。他们既没有对正规金融机构的信贷需求，也没有对非正规金融机构的信贷需求。

能反映正规金融机构信贷覆盖面的另一个指标是，在农户的全部借贷款余额中，正规金融机构贷款余额占的比重。在这方面显示的结果证明，正规金融机构发挥的作用未显示出明显的改善。在农户的全部贷款余额中，2013年有31.57%左右来自正规金融机构，其他近70%需要依赖非正规金融机构，主要是民间私人借贷，包括付息的和不付息的。从2009年到2013年的5年中，正规金融机构贷款余额占比增加了约2个百分点，其作用稍有改善。

农村固定观察点资料还提供了借款户年度累计借入款总额的来源构成，其中来自银行和信用社的比重，2013年为46.27%，比2009年的38.15%提高了约8个百分点。所谓当年农户累计借贷数据是指在一年中发生的借贷额合计，而不考虑还款。这是与贷款余额有区别的地方，后者指的是，某个时点的全部尚未归还的借贷额。值得注意的是，正规金融机构在累计借贷额中的占比远高于其在贷款余额中的占比，原因尚不清楚。一个可能的解释是，正规金融机构贷款有更大的比重是季节性贷款，如春借秋还。这样累计借贷额可能很大，但年终表现的余额却较低。

在正规金融机构提供的信贷服务覆盖广度之外，考察农村普惠金融还需要看其对农户贷款的覆盖深度。所谓覆盖深度是指贷款在多大程度上能够惠及被传统金融排斥的社会群体，通常是指低收入和贫困人口。这一指标是小额信贷最关注的目标，也是普惠金融的核心内容。在这一方面，数据显示的结果要乐观得多。

本报告研究农户贷款覆盖深度的方法是把农村固定观察点调查的2万左右样本户，按人均纯收入分成5个组，即从低到高为低收入组、较低收入组、中等收入组、较高收入组和高收入组。以此对不同收入群体从正规金融机构获取贷款的状况进行评估。

2013年，在5个收入组中，从正规金融机构获得贷款的农户占各组样本的比重，从低收入组到高收入组分别是2.51%、1.36%、1.43%、1.69%、2.13%。占比最高的是低收入组，其次是高收入组。比重最低的分布在较低收入组到较高收入组区间，而且2009年和2013年均表现出差不多的特点。与全国平均数相比结论一样。低收入组和高收入组的正规金融机构贷款覆盖面均高于全国平均值，其他三个中等收入组则均低于全国平均值。

　　低收入组从正规金融机构贷款增势强劲，导致其在整个信贷资源分配中的地位越来越有利，其贷款的来源结构发生变化。

　　在户均贷款余额中，正规金融机构贷款所占比重反映的是不同收入组农户对正规金融机构贷款的可获得性，比重越高，说明越能够从正规金融机构获得贷款，也意味着对正规金融机构的依赖程度越大；反之，说明越难以从正规金融机构获取贷款，而只能更大地依赖非正规金融机构（主要是私人借贷）。2013年，正规金融机构贷款余额所占比重在5个收入组中分别为28.07%、17.36%、5.89%、20.1%和57.98%。可以看出，高收入组最高，其次为低收入组。占比低的分布在从较低收入组到较高收入组的区间。2009年的情况也如此。

　　根据农村固定观察点资料中有借贷款农户在每一年度的累计借贷额中正规金融机构贷款额的占比，也可以分析正规金融机构服务的深度，计算结果是2013年5个收入组（从低收入组到高收入组）分别为42.77%、26.00%、21.42%、40.01%、62.53%，与使用余额计算的结果同样有差别，但高收入组和低收入组占有的优势地位与上述用余额计算的结果一致。

　　上述各种数据都反映出高收入群体在获得正规金融机构贷款上的绝对优势地位，但是并非收入越低这种优势也越低。各中等收入组从正规金融机构获得的贷款比重（占其全部借贷款）最低，到最低收入组又有所提高。有人把这一现象称作正规金融机构对低收入群体资金供给的"翘尾巴"现象。如何解释这一经济现象？这可能因为在中国有特别的金融扶贫政策所致，换句话说，是政府作用的结果。所谓金融扶贫，不仅指扶贫贴息贷款一项，还包括诸如政府财政（或与社会资金合作）建立各类担保组织为贫困乡（镇）、村的低收入农户和贫困户向银行或信用社贷款提供担保；或者通过政策引导组建有利于低收入家庭获得贷款的互助性担保组织，以及政策引导发生的其他抵押担保形式的创新等。近几年来，这类对低收入和贫困农户信贷服务形式的创新情况在农村取得了明显的进展。在城镇也是如此。

　　但不管原因是什么，我们都可以肯定一点，中国正规金融在农户贷款覆盖深度方面取得的进展是令人高兴的。在正规金融机构的信贷资源分配中，低收入组群体的状况比各中等收入组有了更大的改善。无论从现状考察，还是从若干年的发展趋势考察都是如此。这种现象在其他发展中国家的农村不多见。

但是不能对正规金融机构在贷款覆盖深度方面取得的成绩估计过高。中等收入组受到的金融排斥现象仍然特别明显。即使有所改善的低收入组群体的信贷需求也远未能从正规金融机构得到充分满足，他们的资金需求主要还是靠民间私人渠道解决。正规金融的信贷资源分配主要还是偏向农村比较有经济实力的富裕农户。

银行的信贷资源分配显示了高度不均衡性。2009 年，69.55% 的贷款给了只占 20% 的高收入组农户，20% 的低收入组农户只占有 2.33% 的贷款量。占比最高组和最低组相差 67.22 个百分点。2013 年，情况稍有变化，低收入组占比明显提高了，甚至超过某些中等收入组；占比最高的高收入组比重稍有下降，但仍与占比最低的较低收入组相差 62.22 个百分点，说明银行信贷资源集中程度稍有下降。

信用社信贷资源分配表现得比银行更均衡一些。2009 年，42.10% 的信用社信贷资源分配给了占 20% 的高收入组农户，但 2013 年，这一比值却提高到 56.36%。这两年中，占比最高组和最低组分别相差 29.04 个和 48.71 个百分点。总体上看，信用社资金分配比银行更为均衡一些，不过 5 年中，这种均衡性似乎在下降。低收入组在获得信用社信贷资源上具有某些优势，5 年中其在信用社贷款总额中所占比重虽然无明显变化，但其比重却始终差不多等于或大于其他三个中间收入组，仅明显低于高收入组。这一情况与前述的正规金融机构贷款中，低收入组农户占比要比中等收入组更具优势的结论相一致。金融排斥在各中间收入组表现得更为明显。

综合上述正规金融机构贷款的覆盖广度和深度的分析，我们可以得出以下一些结论。

一是正规金融机构的覆盖广度仍然比较低。不同的调查结果固然相差很大，但结果都很低。有的调查还显示，在 2009 年到 2013 年覆盖广度还下降了。根据《中国农村金融发展报告 2014》一书提供的资料，农村居民向金融机构借款的比例，在发达国家多在 20% 左右。中国不仅远低于这个比值，也低于不少中低收入国家。①

从有借贷需求的农户的正规金融满足率来看，也有不小差距。农户大部分资金需求通过民间私人渠道得到满足，这一情况长期如此，现在也没有大的变化，没有出现正规金融取代非正规金融的明显趋势。

二是正规金融机构贷款覆盖深度有所增加。突出表现在低收入组农户对正规金融机构贷款可获得性方面有明显提高，在享受贷款服务上甚至要比某些中等收入组农户更具优势，改善更大。不过在信贷服务普惠性方面仍有待提高。金融排斥在中等收入组农户中明显存在。即使对已获得金融服务改善的低收入组农户来说，要完全满足他们的信贷需求还有很大的距离。目前他们的资金需求只有一小部分能从正规金融机构得到满足。

在正规金融机构向农户特别是中低收入组农户信贷资金供给不足的同时，农民的资金却通过正规金融机构流出。本报告采用户均贷款余额比户均存款余额这个指标分析了资金流出的程度，结果是 2009 年 3.77%，2013 年 3.18%。说明资金从农民流出的规模不仅很大，而且还呈增长趋势。

上述问题存在并且长期难以解决，涉及政策、制度、体制和其他等多方面因素。

有人从农户需求方面解释正规金融机构贷款的广度和深度的差距。认为目前在中国农村存在的是大量的小规模农户，他们是不可持续的，对生产投入缺乏强烈的要求。另外，农民的高储蓄率也会降低农户对贷款的需求。这方面的因素可能存在，但在多大程度上影响了正规金融机构对农户贷款的广度和深度还是值得讨论的。我们看到，扶贫小额信贷在中国农村有广大市场，这一事实似乎与上述结论矛盾。对高储蓄率对贷款需求的影响也要具体分析，高储蓄率指的是平均值，具体到单个家庭来说，情况要复杂得多。由于受到收入和非金融资产分配差别的影响，储蓄在不同收入农户间的分布一定会像财产、收入分配一样存在很大差距。有相当多的农户，特别是低收入和贫困农户可能不具备以自有储蓄替代信贷需求的条件。

信贷供给方面的困难是影响农村信贷资源分配更重要的因素。

首先，信息不对称仍然是向农户贷款的主要障碍之一。在农村，信息

---

① 参见张承惠、郑醒尘等《中国农村金融发展报告 2014》，中国发展出版社 2014 年版，第 120—121 页。

不对称比城市更突出。[1] 传统的抵押担保制度在保障城市贷款安全性上非常有效，但在农村，尤其是对农户的信贷却失效，因为农民缺乏合格抵押物。实际上，农民并不缺少财产，但因权能低而不被金融机构接受。近些年来政府和金融机构合作在创新抵押担保制度方面做了很多尝试和探索，如林权抵押、政府补贴担保、贸易信贷、联合担保（以合作社、协会等会员组织为基础）、财政（或联合社会）资金建担保组织提供担保、某些固定资产抵押以及土地承包经营权和住房所有权抵押，等等。这类尝试和探索有些取得了明显成效，有些处在试点过程中，有些只适用于某些特定的产业部门或特定人群。至于具有普遍意义的土地经营权和住房所有权抵押贷款，由于我国农村产权制度的特殊性还要进行很多试验才能找到具有中国特色的农村抵押制度。近些年信用贷款得到一定的普及，这在一定程度上解决了农民缺乏抵押物的难题，也有助于降低农民贷款的成本。但信用贷款的前提是社会征信系统的完善，否则，其进一步扩大也会遇到困难。

其次，向农民贷款面临的风险大、成本高、收益低的问题突出，这是商业性金融机构不愿意涉足农民贷款的主要原因之一。支持弱势产业和弱势群体发展不能单纯依靠市场，必须有政府参与和发挥引导作用。近些年，政府通过政策引导和积极利用财税、货币、监管等工具，促使商业金融和政策性金融加强了对农民的支持，取得了明显成效，但同时也要看到，这离建立一个完善的正激励系统还有很多工作要做。一些在农村的商业性金融机构向农民贷款仍面临诸多困难，其资金向城镇、非农产业、经济发达地区和农村大户集中的趋势仍然非常强。

最后，金融机构能否提供适销对路的金融产品也会影响农户对正规金融的需求。目前，作为向农户提供信贷资金的主要金融机构是农信社、农村商业银行、农村合作银行或农业银行、邮储银行等大型机构，它们的决策链很长（或较长），更适宜开发工厂化、大规模的标准化产品，灵活性低，往往不能适应农户的需求特点。农户的需求具有量大、额度小、突发性强、个体间需求差异大、生产和生活资金使用难以区别、影响收入的因素复杂且多变带来的风险大等特点。近几年，金融机构已注意到这个问题，

---

① 韩俊：《构建新型工农城乡关系，破解"三农"发展难题》，《农民日报》2013年10月20日。

大的银行为服务"三农"建立的专职管理部门的经营独立性开始受到重视。

基于农民信贷需求的特殊性，必须建立适合农民特点的农村金融体系才能有效克服上述难题。在这个体系中，需要有大量贴近农民、以社区为基础的小型金融组织的参与，其中主要是互助合作金融组织形式。大规模金融机构与这类小规模互助合作金融组织合作就会排除前者的信贷资金向经营规模小（或极小）、数量庞大且居住异常分散的农户传递的"最后1公里"障碍。农村经济转型期农民合作社虽有了快速发展，但远未形成完善的体系。中国农村合作社不发达，金融合作尤其落后。中国农村金融组织体系中最缺少的正是这类可作为农村金融体系"脚"的互助合作金融组织。此外，有别于城市金融的灵活监管制度和更宽松的准入政策也将有助于消除正规金融机构资金向农户流动的障碍。

由于正规金融机构信贷资金供给不足，农民在很大程度上还要依靠各类非正规金融。所谓非正规金融事实上包括了上述正规金融以外的全部，向农户提供贷款服务的一切社团法人、企业法人以及政府组织的、登记或未登记的数量不小的融资组织都包括在内。但作为非正规金融主要部分或占有绝大比重的还是民间私人之间的借贷。

农村固定观察点资料中把银行和农信社以外的金融形式分为私人借贷和其他（非正规）金融形式。2009年和2013年，在农户获得的非正规金融服务中，私人借贷分别占98%和99%。可见，就目前来说，非正规金融实际上是民间私人借贷。以下更多的是就私人借贷进行分析。

在这里，要把私人借贷和高利贷加以区别，私人借贷不能与高利贷画等号。实际上，私人借贷中绝大部分是属于亲朋好友间的互助性借贷，是不要利息的。在要支付利息的借贷中，绝大部分利率水平又在合理的范围内。在农户借贷中真正属于高利率借贷的只是极少数。

从农村固定观察点2009年至2013年的资料看，非正规金融借贷额呈增长趋势，但比正规金融借贷额增长速度低。如果这一趋势能长期保持下去，即可认为正规金融在逐步取代私人借贷。但现在还很难根据短期数据比较就能做出明晰结论。

私人借贷对农户生产和生活的正常进行发挥着重要作用。由于正规金融机构信贷资金供给不足和服务质量方面的原因，农户所需的大部分资金现在还不得不通过私人渠道筹措。私人借贷的这一作用，有利于广大农户扩大生产、增加收入。对低收入和贫困农户而言，情况也是如此。他们对资金需求的小额度、突发性、以生活为主的特点，决定了其依靠私人借贷更容易解决。资金的及时获得（不管是用于生产还是用于生活），对这些经济上十分脆弱的家庭的稳定而言具有十分重要的作用，也有利于控制他们与农村其他农户间在收入、资产占有上的差别。

关于私人借贷，长期以来已有大量调查资料，尽管调查数据会有一定（或较大）差别，但是关于农民通过私人借贷渠道融资数量要超过从正规金融渠道融资数量几乎是一致的结论，而且多年没有大的变化。这显示了私人借贷对农民经济发展的举足轻重的地位。农村固定观察点 2009 年和 2013 年的资料中，私人借贷和其他融资形式（由于资料没有单独提供私人借贷的余额数据，这里使用了私人借贷和其他融资形式的余额合计数）的户均借款余额占农户户均借贷余额总额比重分别是 70.28% 和 62.70%。尽管这个比例在 5 年中有所下降，但是仍然是绝大比例。

农村固定观察点的调查资料还提供了当年农户累计借贷数据，从中也可考察私人借贷的地位。2013 年农户户均从私人累计借款额占农户当年累计借贷款总额比重为 53.16%，比 2009 年下降了约 7 个百分点。同样地，在这里用累计借款额与用借款余额计算的结果存在较大差别。

私人借贷覆盖的农户数量明显大于正规金融机构。在调查的全部有借贷行为农户中，有私人借贷的户数占比，2013 年为 74.02%，与 2009 年相比仅降低了 1.44 个百分点，几乎没变化。

分收入组考察，2013 年 5 个收入组（从低收入组到高收入组），私人借贷在户均累计借贷款总额中所占比重分别是 56.46%、74.00%、75.95%、59.99%、37.29%。这一数据反映的是不同收入组对私人借贷的依赖度。从中可以看到，不同收入人群的资金需求有多大比重从正规金融机构获得，多大比重从私人借贷渠道获得。高收入组对私人借贷的依赖度是最低的。在这里值得一提的是，几个中间收入组对私人借贷的依赖度最高。低收入组对私人借贷也有较高的依赖度，但低于其他三个中间收入组。这个结果与前面分析正规金融机构的结果是一致的，证明了正规金融机构对低收入组的资金供给相对要比较低收入组还好一些，受正规金融机构排斥最大的是中等收入组。在这里还可以看到，正规金融机构与私人借贷之间互补和相互替代的关系。农户需求从正规金融机构满足得越多，对私人借贷的依赖度就会降低；反之亦然。尽管私人借贷的比重高，但决定农村资金供求关系态势的还是正规金融机构，私人借贷只起拾遗补阙的作用。只有当农民不能从正规金融渠道贷款时，才会去找私人借贷这个平台。

私人借贷的作用除了为农户提供大部分融资来源外，还在于其资金在不同收入组分布的较大均衡性而使受到正规金融机构排斥的中低收入群体受益。如前所述，正规金融资源在各不同收入组的分布高度集中在高收入组，这对中低收入的农户经济发展和收入提高产生了不利的影响。但私人借贷资金在不同收入组之间的分配相对要均衡。2013年私人借贷资金在5个收入组的分配，占比最低和最高组分别为14.09%和31.87%，相差约17个百分点。比银行和信用社资金在不同收入组之间分配差距小得多。自2009年以来的5年中，这种格局几乎没有变化。私人借贷资源分配的这种特点在一定程度上缓和了正规金融资源分配不均衡性带来的不利后果。这有利于不同收入群体信贷需求的满足，特别是缓解了中低收入群体信贷资金更大的供求矛盾。不同收入群体不能从正规金融机构得到满足的资金需求可能从私人借贷渠道获得。这是因为目前在农村存在以下因素：首先，农民（作为一个整体看）手中的资金是充裕的；其次，从私人渠道或者依靠特殊的社会关系（抑或不能利用这种社会关系），农户也会在一个相对自由的市场环境中依靠支付比正规金融渠道高的利率比较容易地得到自己所需的资金。

在向农户，特别是低收入农户提供某些服务方面，私人借贷发挥着特殊作用，即能向他们提供紧急消费贷款。所谓紧急消费贷款是指农户家庭发生的有急迫性而必须开支的资金需要，包括盖房、医疗、教育以及其他突发事件等。紧急消费贷款与一般的消费贷款有区别。前者收入弹性小，是生活中的必要消费，后者却不同。重要的是，紧急消费需求的及时满足性对家庭的延续、稳定至关重要，对家庭生产也会直接或间接、短期或长期地发生重大影响。因此，紧急消费贷款对农民家庭有非常大的作用，尤其是中、低收入农户更是如此。中、低收入农户承受各类突发事件的打击能力低，对上述紧急消费贷款的需求要比高收入农户更大。但是正规金融机构出于资金安全考虑往往倾向于只为农户提供生产贷款，因为生产项目的收益可以保障还款。而私人借贷大多不干预借款人的资金用途。事实上，农户家庭生产和生活是紧密结合在一起的，资金通常也是互用的，难以严格分割生产和生活用途。当农户发生紧急消费需求时，生产贷款很容易（也很普遍）地被挪用到生活方面，任何信贷组织对此又很难进行监控。不限制用途的贷款可能更适合小农户的特点。

迄今为止，私人借贷大部分是基于某种社会关系（在农村主要表现为亲缘和地缘关系）实现的。借贷双方的关系稳定，借者和贷者的角色经常是互换的，每一次借贷都会成为另一次借贷的担保。事实上，农民家庭之间的交往远不止资金借贷，还有各种生产、生活中的其他互助性活动也会发挥同样的作用。这种农户间的互助是势单力薄的小农面对单一农户无法克服的自然、社会和经济风险，在漫长的农业社会里形成的。在这样一个稳定的熟人社会里，关联又如此紧密，违约的代价很高，因此即使没有任何抵押担保也能很好地控制风险。

由此引发了社会对私人借贷发展前途及其与正规金融关系的关注和讨论。人们怀疑这种古老、基于亲缘和地缘关系的借贷形式是否能适应不断发展和完善的市场经济制度。

大多数人认为民间金融不是依存于某个特定社会形态和经济制度的金融形式，不会随经济的发展而自然消亡①，即它不是过渡形式，会长期存在。

私人借贷特别适宜对某些小规模的经济主体提供服务。他们需求的贷款额度小、期限短，信用和经营信息难获得，且缺乏适合的抵押财产。面对这样特殊的资金需求人，大规模（或较大规模）的正规金融机构的服务通常是低效的，对机构而言往往也是不经济的。目前，我国社会经济制度虽然发生了巨大变化，但是小规模的家庭经营仍然是我国农业生产的主体，而且在今后相当长的时间里这种格局仍会存在。相对于城市居民来说，他们的收入比较低而且不稳定，社会保障制度也更不完善。他们在生产和生活上发生的困难更多地要依赖借贷解决。如不能从正规金融机构得到完全

---

① 张元红等：《中国农村民间金融研究》，社会科学文献出版社 2012 年版，第 243 页。

满足，通过私人渠道借贷几乎是他们的唯一选择。这就解释了为什么私人借贷在农村仍有比在城市更大市场的原因。

人们往往强调，私人借贷与正规金融机构之间存在着竞争关系。事实上，所谓竞争是非常弱的，它们凭借各自的优势，服务于各自的市场。两者间的竞争更多表现在储蓄，而非贷款。非正规金融的扩展会减少正规金融机构的储蓄额，进而能影响其流动性。

总之，从中国农村金融发展过程和现状来看，农村普惠金融发展的道路是漫长、曲折且不平坦的，其中有许多矛盾和障碍需要克服。发展农村普惠金融，需要多管齐下，不仅需要正规金融机构的更大发展，更加亲民和便民，也需要民间金融的健康发展，尤其是农民互助合作金融的更大发展。

本报告通过农户家庭资产负债表的分析，很好地揭示了农民金融需求和供给的内在规律与矛盾，研究结论对中国农村普惠金融建设的方向和路径很有启发，达到了当初研究设计的目的。但是，农户家庭资产负债表中丰富而有价值的信息有待进一步挖掘，希望作者继续努力。

是为序。

摘　要

推进农村普惠金融发展，需要在宏观制度和金融机构的服务方式与产品等供给侧进行改革创新，而供给侧的改革须以对需求特征的准确把握为前提。农户家庭资产负债表可以反映出农户家庭的资产存量与构成、负债存量与构成、资产流动性与偿债能力、储蓄率和投资能力等财务状况，有助于更准确地理解和把握农村金融市场的运作机理和基本规律，进而为农村普惠金融建设的路径和方向提供启示。

根据农业部"全国农村固定观察点调查系统"（以下简称"农村固定观察点"）中 2009 年至 2013 年的调查农户数据，全部有效样本按家庭年人均纯收入由低到高排序，并按照样本数量可均分为五组；根据农户当年是否从外部借款，各收入组又可进一步分为借款户与非借款户两组。通过对各收入组农户以及借款户与非借款户的家庭资产负债表的构建，以及在此基础上对农户家庭资产结构、资产负债率、收入偿债率、储蓄率、家庭外投资构成、家庭信用价值及其对资产负债表影响等方面的分析，同时，辅以对资产负债表之外但与之密切相关的农户借款来源、成本和用途的分析，可以得出以下几个结论。

第一，农户借款的基本原因在于解决家庭金融资源不足的问题，借款农户的家庭金融资产占比低，而且在年度之间波动较大，储蓄率较低。

第二，农村金融市场快速增长，借款农户数量总体上呈下降趋势，但户均借款额有较大幅度的提高。农户借款的基本特点是"量大、面广、小额、分散"；借款户家庭金融资产负债率很高，但收入偿债率很低，说明其家庭负债水平和流动性风险较低，现金收入"现挣现花"，家庭财富积累困难；农户信贷服务的可获得性与其收入水平呈正相关。

第三，金融机构开展农村信贷服务的基本障碍在于农户家庭"资源无效"，即在农村集体产权制度下农户拥有的土地和住房等实物资产难以发挥融资担保的功能，这对低收入农户获取信贷服务的影响更大。赋予农民可交易的土地和住房财产权，能够极大地增加农民的家庭资产，降低其信贷风险，进而提高农户信贷的可获得性，尤其是能够大幅度缩小各收入组户均家庭资产合计之间的差距，更大幅度地降低中低收入农户的家庭资产负债率，进而改善其获贷条件。

第四，农村借贷市场的基本矛盾在于农村信贷"资源错配"，即农村资金外流严重，农民在金融机构有大量的存款，但得到的贷款极为有限，尤其是低收入农户得到的银行金融服务微乎其微。

第五，农村私人借贷是农民融资的主要来源，具有存在的合理性与必要性。

第六，正规金融机构对不同收入阶层农户的服务是高度不均衡的，亦即不同收入阶层农户获得正规金融服务的机会是不均等的。银行 2/3 以上的信贷资源分配给了最高收入组农户。尽管农信社的信贷资源分配相对均衡一些，但是，最高收入组仍然得到了几乎超过一半以上的份额。值得注意的是，得到正规金融机构贷款最少的不是最低收入组，而是较低收入组。这说明受正规金融排斥最大的是较低收入组。正规金融与私人借贷之间存在互补和相互替代的关系。农户需求从正规金融渠道满足得越多，对私人借贷的依赖度就会降低；反之亦然。最低收入组农户获得正规金融机构信贷服务的机会高于较低收入组农户的现象可能与政府的金融扶贫政策有关。这些政策不仅是扶贫贴息贷款，还包括专门面向贫困户的各种担保机制下正规金融机构提供的贷款，以及专门用于扶贫的互助资金等。

第七，农户的家庭信用具有资产价值，可以作为无形资产计入农户的家庭资产负债表，能够增加农户家庭资产总额，改变资产结构，降低资产负债率，成为现实中金融机构以及私人放贷者发放农户贷款的重要依据。因此，农户信用评价体系具有"资源创造"的作用，是农村金融机构开展业务的基本手段，能够有效地缓解农户家庭"资源无效"的困境，有助于提高农户信贷服务的可获得性。

第八，中国农村普惠金融体系的基本缺陷是缺乏能够克服前述基本障碍和矛盾，符合农村信贷需求基本特点的金融服务机构体系、服务机制和产品设计。一是缺少农民的合作金融组织，二是金融机构缺少符合农民（尤其是对中低收入农户）需求特点的服务机制和产品设计。

第九，中国农村金融市场利率曾长期受到管制，水平过低，抑制了金融机构在农村地区开展信贷服务的意愿，使农村借款人更难得到贷款，而且为得到贷款往往不得不支付利息以外的额外费用。本报告几个案例显示，自2007年农村金融市场有限开放以来，农户从正规金融机构借款的成本没有明显的降低，甚至在2013年利率市场化以后有所上升，但这对金融机构开展农村金融服务具有正向激励作用，且借由市场竞争的加强，有利于降低贷款利率。

第十，存款是农民管理财富的基本手段，家庭外投资占比很低，存款占比长期居高不下，一方面可能说明农户投资能力仍然较弱，难以形成大量的对外投资，另一方面也说明农户的投资渠道狭窄。近几年来农村集资诈骗大案不断发生，除监管问题之外，更重要的推动力是逐渐富裕起来的农民缺少投资理财渠道和缺乏金融知识。

基于以上结论，对于农村普惠金融建设的基本路径与方向可以得出以下几方面的启示。

第一，全面建成小康社会最艰巨、最繁重的任务在农村，尽管有信贷服务需求的农户数量可能有所减少，但是，农村各个收入阶层的户均信贷需求规模不断扩大，新的金融服务需求逐渐出现，现有的正规金融服务供给与农民的需求满足程度还相差甚远，需要大力促进农村普惠金融的发展。

第二，普惠金融反映了开放、包容、共享发展的时代精神，强调金融要为弱势产业、弱势地区和弱势群体服务，这是对以利润最大化目标为指引的社会认识的重大调整。因此，推进农村普惠金融的基本原则应是政府引导与市场主导相结合、商业利益和社会责任相平衡，这应成为全社会的共识，需要政府在财税、货币和监管等政策方面予以支持和引导，但同时也需要金融机构乃至全社会对农村金融认识的改变，要认识到企业的社会责任，在追逐商业利益和履行社会责任之间达成平衡，做到趋利与弘义的辩证统一。

第三，推进农村普惠金融建设的基本思路应是围绕着克服农户家庭"资源无效"与农村信贷"资源错配"，适应农户信贷需求的基本特点，从供给侧进行制度建设以及服务机制和产品的改革与创新。

第四，从供给侧的宏观制度层面看，政府应根据农村金融市场的需要及特点进行制度建设，改善农村金融环境，完善农村金融体系，制定一系列政策"组合拳"，支持金融机构开展农村金融活动，减少农村资金外流，引导城市资金回流。一是进行农村产权抵押贷款制度试点。二是开展动产抵押贷款制度的探索。三是采取一系列措施，减少资金外流，引导资金回流。例如，打造诚信环境，增强金融机构在当地开展业务的信心；鼓励和支持农村金融机构开展农户信用评价体系建设，发放信用贷款；将县域金融机构法人的业务范围限定于县域及县域以下，鼓励经营管理良好的县域法人机构跨县经营；继续完善现有的支农再贷款、支小再贷款政策，设计好扶贫再贷款政策，为农村中小金融机构开展涉农信贷服务提供低成本的资金来源；建立农村普惠金融发展基金，引导和支持金融机构以及具有扶贫性质的小额信贷机构在贫困地区开展服务；支持农村互联网金融和供应链金融的发展，引导城市资金流向农村；完善农村金融机构体系，尤其是支持和规范农村社区内部的农民合作金融组织发展，在农民合作社法的基础上，专门为农民合作金融组织及其业务立法；保护和规范农村民间借贷良性发展。四是加强农村金融基础设施建设，尤其是加强农村贫困地区支付基础设施建设，推动结算账户、支付工具、支付清算网络的应用；巩固和扩大助农取款服务在偏远乡村的覆盖面；鼓励探索利用移动支付、互联网支付等新兴电子支付方式开发农村地区支付服务市场。信息技术的发展与应用为克服传统农村金融服务的各种困难提供了诸多现实的和潜在的解决方案，成为未来农村金融发展的重要引导力量。2016 年 9 月 G20 杭州峰会确认了数字普惠金融高级原则，政府应加大农村数字金融服务的基础设施建设，为开展普惠金融服务创造条件。

第五，从供给侧的金融服务机制与产品的层面看，农村金融机构应破除"抵押拜物教"的束缚，在参与农村"两权抵押"贷款试点之外，着力打造农户信用评价体系，作为开展农村普惠金融服务的基本支撑，根据农户生产和生活需求特点、当地产业特色以及各种政策资源，创新农户信贷服务的机制和产品体系；积极开发和利用数字金融技术，改进基础设施、服务机制和产品，提高农村金融服务的普惠程度。

第六，特别关注和推动消除不同收入阶层农户获得正规金融服务机会不均等的问题。当前精准扶贫政策要求金融机构面向建档立卡贫困户提供贷款，并制定了各种鼓励和扶持措施。这个政策有可能加剧不同收入组农户获得正规金融服务机会的不均等程度，尤其是那些没有被纳入建档立卡贫困户的较低收入组农户的获贷机会可能会更少。这与普惠金融的目标是不相符的。因此，不管是宏观制度层面，还是机构的服务机制方面，都应该特别关注消除这种歧视，真正朝着机会均等、共享发展的普惠理念前进。

第七，鼓励金融机构积极有序地探索农村投资理财产品与服务模式，拓宽农户投资理财渠道，扩大农村金融机构收入来源，同时，对农户开展金融教育，保护其金融消费权益，铲除非法集资、坑害农民的土壤。

Abstract

In order to promote the development of rural inclusive finance, it is necessary to carry out reform and innovation of both the macro – system and financial institutions on the supply side. However, the supply – side reform must be based on the accurate knowledge of the demand characteristics. The household's balance sheet can reflect the financial status of the household, such as asset stock and its composition, the debt stock and its composition, asset liquidity and solvency, savings rate and investment capacity, etc. , and help to more accurately understand the basic rules and operating mechanism of rural financial market, therefore provides the inspiration for the path and direction of the construction of rural inclusive financial system.

Based on the data of farmer households surveyed by the National Rural Fixed Observation Point Survey System (hereinafter referred to as "the rural fixed observation point") from 2009 to 2013, this report firstly screened out the eligible samples. Then, all the eligible samples were sorted according to the annual average households' net income from low to high, and were divided into five groups according to the sample size. Each income group was further divided into two groups of borrowers and non – borrowers based on the sample's borrowing behavior. We established the household balance sheet of samples in each income group as well as that of the borrower and the non – borrower, and analyzed the households' financial information such as assets structure, asset – liability ratio, income repayment ratio, saving rate, credit value, impact on the balance sheet and the source, cost and use of the credit. The following conclusions can be drawn from the above analysis:

Firstly, the reason why the farmers borrow money is their family financial resources are insufficient. The proportions of financial assets of borrowers are obviously lower and fluctuated greatly among different years, so does the savings rate.

Secondly, with the rapid growth of rural financial markets, the number of borrowers decreased, while the average amount of credit significantly increased. The family financial assets – liability ratio of borrowers is very high, but the income debt service rate is very low, which shows that borrowers' household debt level and liquidity risk are low. It is difficult to accumulate family wealth for them. Farmers' credit services availability and their income levels are positively related.

Thirdly, the foundational obstacle for financial institutions to support rural credit service is the "invalidity of resources" farmers held. Farmland and farmhouse can't be used as financing guarantee because of the rural collective property right system. This made the low – income farmers be harder to get credit. Offering farmers the right to trade farmland and farmhouse can greatly increase their family assets, in order to reducing the credit risk and increasing the availability of credit for them. In particular, it can significantly narrow the gap of the total assets per household among the income groups, thereby significantly reducing the family's asset – liability ratio of the low – income households, and improving its credit conditions.

Fourthly, the foundational contradiction of the rural credit market is the "mismatch", that is, the outflow of rural capital is serious. The farmers have a lot of deposits in financial institution, but can only get limited credit. Especially, low – income farmers get very little banking services. Rural private lending is the main source of farmer credit, means its existence is reasonable and necessary.

Fifthly, the opportunities for farmers from different income groups to obtain formal financial services are unequal. More than two – thirds of the bank's credit resources are allocated to the farmers from top – income group. Although RCCs have a relatively balanced distribution of credit resources, the farmers from top – income group still received almost half of entire credit. It is noteworthy that the farmers from second low – income group get the least loan from the formal financial institutions instead of those from lowest income group, who we think faced to the largest exclusion of formal finance. There are both complementation and substitution between formal finance and private lending. The more credit households can get from formal financial institutions, the less they rely on private lending. The phenomenon that farmers from lowest income group get more formal financial services than those from lower income group may be related to the government's financial poverty alleviation policy, which included not only interest subsidized microfinance for poverty alleviation, but also formal financial credit with diverse guarantee mechanisms for poor households, and mutual – aid – funds specifically for poverty alleviation.

Sixthly, the household's credit is also a kind of assets, and can be taken as intangible assets in the family's balance sheet. It can increase the total assets value, improve the asset structure and reduce asset – liability ratio, and is regarded as an important foundation for formal financial institutions and private lenders to provide credit. Therefore, the rural credit evaluation system has the function of "resource creation", which is the basic means for the rural financial institutions to carry out the business. It can effectively alleviate the dilemma of the rural households "inefficiency of resources" and improve their availability of credit services.

Seventhly, the basic shortcoming of the rural inclusive financial system is the lack of financial service system, service mechanism and product design which can overcome the above basic obstacles and contradictions and meet the real demand of rural credit, while both lack of farmers' cooperative financial organizations, and lack of the service mechanism and product design that can meet farms' demand (especially for low – income farmers) .

Eighthly, interest rates in China's rural financial market were too low because of long – term regulation, which restrained the willingness of financial institutions to carry out credit services. Therefore, rural borrowers were harder to get credit, or suffering additional charging. Several cases in this report show that the cost of getting credit from formal financial institutions has not been significantly reduced from 2007, even rising somewhat after the marketization of interest rates in 2013. The rising interest rate has a positive incentive for developing rural finance service and will help reduce the credit costs.

Ninthly, deposit is the basic means of wealth management for farmers. The proportion of external investment of household is very low and the proportion of deposits is very high. On the one hand, it may indicate that farmers' investment capacity is still very weak; On the other hand, it also indicates that farmers' investment channels are little. An important reason for the rural fund – raising fraud in recent years is lack of financial investment channels and knowledge for rich farmers.

There are several implications on the method and objective of rural inclusive finance can be drawn from the above conclusions:

Firstly, rural area development is the key and aporia of building a moderately prosperous society. Although the number of households with credit demand may reduce, the average amount of credit per household needed is keeping increasing. It is necessary to promote the development of rural inclusive finance to meet the expanding credit demand and new financial services demand in rural area.

Secondly, inclusive finance reflects the spirit of "open, inclusive, sharing development", and it focus on financial services for disadvantaged areas and vulnerable groups, which is drastic of social cognition of profit maximization principal. Therefore, the principal of pushing on inclusive finance should include the combination of market leading and government guiding, as well as the balance of business profit and social responsibility. The government should enact fiscal, monetary and supervisory policies to support and guide the inclusive finance development, while financial institutions and the whole society should change their understanding, emphasizing on their social responsibility.

Thirdly, the basic thinking of promoting rural inclusive finance should be to overcome the "invalidity of household's resource" and "mismatch of rural credit resources". According to the basic characteristics of farmers' credit demand, we should promote the service mechanism system construction and financial service and products innovation and reform from the supply side.

Fourthly, from the macro - level of the supply side, the government should establish the financial policy system based on the characteristics of the rural financial market, improving the rural financial environment and the rural financial service system, supporting financial institutions to carry out rural financial activities, reducing rural capital outflows, and even leading the urban capital to flow back. To keep pushing on the reform of the rural property mortgage credit pilot; explore the chattel mortgage policy system. Building trustworthy environment to enhance the confidence of financial institutions for developing rural financial business; encouraging and supporting the rural financial institutions to construct credit evaluation system and offer credit loans; confine the business scope of the county financial institution within the county level or below, encouraging the well - operating financial institutions to do business over the counties; continue to improve the existing agriculture - supporting - relending and small - scale - supporting - relending policies, design good poverty - alleviation - relending policy system, and provide low - cost funding resources for rural and small and medium financial institutions to provide agricultural credit services; establish rural inclusive financial development foundation to guide and support financial institutions and poverty alleviation microfinance institutions to support services in poor areas; support the rural internet finance and supply - chain finance development, lead the capital flow to rural areas; improve the rural financial institutional system, support and standardized the development of farm cooperative financial organization within rural community, passing laws for rural cooperative finance based on the relative regulations and lows; regulate and protect the private lending. To strengthen the construction of rural financial infrastructures, especially payment infrastructure in poor areas in rural areas, promoting the settlement accounts, payment instruments and payment settlement networks; expand the coverage of convenient withdraw for farmers in the remote villages; encourage to explore the mobile payment, internet payment and other emerging electronic payment methods to develop payment services market in rural area. The development and application of information technology have provided potential solutions to overcome the difficulties of traditional rural financial service, and it will become the important leading force of rural financial development in the future. According to the advanced principles confirmed in the G20 Hangzhou Summit, the government should improve the rural digital financial services infrastructure construction to promote inclusive financial development.

Fifthly, from the financial services and product system level in the supply side, the rural financial institution should break through the restriction of traditional collateral, and build reasonable rural credit evaluation system, especially in areas besides the "two rights mortgage credit" pilot, to sustain the rural inclusive financial service system. They should also innovative financial services mechanisms and product system based on the characteristics of agricultural production, farmers' living demand, local industry and relative policies and resources. It is necessary to actively develop digital financial technology, improve infrastructure, service mechanisms and products, deepening the rural inclusive financing services.

Sixthly, special attention should be paid to reduce inequality in access to formal financial services among households from different income groups. The current precise anti – poverty policy requires financial institutions to provide credit to poor households recorded in the poverty files. This policy may exacerbate inequality in access to formal financial services among households in different income groups, especially for the farmers from sub – low income groups who were not recorded in poverty file. It is not consistent with the target of rural inclusive finance. Therefore, both the macro – level system and the financial institution service mechanism should pay special attention to eliminate such discrimination.

Seventhly, to encourage financial institutions to actively and orderly explore new mode of rural investment and financial products and services, broadening the channels for investment and financial management of farmers, expanding the income sources of rural financial institutions. To offer financial education for farmers to protect their rights of financial consumption, cracking down the illegal fund – raising.

目　录

下篇：案例报告

图　目　录

表 目 录

上篇：主报告

1 引言

1.1 研究背景和内容

1.1.1 发展普惠金融是一项国家战略

"普惠金融"是联合国提出的概念，原文为 Inclusive Finance，亦可译为"包容性金融"，其基本含义是强调获得金融服务的公平性，即每个社会成员都有平等地享受金融服务的权利和机会，尤其是应对那些尚未充分得到金融服务的社会成员（常常被称为弱势群体）提供全方位、可持续的金融服务。

普惠金融思想传入中国后，受到中国政府的高度重视，并已发展成为一项国家发展战略。2013 年 11 月，中国共产党第十八届三中全会通过了《中共中央关于全面深化改革若干重大问题的决定》。2015 年 11 月，中共中央全面深化改革领导小组第十八次会议审议通过了《推进普惠金融发展规划（2016—2020 年）》（以下简称《普惠金融规划》），并由国务院于2015 年 12 月印发。《普惠金融规划》是中国首个发展普惠金融的国家级战略规划，确立了推进普惠金融发展的指导思想、基本原则和发展目标，对普惠金融服务机构、产品创新、基础设施、法律法规和教育宣传等方面提出了一系列的政策措施和保障手段。

1.1.2 中国社会科学院农村发展研究所开创并长期致力于农村普惠金融研究

中国社会科学院农村发展研究所（以下简称农发所）于 20 世纪 90 年

代中期在中国首先引入了孟加拉国乡村银行（亦被称为格莱珉银行）的小额信贷扶贫模式（以下简称 GB 模式），选择河北与河南几个贫困县进行试验，研究如何使扶贫资金到达真正的贫困户，发挥"扶真贫、真扶贫"的作用，帮助贫困人口创收脱贫。在试验成果的基础上，农发所研究人员进行了理论总结，并提出了一系列小额信贷扶贫政策建议。这些理论总结和政策建议受到政府的肯定和高度重视，并在全国范围内推广小额信贷扶贫模式。全国扶贫小额信贷的发展进而推动了金融机构的农村金融产品和服务模式以及城镇地区小微金融产品和服务模式的创新。

随着联合国与世界银行等国际组织提出并推动"普惠金融"发展，农发所研究人员也意识到普惠金融的重要意义，并开展研究。2006 年 8 月杜晓山研究员在学术期刊《中国农村经济》上发表了《小额信贷的发展与普惠性金融体系框架》一文，比较全面地介绍了普惠金融体系的基本含义及其在国际上发展的概况。这是在中国第一次引入普惠金融理念的学术文章。

1.1.3　农村普惠金融是迫切需要深入研究的重大问题

全面建成小康社会的重点和难点在农村，农村普惠金融应发挥重要作用。自 2004 年以来，中共中央和国务院每年的一号文件都提到推动农村金融发展，解决"三农"事业发展的资金"瓶颈"问题。2007 年中国银行业监督管理委员会（以下简称银监会）颁布政策，允许建立三种新型农村金融机构，即村镇银行、贷款公司和农村资金互助社，促进了农村金融市场的开放和农村金融组织的多样化，扩大了金融服务覆盖面，增加了农村信贷供给。改革开放以来，中国政府制定并采取了一系列的货币和财税政策，推动中国农村金融的发展。

但是，中国农村金融仍然问题重重，尤其是针对农户等弱势群体的信贷服务问题远远没有解决。"十三五"时期是中国全面建成小康社会的时间节点，全面建成小康社会最艰巨、最繁重的任务在农村，特别是在贫困地区。资金短缺曾是长期困扰贫困地区与贫困人口发展的"瓶颈"。《普惠金融规划》提出：发展普惠金融，目的就是要提升金融服务的覆盖率、可得性、满意度，满足人民群众日益增长的金融需求，特别是要让农民、小微企业、城镇低收入人群、贫困人群和残疾人、老年人等及时获取价格合理、便捷安全的金融服务。可见，普惠金融的发展目标清晰了，但是应该在哪些方面下功夫，路应该怎么走？本报告通过对农户家庭资产与负债状况的分析，提出了农村普惠金融发展的基本方向和路径。

1.2 研究方法

1.2.1 对已有文献的概要评述

农村金融问题长期是学术界的研究重点，尤其是近几年农村普惠金融更成为研究热点，取得了一些重要的研究成果。已有的研究方法概括起来主要有三类进路。第一类是从普惠金融的基本理论出发，结合某一地区金融发展的宏观数据，研究衡量普惠金融发展程度的指标体系（Sarma，2008；Sarma and Pais，2011；肖翔等，2013；伍旭川等，2014；王韦程，2015）。这种研究能够很好地比较不同地区普惠金融发展的状况，也能为推动普惠金融发展提供方向和思路。但是，其显示的是普惠金融发展的结果，并没有为理解普惠金融需求特点提供足够的信息。而满足普惠金融服务需求是普惠金融的基本出发点和落脚点。

第二类是从供给方出发，分析金融机构在农村地区的服务情况，包括组织治理结构、业务网点布局、产品种类、客户数量、信贷发放量、风险管理和贷款质量、盈利能力、经营效率以及服务效果，等等（汪小亚等，2013；谢平等，2013；沈明高等，2014；张承惠等，2015，2016；吴洪军等，2015，2016）。这种进路能够发现各种金融服务机构的服务特点、优势、劣势、成绩和不足，但仍然缺少对需求方的充分分析，难以为宏观制度改革在微观层面提供有关需求方的充分证据。

第三类是对农村金融服务对象进行考察，分析内容包括农户的家庭资产、收入、生产经营活动、生产和生活开支等方面，其中，更多关注农户收入状况，以此来判断农户信贷需求的特点和满足度，等等（甘犁等，2014，2015）。尽管其中有些研究将供给和需求两个方面结合起来进行考察，但没有将这两方面放在同一个严密的逻辑框架内，难以充分说明农村金融市场的规律性。

1.2.2   本报告的基本研究思路与重点

市场中的交易主体由供需双方构成，市场交易达成的前提条件是供需双方互相满足对方的条件。在金融市场上，由于存在借贷配给的问题，即均衡状态下存在供给小于需求①，所以金融市场常常表现为卖方市场，农村金融市场尤其如此。在这样的市场中，交易规则更多地掌握在卖方手中。因此，在分析金融市场时，虽然对供需双方均需要进行分析，但是要改进市场交易状况，更多地要依靠供方行为的调整。

在金融市场中，除了供需双方之外，还有作为交易裁判员的政府提供交易的制度环境，制定或干预交易规则，保证交易公平、公正地进行，对弱者提供保护和救济。制度环境的调整对交易双方的禀赋和交易条件具有重大影响，有时甚至决定交易能否达成。因此，本报告从农村金融市场的供需双方的微观层面入手，但是落脚点放在了宏观的制度层面，希望在保持市场自由交易规则的同时，通过交易制度环境供给的调整，来改变供需双方的禀赋和交易条件。这应该也是供给侧改革的应有之义。

在农村金融市场这样一个典型的信贷配给情况下，普惠金融的供给侧改革重点应该是提高金融服务的覆盖率、可得性和满意度，增强所有市场主体和广大人民群众对金融服务的获得感。这正是《普惠金融规划》的目的所在。同时，正如该规划指出的，普惠金融关注的重点是小微企业、农民、城镇低收入人群、贫困人群和残疾人、老年人等特殊群体。本报告的关注点正是农民尤其是低收入农民，通过对他们的信贷服务获得状况的分析来判断农村普惠金融发展的状况，进而提出农村普惠金融建设的方向和路径。

1.2.3   基本分析框架——农户家庭资产负债表

资产负债表原本是企业管理的基本财务工具，是基于权责发生制编制的财务平衡表。资产负债表能够反映会计主体在某一特定日期（如月末、

---

① ［美］斯蒂格利茨：《经济学》（上册），梁小民等译，中国人民大学出版社1996年版，第443页。

季末、年末）全部资产、负债和净资产情况，并据此分析会计主体的财务状况，包括负债与资产各构成部分之间的关系，从中分析和理解会计主体的负债行为特点，如负债水平和偿债能力等。如同企业的资产负债表，家庭资产负债表的结构也是"资产＝负债＋权益"。等式的左端表示家庭资产的占用方式，具体可以细分为实物资产、金融资产以及其他形式的资产，等式的右端表示家庭资产的来源，包括负债、净收入、净资产和其他权益等。家庭资产负债表的各项内容均以货币计价，反映了居民家庭的财务状况和生活水平，也是衡量国家经济实力的主要依据之一。①

　　20 世纪中叶，美国经济学家将资产负债表用于分析宏观经济，尤其是 20 世纪末拉美债务危机后，资产负债表成为分析债务危机的主流分析工具。② 2008 年国际金融危机爆发，很多学者运用资产负债表分析来说明美国次贷危机爆发和国际金融危机产生的原因，因为人们认识到，进行宏观分析时必须重视微观基础，资产负债表分析能够很好地将微观问题与宏观问题结合起来，同时，通过分析资产负债表可以充分了解各类经济主体在资产市场和资产价格变动下的行为及其影响。③

　　农户家庭既是一个生活单位，也是一个生产单位。因此，对农户家庭资产负债情况进行分析，既可以了解其家庭生活财务状况，也可以了解其生产经营的财务状况，包括家庭资产来源和运用、储蓄和投资等，从而了解其负债水平和偿债能力等情况。但是，中国对于居民资产负债表的研究文献很少，对于农村居民家庭资产负债表的研究文献更少。朱玲（1994）对作为扶贫措施之一的以工代赈项目对贫困地区农户的就业和收入的影响进行了研究，通过实地调研编制了山东、宁夏和四川三个贫困县 358 户农户 1991 年人均资产和负债情况表，包括生产性固定资产、非生产性固定资产、年末存款总额、年末负债总额和净资产。因为缺少一些必要的数据，朱玲没有将这个表称为资产负债表，但是也能够大致反映出农民的家庭资产负债情况。这是笔者所找到的有关中国农户家庭资产负债情况最早的研

---

① 参见孙元欣《美国家庭资产统计方法和分析》，《统计研究》2006 年第 2 期。

② 李扬等：《中国国家资产负债表 2013——理论、方法与风险评估》，中国社会科学出版社 2013 年版，前言第 2 页、导言第 4 页。

③ 刘向耘等：《中国居民资产负债表分析》，《金融研究》2009 年第 10 期。

究文献。这项研究发现，农户是否具有偿还能力是能否取得贷款的一个重要因素，即越穷越借不到钱，得到贷款的往往是非贫困户。[①] 李扬等（2013，2015）编制了2004—2011年以及2004—2014年中国居民资产负债表[②]，但是有关农民的数据不完整，无法从中得知农村居民的家庭资产负债状况。西南财经大学中国家庭金融调查与研究中心于2013年对全国29个省的城镇居民的家庭资产负债情况进行了调查，获得了28000多户家庭的有效样本信息，其中农村家庭占比接近50%，内容涉及农村家庭的收入和支出、资产及其结构、负债及其结构、正规信贷需求与可得性，以及债务收入比和资产负债率等重要指标。此项研究为了解农村居民家庭财务和信贷服务获得情况提供了丰富的数据。[③]

　　农户收入是衡量偿债能力的重要指标，但是收入是流量，收入分析更多反映的是短期内的偿债能力；而分析资产存量，可以看到借款人长期的偿债能力。此外，因为借款人的信用状况可以反映其还款意愿和能力，贷款人可以据此评估信贷风险，所以，信用具有价值，可以作为借款人的无形资产。如果将农户家庭的信用状况予以赋值，将能够提高农户的资产价值，从而降低农户家庭负债水平指标，提高偿债能力指标。对于金融机构而言，既要关心眼前，也要关心以后，更要关心农户的还款意愿。因此，流量和存量、能力和意愿都是关系到农户能否得到信贷服务的重要影响因素。农户家庭资产负债表包含了这些重要信息。

　　尽管农户家庭资产负债表反映的是微观层面农户家庭的财务状况，但对其分析是从金融机构的视角出发。所以，农户家庭资产负债表及各相关指标是农户家庭财务状况在金融机构眼中和头脑中的映象，经过了金融机构的整理和分析，反映了金融机构的观点和思维。因此，资产负债表把作为借款人的农户和作为贷款人的金融机构放入了同一个逻辑框架，有助于更好地理解在一个信贷配给市场上贷款人对借款人家庭财务状况及其信贷

---

① 朱玲：《贫困地区农户的收入、资产和负债》，《金融研究》1994年第3期。
② 李扬等：《中国国家资产负债表2013——理论、方法与风险评估》，中国社会科学出版社2013年版，第93—100页。李扬等：《中国国家资产负债表2015》，中国社会科学出版社2015年版，第96—98页。
③ 甘犁、尹志超、谭继军：《中国家庭金融调查报告2014》，西南财经大学出版社2015年版。

风险的判断，继而更准确地理解和把握农村金融市场的运作机理，为农村普惠政策的改进提供新的启示。

但是，资产负债表分析方法在实际应用中也存在很大局限性，这主要是因为资产负债统计资料不完整。[①] 本报告同样遇到了这个问题。尽管本报告据以分析的农业部"全国农村固定观察点调查系统"中的数据很丰富，但是缺少凭以编制资产负债表的土地、住房以及家庭耐用消费品等资产的货币价值，只能参考其他资料进行估算。因此，本报告只是将资产负债表作为基本的分析框架。

此外，资产负债表不能完全反映农户信贷情况，缺少一些与借贷密切相关的信息，如借款来源、构成和成本等。本报告根据农业部"全国农村固定观察点调查系统"中的数据，对此进行了分析，以补充资产负债表的不足。

本报告使用的分析指标包括农户家庭资产负债率、金融资产负债率、收入偿债率、储蓄率、家庭外投资比率、借款来源构成、成本和用途等，以及金融机构的农户存贷比，并在对农户家庭信用进行赋值后，对家庭资产负债率进行了调整。

1.2.4　本报告的结构

本报告包括两大部分。第一部分是主报告，包括七章，使用农业部"全国农村固定观察点调查系统"的数据，以资产负债表作为基本分析框架，对农户的家庭资产负债状况和特点进行分析，据此对农村普惠金融发展状况做出基本判断，并提出农村普惠金融建设的基本方向和路径。第二部分是案例报告，共包括六个，其中两个是地方政府推动农村普惠金融建设的案例，四个是农村正规与非正规金融服务机构开展普惠金融的经验总结。这样，点面结合，互相支撑，以便更好地说明农村普惠金融建设中政府的作用和金融机构的创新路径。

---

① 孙元欣：《我国居民家庭资产的统计框架构想》，《统计与决策》2007 年第 6 期。

1.3　本报告的创新之处与不足

1.3.1　创新之处

本报告通过对农户家庭资产负债表的分析,有助于更深入地揭示农村金融市场规律性,从而增强本报告结论的系统性和可靠性,对农村普惠金融建设的改革与创新提供更直观、更符合实际的启示。

具体而言,本报告的创新之处主要体现在以下三点。

(1)农村金融研究,尤其是对农村金融需求方的研究,需要大量覆盖区域广、长时间序列的连续数据的支撑。农业部"全国农村固定观察点调查系统"的数据就具有这样的特点,为本项研究提供了比较充足完整的数据。

(2)在本报告中资产负债表分析方法初步显示出将微观与宏观结合的强大能力。本项研究的对象是农户,即金融服务的需求方,但是,资产负债表方法是以金融机构,即供给方的眼光和视角来看待需求方的家庭财务状况。这样,将供需双方放在同一个逻辑框架内,能够更好地反映农村金融市场的运行特点和基本规律,有助于揭示这些结论之间的内在逻辑性,为报告的结论和政策建议提供了更坚实的基础。

(3)本报告将农户按收入分为五组,以考察农村不同收入阶层家庭资产负债的特点以及获得的金融服务的差别。通过这样的细分,避免了笼统讨论农村金融发展状况的情况,清晰地显示出农户获得金融服务的真实图景,尤其是中低收入贫困农户获得金融服务的情况。贫困者平等地获得金融服务并参与发展,这才是农村普惠金融政策和战略规划的宗旨与目的所在。这样的分析有助于政策制定者有针对性地调整政策,推动农村普惠金融目标的实现。

1.3.2　不足之处

但是,毋庸讳言,本报告亦有许多不足之处,至少表现在以下四个方面。

（1）尽管农业部"全国农村固定观察点调查系统"中关于农户家庭的数据比较全面，但是还不够完整，例如，其中缺少农户家庭日常耐用消费品的数据，这样做出的资产负债表可能低估农户的家庭资产总额。但是，这样不会造成对农户家庭资产负债率的低估，所得结论会相对谨慎，避免得出过于宽松乐观的结论，进而影响政策建议的适用性。所以，本报告更多的是将农户家庭资产负债表作为分析工具，它能够在一定程度上反映农户的家庭财务状况，尽可能地接近于真实。

（2）对于土地、住房以及信用价值的估算方法和结果，读者可能存在不同意见，但是本报告所做估算更多的是用于分析农户家庭资产负债状况和农村金融市场运行的基本特点，且估算方法较为保守，不会夸大农户家庭资产状况，也不会低估金融机构面临的信贷风险，因而不会降低研究结论的可靠性。

（3）因为数据原因，本报告只是重点分析了农户信贷状况，并对农户投资理财情况作了少量分析，并未反映包括保险、支付等内容在内的农村金融全貌，也未分析其他农村主体（如农民合作社、家庭农场等）得到的金融服务需求状况。因此，更准确地讲，本报告主要是关于农民信贷状况的分析。当然，农民信贷是农村普惠金融的最重要内容之一，也是历来农村金融研究的核心问题。

（4）本报告是笔者初次使用农户家庭资产负债表作为农村金融问题的分析工具，且国内外相关研究文献又很少，所以，难免会有各种不足，敬请读者批评指正。

2 样本基本情况与农户家庭资产负债表的构建

2.1 样本数据来源与处理说明

2.1.1 样本来源

本报告农户样本数据来源于农业部"全国农村固定观察点调查系统"（以下简称"农村固定观察点"）中 2009 年至 2013 年收集的数据。该系统有调查农户 23000 户，调查村 355 个行政村，样本分布在除港、澳、台地区以外的 31 个省（自治区、直辖市）。数据内容包括农户的家庭人口、劳动力情况，农牧业生产经营情况，收入、支出和消费情况，资金往来情况，主要资产和耐用消费品情况，以及村基本情况等。农村固定观察点的基本任务是：通过对固定不变的村和户进行长期跟踪调查，取得连续数据；通过对农村基层各种动态信息的及时了解，取得系统周密的资料，进而对农村经济社会发展进行综合分析，为研究农村问题、制定农村政策提供依据。因此，农村固定观察点的调查样本着重考虑对固定村和户的跟踪观察，能比较准确地反映村、户各方面情况的长期变化趋势，但在一些指标的绝对值上与其他官方机构发布值会有一些不同。

2.1.2 筛选原则和方法

本报告在分析农户基本情况时，根据研究目的和内容的需要对原始数据中的样本进行了筛选，删除了原始数据中的异常值样本，异常值样本是指符合如下条件的样本。

（1）家庭常住人口数和家庭劳动力人口数大于等于 30；

（2）家庭总支出大于 100 万元；

（3）资金往来和累计借入款额度各项小于 0；

（4）住房面积大于 10 万平方米；

（5）建筑业支出大于 200 万元。

筛选之后的样本为本报告有效样本。2009 年至 2013 年五年总有效样本数量和各收入组有效样本数量都基本稳定且在合理范围内。同时，在筛选借款户样本时，综合考虑了借款金额和借款来源两个指标。在计算借款户借贷来源时，为了让农户户均借款额更加准确，本研究对该指标仅选取有相应借款来源的借款户并计算均值，而不是全部借款户。因此，需要特别说明的是，本报告中借款户数在有效样本中的占比比实际的要低。在计算借款用途时亦同样处理。本报告中的分析结果是基于筛选后的有效样本数据，即所有指标的取值仅代表本报告中所采纳的有效样本的取值，因此可能与其他官方公布数据或其研究结果存在一定差异。

2.1.3　有效样本数量与分组

本报告将全部有效样本按年人均纯收入进行排序，按照样本户数量将其均分为五组，即低收入组（以下简称组 1）、较低收入组（以下简称组 2）、中等收入组（以下简称组 3）、较高收入组（以下简称组 4）和高收入组（以下简称组 5）。全部样本和各收入组农户家庭全年纯收入区间与人均纯收入均值见表 2-1，其中组 1、组 2、组 3 农户的家庭人均纯收入低于全部样本的平均值，组 5 农户的家庭人均纯收入远远高于其他各组，在 2009—2013 年是组 1 的 6.50—10.56 倍。

根据以上方法，各年各收入组有效样本数量及占比如表 2-2 和表 2-3 所示。在 2009—2013 年，全部样本中借款户数量占比最高时为 8.49%（2009 年），然后逐年下降，尽管在 2013 年有小幅度回升，但是在五年间降低了 3.1 个百分点；从各收入组情况看，借款户数量占比总体上也都是呈下降趋势，五年内分别下降 4.3 个、3.8 个、3.05 个、2.3 个和 2.02 个百分点，在 2013 年最高占比为 7.28%（组 1），最低占比仅为 4.46%（组 4）。

表2-1　2009—2013年各收入组农户家庭全年纯收入区间与人均纯收入均值

单位：元

年份	全部样本		组1		组2		组3		组4		组5	
	户收入区间	人均收入均值	户收入区间	人均收入均值	户收入区间	人均收入均值	户收入区间	人均收入均值	户收入区间	人均收入均值	户收入区间	人均收入均值
2009	-105933—352000	7518.94	-105933—3389	2415.02	3390—5033	4333.10	5033—6998	6230.41	7000—10344	8767.12	10344—352000	17999.38
2010	-47900—398744	9414.84	-47900—4118	3072.47	4119—6043	5496.73	6043—8339	7460.87	8340—12315	10861.03	12316—398744	22998.70
2011	-74555—398405	10566.05	-74555—4988	3766.96	4989—7289	6414.18	7290—10010	8963.28	10011—14632	12373.56	14633—398405	24478.01
2012	-208340—626850	11955.57	-208340—4939	3178.23	4940—8130	6737.66	8131—12199	10369.97	12200—19673	15823.95	19675—626850	33572.13
2013	-119585—583333	13228.96	-119585—6243	4533.72	6243—9209	7959.39	9211—12671	11142.39	12673—18368	15581.90	18370—583333	30616.88

表2-2　2009—2013年全部有效样本、各收入组及其借款户与非借款户有效样本数量

单位：户

年份	全部样本	组1			组2			组3			组4			组5			借款户合计
		全部样本	借款户	非借款户	全部样本	借款户	非借款户	全部样本	借款户	非借款户	全部样本	借款户	非借款户	全部样本	借款户	非借款户	
2009	20362	4068	471	3583	4076	367	3698	4064	322	3729	4081	276	3794	4073	293	3768	1729
2010	19599	3919	375	3537	3920	308	3605	3919	275	3638	3921	295	3618	3920	308	3605	1561
2011	19088	3817	327	3487	3818	240	3574	3817	244	3570	3818	237	3577	3818	287	3528	1335
2012	19196	3839	162	3676	3839	179	3659	3838	184	3653	3840	179	3661	3840	237	3602	941
2013	19519	3903	284	3619	3904	203	3700	3904	190	3714	3904	174	3730	3904	202	3702	1053

注：本表中借款户仅指在调查数据中有借款来源的，因而其户数可能低于实际借款户数。

表2-3　2009—2013年各收入组样本占全部有效样本比重与各收入组借款户有效样本占该收入组样本比重

单位：%

年份	全部借款户占全部有效样本比重	组1		组2		组3		组4		组5	
		组1占全部样本比重	借款户占组1比重	组2占全部样本比重	借款户占组2比重	组3占全部样本比重	借款户占组3比重	组4占全部样本比重	借款户占组4比重	组5占全部样本比重	借款户占组5比重
2009	8.49	20.0	11.58	20.0	9.00	20.0	7.92	20.0	6.76	20.0	7.19
2010	7.96	20.0	9.57	20.0	7.86	20.0	7.02	20.0	7.52	20.0	7.86
2011	6.99	20.0	8.57	20.0	6.29	20.0	6.39	20.0	6.21	20.0	7.52
2012	4.90	20.0	4.22	20.0	4.66	20.0	4.79	20.0	4.66	20.0	6.17
2013	5.39	20.0	7.28	20.0	5.20	20.0	4.87	20.0	4.46	20.0	5.17
五年变化幅度	-3.10	—	-4.30	—	-3.8	—	-3.05	—	-2.3	—	-2.02

2.2 农户家庭资产负债表的构建

2.2.1 农户家庭资产负债表的基本框架

农村固定观察点的数据具备了编制农户家庭资产负债表的基本条件。在资产方，可得数据包括金融资产、实物资产，其中金融资产包括手存现金余额、存款余额、借出款余额、家庭外投资余额（含股票和债券等其他形式投资）、信用资产，实物资产包括耕地、住房和主要生产性固定资产。

由于农村土地的集体所有权性质，没有土地和房屋产权交易市场，土地和房屋也就无法显示其作为完整的资产的价值。在这种情况下，虽然也可以对农户家庭资产负债情况进行分析，但难以比较全面地反映农户家庭资产状况。因此，本报告根据农村土地征收补偿与住房建设和交易的情况，并根据农村固定观察点关于农户经营土地面积和住房面积的数据，为耕地[①]和住房估算了资产价值，计入资产负债表，并对比分析是否计入耕地和住房价值的两种情况下农户家庭资产负债的状况。[②] 农户信用评级是农村金融机构开展业务的重要凭据，信用具有价值，本报告将金融机构对农户的信贷授信额度作为其信用价值，计入资产负债表。

---

① 农业部"全国农村固定观察点调查系统"中还包括林地、草场、果园和养殖水面等数据，因数量相对较小，本报告只选用了耕地，这样不会产生对农户家庭资产的高估，也就避免了对农户家庭资产负债率的低估，以免对农户信贷的偿债能力和流动性风险得出过于乐观的结论。本报告后面分析中有关土地的估值，若无特别说明，均指耕地的价值。

② 在农户家庭中，实物资产还包括动产，如汽车和日用耐用品等，但"全国农村固定观察点调查系统"中没有这些数据，本项研究也忽略了动产的价值。因此，本表中的实物资产应该低于农户家庭拥有的全部实物资产的实际价值。根据中国农业银行战略规划部和西南财经大学中国家庭金融调查与研究中心共同发布的《中国农村家庭金融发展报告（2014）》的数据，农村家庭的非金融资产（农业资产、工商业生产经营资产、土地、房产、汽车和耐用品）中汽车和耐用品合计占5.8%。参见甘犁、尹志超、谭继军《中国家庭金融调查报告2014》，西南财经大学出版社2015年版，第84—97页。

　　负债和权益方包括负债和权益两部分，前者包括从正规金融机构①的借款和从其他渠道（含民间渠道）的借款，后者包括年末家庭纯收入和净资产。净资产没有具体的资产形式指向，为了降低对家庭资产估算的遗漏或偏差程度，且为使资产负债表可以平衡，净资产是由资产总额减去负债和家庭纯收入后的差额。

　　这样，就可以得到一个农户的家庭资产负债表，如表2－4所示。

表2－4　　　　　　　　　　　　农户家庭资产负债表

资产	负债
金融资产	借入款余额
手存现金余额	银行/农信社渠道借款余额
存款余额	其他渠道借款余额**
借出款余额	
家庭外投资余额	
其中：股票	
债券	
其他投资*	
信用资产	
实物资产	
耕地	权益
住房	家庭纯收入
主要生产性固定资产	家庭净资产***
资产合计	负债与权益合计

　　注：*其他投资＝家庭外投资余额－股票－债券。

　　　　**其他渠道借款余额＝借入款余额－银行或农信社渠道借款余额。

　　　　***家庭净资产＝资产合计－借入款余额－家庭纯收入。

---

　　①　根据农业部"全国农村固定观察点调查系统"，这里的正规金融机构包括银行与农信社，前者指在农村开展金融业务的各类商业银行，但不包括农村商业银行；后者包括农村信用合作社、农村商业银行、农村合作银行。

2.2.2 全部样本的家庭资产负债表

如果不考虑农户家庭经营的耕地和住房的价值①，在 2009 年至 2013 年，全部样本的户均资产合计分别是 34983.14 元、39736.05 元、42079.93 元、45996.93 元和 54303.89 元，净资产分别是 3499.11 元、531.38 元、-1221.63元、-1146.79 元和 2149.02 元（见表 2-5）。

表 2-5 　　　　 **2009—2013 年全部样本的农户家庭资产负债表**

（未计入耕地和住房估算价值） 单位：元

	2009 年	2010 年	2011 年	2012 年	2013 年
资产					
金融资产	24383.27	28742.55	29173.66	33535.13	40589.21
手存现金余额	4235.75	4669.46	5136.27	5738.31	6487.51
存款余额	18432.82	22265.36	22809.92	26669.37	32758.10
借出款余额	786.82	862.37	717.96	679.85	657.90
家庭外投资余额	927.89	945.35	509.52	447.61	685.71
其中：股票	76.66	123.84	105.61	48.94	11.83
债券	11.05	43.52	0.26	8.80	1.28
其他投资	840.17	777.99	403.65	389.87	672.59
实物资产	10599.87	10993.50	12906.27	12461.80	13714.68
主要生产性固定资产	10599.87	10993.50	12906.27	12461.80	13714.68
资产合计	34983.14	39736.05	42079.93	45996.93	54303.89
负债					
借入款余额	2339.18	2649.22	2512.02	2495.95	2789.52
其中：银行/农信社	695.21	763.72	809.59	724.56	1040.37
其他渠道借款	1643.97	1885.50	1702.44	1771.38	1749.15
权益					
家庭纯收入	29144.85	36555.45	40789.55	44647.77	49365.35
家庭净资产	3499.11	531.38	-1221.63	-1146.79	2149.02
负债与权益合计	34983.14	39736.05	42079.93	45996.93	54303.89

① 本报告在前 4 章都没有分析信用价值在农户家庭资产负债表中的表现及其影响，而是在第 5 章中专门分析。

如果对农民的耕地和住房赋值，那么，农民的家庭资产总值就会发生重大变化。根据由农村固定观察点数据统计出来的全部样本及各收入组农户的户均年末耕地经营面积和住房面积，本报告按照耕地每亩3万元以及住房每平方米400元来估算耕地和住房的价值。① 这样，就可以得到一个新的全部样本从2009年至2013年的家庭资产负债表，其中，农户户均资产合计变为357106.98元、337180.24元、323532.67元、317099.20元和333168.51元，分别增长了920.80%、748.55%、668.85%、589.39%和513.53%；户均净资产则分别变为325622.95元、297975.57元、280231.11元、269955.48元和280142.30元（见表2-6），与不计算农户耕地和住房价值相比，最低增长了92倍，最高增长了数百倍。可见，是否计入农户的耕地和住房价值，对农户的家庭资产负债表具有重大影响。

_____

① 本报告对耕地的价值估算以农村土地征收价格为标准。农村土地征收价格包括土地补偿费、劳动力安置补助费以及地上附着物和青苗补偿费等费用，受被征地的区位、经济社会发展水平和土地供求状况等因素以及土地征用后的用途和市场价值等影响，全国各地甚至每个村的不同地块的价值都有差别。但是，为了衡量农户的资产状况，勉强选取一个平均价格。本报告中土地的价格参考了案例中甘肃省陇南市、重庆市开县和浙江省仙居县的情况：2009—2013年，甘肃省陇南市的农村土地征收补偿标准在每亩1万元至10万元不等，重庆市开县在重点乡镇的征收补偿标准可以达到每亩25万元，浙江省仙居县在2009年的农村征地补偿款一般在3.2万元至3.5万元。本报告采用了较为保守的价格，姑且定为每亩3万元。

有研究文献支持本报告的估价。陈锡文等研究发现，2005年对全国土地征用补偿的调查显示，作为永久丧失土地的代价，一般给予被征地农民征地补偿费每亩2万—3万元。而且陈锡文等指出，这种征地补偿方法偏离市场经济规律，对失地农民补偿过低，没有考虑到土地对农民承担的生产资料和社会保障双重功能，更没有体现土地市场的供需状况，既不符合市场经济规律，也不符合国际惯例。可见，从土地的经济价值和社会保障功能看，本报告对农民土地的价值没有高估。参见陈锡文等《中国农村制度变迁60年》，人民出版社2009年版，第60页。

农村住房的价值会随地域和时间不同而变化。根据《中国统计年鉴》（2012），2011年全国"农村居民年末住房价值"单价为654元（转引自李扬等《最新国家资产负债表到底揭示了什么》，中国社会科学出版社2015年版，第42页）。根据本研究的目的，本报告对农户住房价值采用了比较保守且粗略的估算方法，即参照农村建房成本中较低的水平来估算，未考虑折旧，即每平方米400元。

表 2 - 6　　　　2009—2013 年全部样本的农户家庭资产负债表

（计入耕地和住房估算价值）　　　　　　　单位：元

	2009 年	2010 年	2011 年	2012 年	2013 年
资产					
金融资产	24383.27	28742.55	29173.66	33535.13	40589.21
手存现金余额	4235.75	4669.46	5136.27	5738.31	6487.51
存款余额	18432.82	22265.36	22809.92	26669.37	32758.10
借出款余额	786.82	862.37	717.96	679.85	657.90
家庭外投资余额	927.89	945.35	509.52	447.61	685.71
其中：股票	76.66	123.84	105.61	48.94	11.83
债券	11.05	43.52	0.26	8.80	1.28
其他投资	840.17	777.99	403.65	389.87	672.59
实物资产	332723.71	308437.69	294359.01	283564.07	292579.30
耕地	214027.08	208937.55	217385.58	210252.87	214579.86
住房	108096.76	88506.64	64067.16	60849.40	64284.76
主要生产性固定资产	10599.87	10993.50	12906.27	12461.80	13714.68
资产合计	357106.98	337180.24	323532.67	317099.20	333168.51
负债					
借入款余额	2339.18	2649.22	2512.02	2495.95	2789.52
其中：银行/农信社	695.21	763.72	809.59	724.56	1040.37
其他渠道借款	1643.97	1885.50	1702.44	1771.38	1749.15
权益					
家庭纯收入	29144.85	36555.45	40789.55	44647.77	50236.69
家庭净资产	325622.95	297975.57	280231.11	269955.48	280142.30
负债与权益合计	357106.98	337180.24	323532.67	317099.20	333168.51

2.2.3　各收入组农户的家庭资产负债表

如果以同样的方法来制作各收入组农户的家庭资产负债表，在不计入耕地和住房估算价值的情况下，可以看到，在 2009 年至 2013 年，总体上各收入组的户均家庭资产总额都呈上升趋势，其中，组 1 从 13732.95 元上升到 26247.09 元，组 2 从 19034.60 元上升到 32517.96 元，组 3 从

26335.72 元上升到 42273.49 元，组 4 从 38774.77 元上升到 57157.78 元，组 5 从 76996.77 元上升到 113315.97 元；在各收入组之间，户均家庭资产总额随着收入的升高而上升，组 5 农户户均家庭资产总额是组 1 的 4.32—7.02 倍（见表 2-7 至表 2-11 和图 2-1）。

表 2-7　　　　　2009—2013 年组 1 农户家庭资产负债表

（未计入耕地和住房估算价值）　　　　　单位：元

	2009 年	2010 年	2011 年	2012 年	2013 年
资产					
金融资产	7006.71	7298.51	8667.26	10392.05	16337.96
手存现金余额	2528.32	2597.19	2737.90	2955.05	3850.29
存款余额	3932.50	4464.02	5328.34	7120.82	12246.60
借出款余额	478.85	32.57	536.60	312.46	227.75
家庭外投资余额	67.04	204.73	64.42	3.72	13.32
其中：股票	0.00	0.00	0.00	0.00	0.00
债券	0.00	0.00	0.00	0.10	0.00
其他投资	67.04	204.73	64.42	3.63	13.32
实物资产	6726.25	5978.44	7281.15	6330.52	9909.13
主要生产性固定资产	6726.25	5978.44	7281.15	6330.52	9909.13
资产合计	13732.95	13276.95	15948.41	16722.57	26247.09
负债					
借入款余额	1261.97	1353.45	1461.81	882.65	1697.07
其中：银行/农信社	308.73	326.14	285.32	142.77	476.33
其他渠道借款	953.25	1027.31	1176.49	739.88	1220.75
权益					
家庭纯收入	10032.88	12746.94	15824.79	14565.69	18173.20
家庭净资产	2438.10	-823.45	-1338.19	1274.23	6376.82
负债与权益合计	13732.95	13276.95	15948.41	16722.57	26247.09

表 2 - 8　　　　　2009—2013 年组 2 农户家庭资产负债表

（未计入耕地和住房估算价值）　　　单位：元

	2009 年	2010 年	2011 年	2012 年	2013 年
资产					
金融资产	12129.29	14045.38	16676.64	20145.88	22125.18
手存现金余额	3921.88	3851.97	4615.33	5046.51	5776.40
存款余额	7844.74	9791.22	11714.72	14662.16	15917.59
借出款余额	323.07	103.24	318.18	339.11	388.41
家庭外投资余额	39.61	298.95	28.41	98.10	42.78
其中：股票	0.01	28.07	0.00	0.00	0.00
债券	0.00	8.93	0.00	0.00	5.12
其他投资	39.59	261.94	28.41	98.10	37.65
实物资产	6905.31	7385.96	8583.48	7434.04	10392.78
主要生产性固定资产	6905.31	7385.96	8583.48	7434.04	10392.78
资产合计	19034.60	21431.34	25260.12	27579.92	32517.96
负债					
借入款余额	1316.43	1289.34	1450.51	1395.36	1386.23
其中：银行/农信社	207.56	220.64	2564.58	133.78	240.66
其他渠道借款	1108.87	1068.70	- 1114.08	1261.58	1145.57
权益					
家庭纯收入	18043.61	23142.35	26857.91	29156.75	32858.99
家庭净资产	- 325.44	- 3000.34	- 3048.29	- 2972.19	- 1727.26
负债与权益合计	19034.60	21431.34	25260.12	27579.92	32517.96

表 2 - 9　　　　　2009—2013 年组 3 农户家庭资产负债表

（未计入耕地和住房估算价值）　　　单位：元

	2009 年	2010 年	2011 年	2012 年	2013 年
资产					
金融资产	18874.29	21820.96	23718.80	28425.87	32079.31
手存现金余额	4317.32	4924.02	5134.92	6414.88	7132.38
存款余额	13545.93	16072.06	18087.21	21022.96	24052.15
借出款余额	414.78	291.37	408.37	644.55	504.49
家庭外投资余额	596.26	533.51	88.30	343.48	390.29

续表

	2009 年	2010 年	2011 年	2012 年	2013 年
其中：股票	10.33	0.00	28.83	0.00	0.00
债券	8.61	128.35	1.31	1.04	0.00
其他投资	577.31	405.16	58.16	342.44	390.29
实物资产	7461.43	8613.50	9033.43	10533.61	10194.18
主要生产性固定资产	7461.43	8613.50	9033.43	10533.61	10194.18
资产合计	26335.72	30434.46	32752.23	38959.48	42273.49
负债					
借入款余额	1852.55	1974.50	2019.41	1453.67	2194.04
其中：银行/农信社	222.00	344.93	435.50	172.23	278.18
其他渠道借款	1630.55	1629.57	1583.91	1281.44	1915.86
权益					
家庭纯收入	25042.77	29731.17	35392.86	39934.39	43907.40
家庭净资产	−559.60	−1271.21	−4660.04	−2428.58	−3827.95
负债与权益合计	26335.72	30434.46	32752.23	38959.48	42273.49

表 2 – 10　　　　　2009—2013 年组 4 农户家庭资产负债表

（未计入耕地和住房估算价值）　　　单位：元

	2009 年	2010 年	2011 年	2012 年	2013 年
资产					
金融资产	30454.05	30569.05	32762.01	37659.38	45030.60
手存现金余额	4462.57	5451.49	5281.57	6522.91	6768.90
存款余额	24964.34	23659.91	26475.27	30427.58	36928.86
借出款余额	663.49	613.50	588.99	637.51	825.01
家庭外投资余额	363.66	844.15	416.18	71.38	507.84
其中：股票	2.70	28.82	0.00	0.00	0.00
债券	2.45	1.28	0.00	0.00	1.28
其他投资	358.52	814.05	416.18	71.38	506.56
实物资产	8320.72	9744.90	9812.05	11923.82	12127.18
主要生产性固定资产	8320.72	9744.90	9812.05	11923.82	12127.18
资产合计	38774.77	40313.95	42574.05	49583.20	57157.78
负债					
借入款余额	1901.30	2404.30	2336.92	2318.45	2165.46

	2009 年	2010 年	2011 年	2012 年	2013 年
其中：银行/农信社	264.74	433.41	608.55	559.11	435.19
其他渠道借款	1636.56	1970.89	1728.38	1759.33	1730.27
权益					
家庭纯收入	32737.60	40671.39	45627.90	52507.50	57342.50
家庭净资产	4135.87	-2761.74	-5390.77	-5242.75	-2350.18
负债与权益合计	38774.77	40313.95	42574.05	49583.20	57157.78

表 2-11　　　　2009—2013 年组 5 农户家庭资产负债表

（未计入耕地和住房估算价值）　　　　单位：元

	2009 年	2010 年	2011 年	2012 年	2013 年
资产					
金融资产	53415.64	69971.12	64036.81	71066.48	87366.80
手存现金余额	5946.51	6521.97	7910.98	7751.63	8908.89
存款余额	41842.98	57333.10	52438.25	60128.34	74640.05
借出款余额	2053.31	3685.76	1737.52	1465.42	1343.73
家庭外投资余额	3572.84	2430.29	1950.05	1721.09	2474.13
其中：股票	370.24	562.24	499.15	244.53	59.17
债券	44.19	79.08	0.00	42.97	0.00
其他投资	3158.41	1788.96	1450.90	1433.59	2414.96
实物资产	23581.13	23243.12	29818.74	26083.11	25949.17
主要生产性固定资产	23581.13	23243.12	29818.74	26083.11	25949.17
资产合计	76996.77	93214.24	93855.55	97149.59	113315.97
负债					
借入款余额	5362.87	6224.06	5291.05	6428.35	6504.52
其中：银行/农信社	2472.72	2493.34	2525.37	2614.32	3771.34
其他渠道借款	2890.15	3730.72	2765.68	3814.03	2733.18
权益					
家庭纯收入	59570.74	76476.53	80236.31	87060.22	98893.14
家庭净资产	12063.17	10513.65	8328.19	3661.02	7918.31
负债与权益合计	76996.77	93214.24	93855.55	97149.59	113315.97

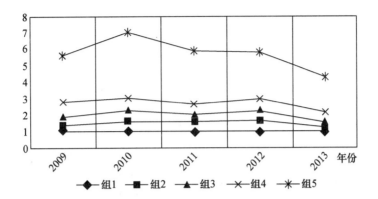

图 2 - 1　2009—2013 年各收入组对组 1 户均家庭资产总额的倍数

（未计入耕地和住房估算价值）

采用与全部样本同样的耕地和住房估值方法，可以算得各收入组耕地和住房的价值。在计入耕地和住房估算价值之后，各收入组的资产总额飙升。2009 年至 2013 年，组 1 增加了 1143.33%（2013 年）至 2244.42%（2009 年），组 2 增加了 847.54%（2013 年）至 1643.89%（2009 年），组 3 增加了 684.14%（2013 年）至 1350.77%（2009 年），组 4 增加了 472.14%（2013 年）至 867.16%（2009 年），组 5 增加了 229.03%（2013 年）至 386.50%（2009 年）。不仅如此，各收入组户均家庭资产总额之间的差距大幅度缩小，甚至组 2 农户在 2010 年、2011 年和 2013 年的户均家庭资产总额还低于组 1，组 5 对组 1 的倍数降低到 2.49（2011 年）—3.95（2012 年）倍（见表 2 - 12 至表 2 - 16 和图 2 - 2）。

表 2 - 12　　　　　2009—2013 年组 1 农户家庭资产负债表

（计入耕地和住房估算价值）　　　　　　单位：元

	2009 年	2010 年	2011 年	2012 年	2013 年
资产					
金融资产	7006.71	7298.51	8667.26	10392.05	16337.96
手存现金余额	2528.32	2597.19	2737.90	2955.05	3850.29
存款余额	3932.50	4464.02	5328.34	7120.82	12246.60
借出款余额	478.85	32.57	536.60	312.46	227.75
家庭外投资余额	67.04	204.73	64.42	3.72	13.32

续表

	2009 年	2010 年	2011 年	2012 年	2013 年
其中：股票	0.00	0.00	0.00	0.10	0.00
债券	0.00	0.00	0.00	0.00	0.00
其他投资	67.04	204.73	64.42	3.63	13.32
实物资产	314951.51	270248.70	255429.93	201155.06	310000.98
耕地	235344.18	192766.26	195079.38	148682.46	244561.89
住房	72881.08	71504.00	53069.40	46142.08	55529.96
主要生产性固定资产	6726.25	5978.44	7281.15	6330.52	9909.13
资产合计	321958.21	277547.21	264097.19	211547.11	326338.94
负债					
借入款余额	1261.97	1353.45	1461.81	882.65	1697.07
其中：银行/农信社	308.73	326.14	285.32	142.77	476.33
其他渠道借款	953.25	1027.31	1176.49	739.88	1220.75
权益					
家庭纯收入	10032.88	12746.94	15824.79	14565.69	18173.20
家庭净资产	310663.36	263446.81	246810.59	196098.77	306468.67
负债与权益合计	321958.21	277547.21	264097.19	211547.11	326338.94

表 2 – 13　　　　2009—2013 年组 2 农户家庭资产负债表

（计入耕地和住房估算价值）　　　单位：元

	2009 年	2010 年	2011 年	2012 年	2013 年
资产					
金融资产	12129.29	14045.38	16676.64	20145.88	22125.18
手存现金余额	3921.88	3851.97	4615.33	5046.51	5776.40
存款余额	7844.74	9791.22	11714.72	14662.16	15917.59
借出款余额	323.07	103.24	318.18	339.11	388.41
家庭外投资余额	39.61	298.95	28.41	98.10	42.78
其中：股票	0.01	28.07	0.00	0.00	0.00
债券	0.00	8.93	0.00	0.00	5.12
其他投资	39.59	261.94	28.41	98.10	37.65
实物资产	319813.06	301152.70	269901.84	269156.18	285996.13
耕地	232254.99	212171.94	203000.52	205673.10	217102.71

续表

	2009 年	2010 年	2011 年	2012 年	2013 年
住房	80652.76	81594.80	58317.84	56049.04	58500.64
主要生产性固定资产	6905.31	7385.96	8583.48	7434.04	10392.78
资产合计	331942.35	315198.08	286578.48	289302.06	308121.31
负债					
借入款余额	1316.43	1289.34	1450.51	1395.36	1386.23
其中：银行/农信社	207.56	220.64	2564.58	133.78	240.66
其他渠道借款	1108.87	1068.70	-1114.08	1261.58	1145.57
权益					
家庭纯收入	18043.61	23142.35	26857.91	29156.75	32858.99
家庭净资产	312582.31	290766.40	258270.07	258749.95	273876.09
负债与权益合计	331942.35	315198.08	286578.48	289302.06	308121.31

表 2 - 14　　　　　2009—2013 年组 3 农户家庭资产负债表

（计入耕地和住房估算价值）　　　　　单位：元

	2009 年	2010 年	2011 年	2012 年	2013 年
资产					
金融资产	18874.29	21820.96	23718.80	28425.87	32079.31
手存现金余额	4317.32	4924.02	5134.92	6414.88	7132.38
存款余额	13545.93	16072.06	18087.21	21022.96	24052.15
借出款余额	414.78	291.37	408.37	644.55	504.49
家庭外投资余额	596.26	533.51	88.30	343.48	390.29
其中：股票	10.33	0.00	28.83	0.00	0.00
债券	8.61	128.35	1.31	1.04	0.00
其他投资	577.31	405.16	58.16	342.44	390.29
实物资产	363196.55	307319.03	305936.25	315884.87	299405.85
耕地	227103.48	217937.49	235898.10	246229.02	227515.11
住房	128631.64	80768.04	61004.72	59122.24	61696.56
主要生产性固定资产	7461.43	8613.50	9033.43	10533.61	10194.18
资产合计	382070.84	329139.99	329655.05	344310.74	331485.16
负债					
借入款余额	1852.55	1974.50	2019.41	1453.67	2194.04
其中：银行/农信社	222.00	344.93	435.50	172.23	278.18

续表

	2009 年	2010 年	2011 年	2012 年	2013 年
其他渠道借款	1630.55	1629.57	1583.91	1281.44	1915.86
权益					
家庭纯收入	25042.77	29731.17	35392.86	39934.39	43907.40
家庭净资产	355175.52	297434.32	292242.78	302922.68	285383.72
负债与权益合计	382070.84	329139.99	329655.05	344310.74	331485.16

表 2 – 15　　　　2009—2013 年组 4 农户家庭资产负债表

（计入耕地和住房估算价值）　　　单位：元

	2009 年	2010 年	2011 年	2012 年	2013 年
资产					
金融资产	30454.05	30569.05	32762.01	37659.38	45030.60
手存现金余额	4462.57	5451.49	5281.57	6522.91	6768.90
存款余额	24964.34	23659.91	26475.27	30427.58	36928.86
借出款余额	663.49	613.50	588.99	637.51	825.01
家庭外投资余额	363.66	844.15	416.18	71.38	507.84
其中：股票	2.70	28.82	0.00	0.00	0.00
债券	2.45	1.28	0.00	0.00	1.28
其他投资	358.52	814.05	416.18	71.38	506.56
实物资产	344561.91	336439.58	320025.25	312635.82	281993.72
耕地	206143.59	238964.04	238114.20	234183.60	202851.18
住房	130097.60	87730.64	72099.00	66528.40	67015.36
主要生产性固定资产	8320.72	9744.90	9812.05	11923.82	12127.18
资产合计	375015.96	367008.63	352787.25	350295.20	327024.32
负债					
借入款余额	1901.30	2404.30	2336.92	2318.45	2165.46
其中：银行/农信社	264.74	433.41	608.55	559.11	435.19
其他渠道借款	1636.56	1970.89	1728.38	1759.33	1730.27
权益					
家庭纯收入	32737.60	40671.39	45627.90	52507.50	57342.50
家庭净资产	340377.06	323932.94	304822.43	295469.25	267516.36
负债与权益合计	375015.96	367008.63	352787.25	350295.20	327024.32

表 2 - 16　　　　　　2009—2013 年组 5 农户家庭资产负债表

（计入耕地和住房估算价值）　　　　　　单位：元

	2009 年	2010 年	2011 年	2012 年	2013 年
资产					
金融资产	53415.64	69971.12	64036.81	71066.48	87366.80
手存现金余额	5946.51	6521.97	7910.98	7751.63	8908.89
存款余额	41842.98	57333.10	52438.25	60128.34	74640.05
借出款余额	2053.31	3685.76	1737.52	1465.42	1343.73
家庭外投资余额	3572.84	2430.29	1950.05	1721.09	2474.13
其中：股票	370.24	562.24	499.15	244.53	59.17
债券	44.19	79.08	0.00	42.97	0.00
其他投资	3158.41	1788.96	1450.90	1433.59	2414.96
实物资产	321175.63	326800.47	320024.44	318784.58	285479.08
耕地	169346.34	182838.51	214834.74	216497.67	180876.03
住房	128248.16	120718.84	75370.96	76203.80	78653.88
主要生产性固定资产	23581.13	23243.12	29818.74	26083.11	25949.17
资产合计	374591.27	396771.59	384061.25	389851.06	372845.88
负债					
借入款余额	5362.87	6224.06	5291.05	6428.35	6504.52
其中：银行/农信社	2472.72	2493.34	2525.37	2614.32	3771.34
其他渠道借款	2890.15	3730.72	2765.68	3814.03	2733.18
权益					
家庭纯收入	59570.74	76476.53	80236.31	87060.22	98893.14
家庭净资产	309657.67	314071.00	298533.89	296362.49	267448.22
负债与权益合计	374591.27	396771.59	384061.25	389851.06	372845.88

可见，如果将耕地和住房计入农户的家庭资产，农户的家庭资产就会发生极大地增加，各收入组之间的贫富差距就会大大缩小，农户（尤其是中低收入组农户）获得信贷服务的条件也能得到极大的改善。

在家庭净资产方面，从以上各收入组的家庭资产负债表可以看到，如果不计入耕地和住房估算价值，除了组 5 在各年、组 4 在 2009 年以及组 1 在 2009 年、2012 年和 2013 年的户均家庭净资产是正值之外，组 1 在 2010 年和 2011 年、组 4 在 2010—2013 年以及组 2 和组 3 在所有各年的户均家庭净资产都是负值。即使是最高收入组，其家庭净资产价值在最高的年份也只有 1.2 万多元（2009 年）；而净资产价值最低出现在组 4 的 2011 年，是

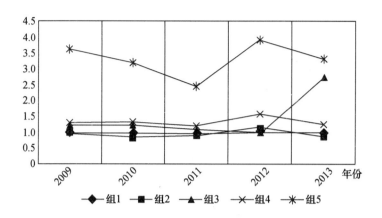

图 2 - 2　2009—2013 年各收入组对组 1 户均家庭资产总额的倍数
（计入耕地和住房估算价值）

-5390.77 元。如果将耕地和住房赋值，就可以看到各收入组农户的净资产可以用飙升来形容，最高值出现在组 3 的 2009 年，达 35.5 万多元；最低值出现在组 1 的 2012 年，为 19.6 万多元。

可见，可交易的完整的财产权可以在资产负债表上极大地提高农民的家庭财产总量，并减小农民之间的贫富差距。换言之，如果考虑到农户的耕地和住房估算价值，农户之间的贫富分化问题实际上没有收入差距表现得那么明显。

2.2.4　各收入组借款户与非借款户的家庭资产负债表

如果将农户分为借款户与非借款户之后，在不计入耕地和住房估算价值时，各收入组借款户的家庭资产合计在多数情况下低于非借款户；而计入耕地和住房估算价值之后，各收入组借款户的资产合计均高于非借款户，这是因为借款增加了资产总额（见表 2 - 17 至表 2 - 26）。

从是否计入耕地和住房估算价值的不同情况下资产负债表的变化可以清晰地看到，因为没有或缺乏财产的交易市场或交易的可能性，农民的土地和住房财产难以变为可以货币价值表示的资产，因而不能作为资产进行抵押而获得贷款，降低了农户信贷的可获得性。如果能够解决农民耕地和住房财产的流转与作价问题，将大幅度提高农民的家庭资产价值水平，增加农民信贷服务的可获得性。

表2-17　组1借款户与非借款户家庭资产负债表（未计入耕地和住房估算价值）

单位：元

	2009年		2010年		2011年		2012年		2013年	
	借款户	非借款户	借款户	非借款户	借款户	非借款户	借款户	非借款户	借款户	非借款户
资产										
金融资产	2145.08	7655.97	2597.74	7799.89	7382.24	8794.14	3901.82	10676.66	2424.00	17066.59
手存现金余额	1175.16	2704.60	1809.84	2680.57	1625.87	2843.45	1942.18	3000.05	1134.39	4055.23
存款余额	686.03	4368.91	465.928	4891.09	799.29	5757.64	617.08	7405.56	1169.90	12760.77
借出款余额	283.89	506.35	313.97	192.98	4651.28	151.20	1340.28	267.25	119.72	236.23
家庭外投资余额	0.00	76.11	8.00	35.24	305.81	41.84	2.28	3.79	0.00	14.37
其中：债券	—	—	—	—	—	—	—	—	—	—
股票	—	—	—	—	—	—	—	—	—	—
其他投资	—	76.11	8.00	35.24	305.81	41.84	2.28	3.79	—	14.37
实物资产	11938.45	5855.06	10410.27	5456.19	11971.50	6819.91	32273.71	5188.90	14980.36	9563.37
主要生产性固定资产	11938.45	5855.06	10410.27	5456.19	11971.50	6819.91	32273.71	5188.90	14980.36	9563.37
资产合计	14083.53	13511.02	13008.01	13256.08	19353.74	15614.04	36175.53	15865.56	17404.36	26629.96
负债										
借入款余额	8170.15	—	11336.32	—	15102.01	—	12336.57	—	18600.71	—
其中：银行/农信社	2301.06	—	2642.67	—	2794.80	—	2445.06	—	6470.07	—
其他渠道借款	5869.09	—	8693.65	—	12307.21	—	9891.51	—	12130.64	0.00
权益										
家庭纯收入	10862.06	10030.32	13942.41	12645.03	14794.33	15917.64	16376.76	14481.78	15950.15	18309.35
家庭净资产	-4948.68	3480.71	-12270.72	611.05	-10542.60	-303.59	7462.20	1383.78	-17146.50	8320.61
负债与权益合计	14083.53	13511.02	13008.01	13256.08	19353.74	15614.04	36175.53	15865.56	17404.36	26629.96

表2-18　组1借款户与非借款户家庭资产负债表（计入耕地和住房估算价值）

单位:元

	2009年 借款户	2009年 非借款户	2010年 借款户	2010年 非借款户	2011年 借款户	2011年 非借款户	2012年 借款户	2012年 非借款户	2013年 借款户	2013年 非借款户
资产										
金融资产	2145.08	7655.97	2597.74	7799.89	7382.24	8794.14	3901.82	10676.66	2424.00	17066.59
手存现金余额	1175.16	2704.60	1809.84	2580.57	1625.87	2843.45	1942.18	3000.05	1134.39	4055.23
存款余额	686.03	4368.91	465.928	4891.09	799.29	5757.64	617.08	7405.56	1169.90	12760.77
借出款余额	283.89	506.35	313.97	92.98	4651.28	151.20	1340.28	267.25	119.72	236.23
家庭外投资余额	0.00	76.11	8.00	35.24	305.81	41.84	2.28	3.79	0.00	14.37
其中:债券	0.00	0.00	0.00	0.00	0.00	0.00	2.28	0.00	0.00	0.00
股票	0.00	0.00	0.00	0.00	305.81	41.84	0.00	3.79	0.00	14.37
其他投资	0.00	76.11	8.00	35.24	305.81	41.84	0.00	3.79	0.00	14.37
实物资产	410965.19	290133.01	371419.55	254409.30	301202.03	251008.07	302215.69	196701.66	432727.88	300246.42
耕地	333222.90	222725.67	252456.00	185439.35	229495.41	191796.96	215685.18	145745.64	303486.00	239758.77
住房	65803.84	61552.28	108553.28	67513.76	59735.12	52391.20	54256.80	45767.12	114261.52	50924.28
主要生产性固定资产	11938.45	5855.06	10410.27	1456.19	11971.50	6819.91	32273.71	5188.90	14980.36	9563.37
资产合计	413110.27	297788.97	374017.29	262209.19	308584.27	259802.20	306117.51	207378.32	435151.88	317313.01
负债										
借入款余额	8170.15	—	11336.32	—	15102.01	—	12336.57	—	18600.71	—
其中:银行/农信社	2301.06	—	2642.67	—	2794.80	—	2445.06	—	6470.07	—
其他渠道借款	5869.09	0.00	8693.65	0.00	12307.21	0.00	9891.51	0.00	12130.64	0.00
权益										
家庭纯收入	10862.06	10030.32	13942.41	12645.03	14794.33	15917.64	16376.76	14481.78	15950.15	18309.35
家庭净资产	394078.06	287758.66	348738.56	254564.16	278687.93	243884.57	277404.18	192896.54	400601.02	299003.66
负债与权益合计	413110.27	297788.97	374017.29	262209.19	308584.27	259802.20	306117.51	207378.32	435151.88	317313.01

表2-19　　　　　组2借款户与非借款户模拟家庭资产负债表（未计入耕地和住房估算价值）

单位:元

	2009年		2010年		2011年		2012年		2013年	
	借款户	非借款户	借款户	非借款户	借款户	非借款户	借款户	非借款户	借款户	非借款户
资产										
金融资产	3842.69	12963.29	3817.23	14936.20	4820.92	17468.57	5390.76	20874.50	5087.35	22945.57
手存现金余额	1610.87	4155.20	1665.03	4038.02	2657.29	4748.59	2300.08	5182.17	2554.17	5973.59
存款余额	1919.01	8453.46	1483.15	10515.24	1930.79	12365.37	2533.09	15260.89	1607.07	16565.13
借出款余额	247.41	330.99	669.05	270.68	232.83	324.27	557.59	328.52	827.59	365.23
家庭外投资余额	65.40	23.64	0.00	112.26	0.00	30.35	0.00	102.92	98.52	41.62
其中:债券	—	—	—	9.71	—	—	—	—	—	—
股票	—	0.01	—	30.53	—	—	—	—	98.52	—
其他投资	65.40	23.63	—	72.03	—	30.35	—	102.92	—	41.62
实物资产	12965.64	6294.98	11459.55	7041.14	17461.45	7992.57	13076.58	7157.94	17884.62	9983.21
主要生产性固定资产	12965.64	6294.98	11459.55	7041.14	17461.45	7992.57	13076.58	7157.94	17884.62	9983.21
资产合计	16808.33	19258.27	15276.78	21977.34	22282.37	25461.14	18467.34	28032.44	22971.97	32928.78
负债										
借入款余额	11353.50	—	12821.34	—	18373.81	—	22138.35	—	22537.50	—
其中:银行/农信社	2101.91	—	2442.86	—	2564.58	—	2614.53	—	4064.04	—
其他渠道借款	9251.59	—	10378.48	—	15809.23	—	19523.83	—	18473.46	—
权益										
家庭纯收入	19636.03	17895.24	33961.12	22233.71	28794.39	26725.79	29836.00	29128.67	38453.36	32549.42
家庭净资产	-14181.21	1363.03	-31505.67	-256.37	-24885.83	-1264.65	-33507.01	-1096.23	-38018.89	379.35
负债与权益合计	16808.33	19258.27	15276.78	21977.34	22282.37	25461.14	18467.34	28032.44	22971.97	32928.78

表2-20　组2借款户与非借款户虚拟家庭资产负债(计入耕地和住房估算价值)

单位:元

	2009年		2010年		2011年		2012年		2013年	
	借款户	非借款户	借款户	非借款户	借款户	非借款户	借款户	非借款户	借款户	非借款户
资产										
金融资产	3842.69	12963.29	3817.23	4936.20	4820.92	17468.57	5390.76	20874.50	5087.35	22945.57
手存现金余额	1610.87	4155.20	1665.03	4038.02	2657.29	4748.59	2300.08	5182.17	2554.17	5973.59
存款余额	1919.01	8453.46	1483.15	10515.24	1930.79	12365.37	2533.09	15260.89	1607.07	16565.13
借出款余额	247.41	330.99	669.05	270.68	232.83	324.27	557.59	328.52	827.59	365.23
家庭外投资余额	65.40	23.64	0.00	112.26	0.00	30.35	0.00	102.92	98.52	41.62
其中:债券	—	—	—	9.71	—	—	—	—	—	—
股票	—	0.01	—	30.53	—	—	—	—	98.52	—
其他投资	65.40	23.63	—	72.03	—	30.35	—	102.92	—	41.62
实物资产	431341.50	307454.34	451614.14	282053.10	331222.23	265984.45	307535.72	267319.32	347719.12	282234.14
耕地	335110.50	220701.12	283451.31	204548.40	240562.50	200681.88	229072.62	204565.74	252532.02	214807.29
住房	83265.36	80458.24	156703.28	70463.56	73198.28	57310.00	65386.52	55595.64	77302.48	57443.64
主要生产性固定资产	12965.64	6294.98	11459.55	7041.14	17461.45	7992.57	13076.58	7157.94	17884.62	9983.21
资产合计	435184.19	320417.63	455431.37	296989.30	336043.15	283453.02	312926.48	288193.82	352806.47	305179.71
负债										
借入款余额	11353.50	—	12821.34	—	18373.81	—	22138.35	—	22537.50	—
其中:银行/农信社	2101.91	—	2442.86	—	2564.58	—	2614.53	—	4064.04	—
其他渠道借款	9251.59	—	10378.48	—	15809.23	—	19523.83	—	18473.46	—
权益										
家庭纯收入	19636.03	17895.24	33961.12	22233.71	28794.39	26725.79	29836.00	29128.67	38453.36	32549.42
家庭净资产	404194.65	302522.39	408648.92	274755.59	288874.95	256727.23	260952.13	259065.15	291815.61	272630.28
负债与权益合计	435184.19	320417.63	455431.37	296989.30	336043.15	283453.02	312926.48	288193.82	352806.47	305179.71

表2-21　组3 借款户与非借款户家庭资产负债表（未计入耕地和住房估算价值）

单位:元

	2009年		2010年		2011年		2012年		2013年	
	借款户	非借款户	借款户	非借款户	借款户	非借款户	借款户	非借款户	借款户	非借款户
资产										
金融资产	10814.40	19622.14	11831.00	22577.60	7652.08	24821.29	7544.15	29472.54	13598.03	33059.34
手存现金余额	3499.23	4395.99	5692.74	4866.89	3151.03	5253.16	3957.53	6525.03	2723.08	7351.57
存款余额	1848.61	14596.32	3792.25	17002.21	2590.39	19167.68	3517.60	21912.92	3367.74	25151.41
借出款余额	196.37	435.08	189.65	557.64	1860.25	309.48	58.15	674.27	770.37	490.76
家庭外投资余额	5270.19	194.74	2156.36	150.87	50.41	90.97	10.87	360.32	6736.84	65.60
其中:债券	—	9.39	1829.09	—	—	1.40	—	1.09	—	—
股票	99.38	2.68	—	—	—	30.83	—	—	—	—
其他投资	5170.81	182.68	327.27	150.87	50.41	58.74	10.87	359.23	6736.84	65.60
实物资产	13312.31	6874.86	19360.49	7787.29	27812.56	7669.14	22239.55	9924.26	20711.57	9672.67
主要生产性固定资产	13312.31	6874.86	19360.49	7787.29	27812.56	7669.14	22239.55	9924.26	20711.57	9672.67
资产合计	24126.71	26497.01	31191.49	30364.89	35464.64	32490.43	29783.70	39396.80	34309.60	42732.01
负债										
借入款余额	18880.92	—	23955.75	—	24390.31	—	22509.53	—	92834.27	—
其中:银行/农信社	2518.32	—	4422.55	—	6112.30	—	2451.09	—	4331.58	—
其他渠道借款	16362.60	—	19533.21	—	18278.02	—	20058.44	—	88502.69	—
权益										
家庭纯收入	26472.27	24924.70	31211.86	29608.65	35614.98	35359.83	41954.21	39819.23	45195.40	43730.47
家庭净资产	-21226.48	1572.30	-23976.13	756.24	-24540.65	-2869.41	-34680.04	-422.43	-103720.07	-998.46
负债与权益合计	24126.71	26497.01	31191.49	30364.89	35464.64	32490.43	29783.70	39396.80	34309.60	42732.01

表2－22　　　　组3借款户与非借款户家庭资产负债表（计入耕地和住房估算价值）

单位:元

	2009年		2010年		2011年		2012年		2013年	
	借款户	非借款户	借款户	非借款户	借款户	非借款户	借款户	非借款户	借款户	非借款户
资产										
金融资产	10814.40	19622.14	11831.00	22577.60	7652.08	24821.29	7544.15	29472.54	13598.03	33059.34
手存现金余额	3499.23	4395.99	5692.74	4866.89	3151.03	5253.16	3957.53	6525.03	2723.08	7351.57
存款余额	1848.61	14596.32	3792.25	17002.21	2590.39	19167.68	3517.60	21912.92	3367.74	25151.41
借出款余额	196.37	435.08	189.65	557.64	1860.25	309.48	58.15	674.27	770.37	490.76
家庭外投资余额	5270.19	194.74	2156.36	150.87	50.41	90.97	10.87	360.32	6736.84	65.60
其中:债券	—	9.39	1829.09	—	—	1.40	—	1.09	—	—
股票	99.38	2.68	—	—	—	30.83	—	—	—	—
其他投资	5170.81	182.68	327.27	150.87	50.41	58.74	10.87	359.23	6736.84	65.60
实物资产	431955.93	286318.40	468755.23	292784.29	440938.64	296029.34	474006.21	307408.14	413766.89	294396.78
耕地	350673.90	215453.34	378632.70	203478.00	346377.00	227721.84	385842.30	238691.76	315347.40	223888.83
住房	67969.72	63990.20	70762.04	81519.00	66749.08	60638.36	65924.36	58792.12	77707.92	60835.28
主要生产性固定资产	13312.31	6874.86	19360.49	7787.29	27812.56	7669.14	22239.55	9924.26	20711.57	9672.67
资产合计	442770.33	305940.55	480586.23	315361.89	448590.72	320850.63	481550.36	336880.68	427364.92	327456.12
负债										
借入款余额	18880.92	—	23955.75	—	24390.31	—	22509.53	—	92834.27	—
其中:银行/农信社	2518.32	—	4422.55	—	6112.30	—	2451.09	—	4331.58	—
其他渠道借款	16362.60	0.00	19533.21	0.00	18278.02	0.00	20058.44	0.00	88502.69	0.00
权益										
家庭纯收入	26472.27	24924.70	31211.86	29608.65	35614.98	35359.83	41954.21	39819.23	45195.40	43730.47
家庭净资产	397417.14	281015.84	425418.61	285753.24	388585.43	285490.79	417086.62	297061.45	289335.25	283725.65
负债与权益合计	442770.33	305940.55	480586.23	315361.89	448590.72	320850.63	481550.36	336880.68	427364.92	327456.12

单位:元

表2-23　　组4借款户与非借款户家庭资产负债表（未计入耕地和住房估算价值）

	2009 年		2010 年		2011 年		2012 年		2013 年	
	借款户	非借款户	借款户	非借款户	借款户	非借款户	借款户	非借款户	借款户	非借款户
资产										
金融资产	7182.83	32213.76	11867.79	32189.33	10908.80	34206.59	14376.48	38788.47	11474.82	46607.00
手存现金余额	4209.74	4485.85	4424.23	5549.82	5173.43	5283.74	7809.03	6458.93	4452.78	6877.32
存款余额	2636.31	26647.56	4920.17	25265.53	4600.65	27925.14	4464.37	31688.82	4901.36	38433.58
借出款余额	336.78	689.18	1658.98	779.57	1134.71	553.49	2103.07	565.86	1672.41	785.48
家庭外投资余额	0.00	391.17	864.41	594.40	0.00	444.22	0.00	74.87	448.28	510.62
其中:债券	0.00	2.64	0.00	1.38	0.00	0.00	0.00	0.00	0.00	1.34
股票	0.00	2.90	0.00	31.23	0.00	0.00	0.00	0.00	0.00	0.00
其他投资	0.00	385.64	864.41	561.79	0.00	444.22	0.00	74.87	448.28	509.28
实物资产	19128.07	7473.23	19271.97	8889.51	21901.75	9013.53	38274.41	10637.01	38037.25	10905.42
主要生产性固定资产	19128.07	7473.23	19271.97	8889.51	21901.75	9013.53	38274.41	10637.01	38037.25	10905.42
资产合计	26310.90	39686.99	31139.76	41078.84	32810.55	43220.12	52650.89	49425.48	49512.07	57512.42
负债										
借入款余额	19197.31	—	25263.47	0.00	31442.29	—	39605.62	—	36331.54	—
其中:银行/农信社	—	—	—	—	—	—	—	—	—	—
其他渠道借款	19197.31	0.00	25263.47	0.00	31442.29	0.00	39605.62	0.00	36331.54	0.00
权益										
家庭纯收入	34188.42	32615.57	41148.33	40637.56	52012.53	45199.52	57192.15	52278.53	67917.80	56985.85
家庭净资产	-27074.84	7071.42	-35272.04	441.27	-50644.27	-1979.40	-44146.88	-2853.05	-54737.27	526.57
负债与权益合计	26310.90	39686.99	31139.76	41078.84	32810.55	43220.12	52650.89	49425.48	49512.07	57512.42

表2-24　组4借款户与非借款户模拟家庭资产负债表（计入耕地和住房估算价值）

单位:元

	2009年		2010年		2011年		2012年		2013年	
	借款户	非借款户	借款户	非借款户	借款户	非借款户	借款户	非借款户	借款户	非借款户
资产										
金融资产	7182.83	32213.76	11867.79	32189.33	10908.80	34206.59	14376.48	38788.47	11474.82	46607.00
手存现金余额	4209.74	4485.85	4424.23	5549.82	5173.43	5283.74	7809.03	6458.93	4452.78	6877.32
存款余额	2636.31	26647.56	4920.17	25265.53	4600.65	27925.14	4464.37	31688.82	4901.36	38433.58
借出款余额	336.78	689.18	1658.98	779.57	1134.71	553.49	2103.07	565.86	1672.41	785.48
家庭外投资余额	—	391.17	864.41	594.40	—	444.22	—	74.87	448.28	510.62
其中:债券	—	2.64	—	1.38	—	—	—	—	—	1.34
股票	—	—	—	—	—	—	—	—	—	—
其他投资	—	2.90	864.41	31.23	—	444.22	—	74.87	448.28	509.28
其他资产	—	385.64	—	561.79	—	—	—	—	—	509.28
实物资产	501683.41	332374.35	543992.97	318222.53	694664.69	295053.43	478132.65	304656.96	495292.37	271952.88
耕地	412445.70	190301.52	420030.60	222868.98	463227.90	223112.94	371245.80	227582.07	378051.60	194620.38
住房	70109.64	134599.60	104690.40	86464.04	209535.04	62926.96	68612.44	66437.88	79203.52	66427.08
主要生产性固定资产	19128.07	7473.23	19271.97	8889.51	21901.75	9013.53	38274.41	10637.01	38037.25	10905.42
资产合计	508866.24	364588.11	555860.76	350411.86	705573.49	329260.02	492509.13	343445.43	506767.19	318559.88
负债										
借入款余额	19197.31	—	25263.47	—	31442.29	—	39605.62	—	36331.54	—
其中:银行/农信社	2503.51	—	5355.59	—	9090.45	—	10664.80	—	8367.82	—
其他渠道借款	16693.80	—	19907.88	—	22351.84	—	28940.82	—	27963.72	—
权益										
家庭纯收入	34188.42	32615.57	41148.33	40637.56	52012.53	45199.52	57192.15	52278.53	67917.80	56985.85
家庭净资产	455480.50	331972.54	489448.96	309774.29	622118.67	284060.50	395711.36	291166.90	402517.85	261574.03
负债与权益合计	508866.24	364588.11	555860.76	350411.86	705573.49	329260.02	492509.13	343445.43	506767.19	318559.88

表2－25　　组5借款户与非借款户模拟家庭资产负债表（未计入耕地和住房估算价值）

单位：元

	2009年借款户	2009年非借款户	2010年借款户	2010年非借款户	2011年借款户	2011年非借款户	2012年借款户	2012年非借款户	2013年借款户	2013年非借款户
资产										
金融资产	20853.06	56007.06	27077.35	73651.36	21037.48	67589.16	20540.89	72072.50	40808.89	90259.10
手存现金余额	7714.16	5796.20	8474.42	6344.30	7219.45	7969.93	6120.03	7861.14	5786.23	9071.88
存款余额	9261.89	44441.67	7707.30	61631.32	6751.83	56203.37	7910.31	61242.68	11557.31	78441.43
借出款余额	706.37	2161.93	4093.68	2290.68	2710.80	1659.83	3303.80	1344.86	1089.11	1357.62
家庭外投资余额	3170.65	3607.27	6801.95	3385.07	4355.40	1756.04	3206.75	1623.82	22376.24	1388.17
其中：债券	—	47.77	—	85.99	—	—	675.11	1.39	—	—
股票	955.63	325.90	1233.77	505.96	1080.14	452.31	675.11	260.69	742.57	21.88
其他投资	2215.02	3233.60	5568.18	2793.12	3275.26	1303.73	2531.65	1361.74	21633.67	1366.29
实物资产	51956.02	21273.93	61731.32	19669.21	94298.94	24585.91	92588.67	21712.90	98001.80	22029.46
主要生产性固定资产	51956.02	21273.93	61731.32	19669.21	94298.94	24585.91	92588.67	21712.90	98001.80	22029.46
资产合计	72809.08	77280.99	88808.67	93320.57	115336.42	92175.07	113129.56	93785.40	138810.69	112288.56
负债										
借入款余额	47293.18	—	59248.49	—	58298.99	—	82865.53	—	84825.89	—
其中：银行/农信社	20968.97	—	24906.17	—	29969.96	—	31902.95	—	41947.03	—
其他渠道借款	26324.21	—	34342.32	—	28329.03	—	50962.58	—	42878.86	—
权益										
借入款纯收入	65414.02	59079.41	76279.65	76426.20	91894.31	79274.93	99979.87	86219.20	121460.36	97645.88
家庭净资产	-39898.12	18201.58	-46719.47	16894.37	-34856.88	12900.14	-69715.84	7566.20	-67475.56	14642.68
负债与权益合计	72809.08	77280.99	88808.67	93320.57	115336.42	92175.07	113129.56	93785.40	138810.69	112288.56

表2-26　组5 借款户与非借款户模型家庭资产负债表（计入耕地和住房估算价值）

单位：元

	2009 年		2010 年		2011 年		2012 年		2013 年	
	借款户	非借款户	借款户	非借款户	借款户	非借款户	借款户	非借款户	借款户	非借款户
资产										
金融资产	20853.06	56007.06	27077.35	73651.36	21037.48	67589.16	20540.89	72072.50	40808.89	90259.10
手存现金余额	7714.16	5796.20	8474.42	6344.30	7219.45	7969.93	6120.03	7861.14	5786.23	9071.88
存款余额	9261.89	44441.67	7707.30	61631.32	6751.83	56203.37	7910.31	61242.68	11557.31	78441.43
借出款余额	706.37	2161.93	4093.68	2290.68	2710.80	1659.83	3303.80	1344.86	1089.11	1357.62
家庭外投资余额	3170.65	3607.27	6801.95	3385.07	4355.40	1756.04	3206.75	1623.82	22376.24	1388.17
其中：债券	—	47.77	—	85.99	—	452.31	675.11	1.39	742.57	21.88
股票	955.63	325.90	1233.77	505.96	1080.14	—	—	260.69	21633.67	1366.29
其他投资	2215.02	3233.60	5568.18	2793.12	3275.26	1303.73	2531.65	1361.74	—	—
实物资产	365906.04	303102.38	434293.52	317467.08	512117.82	304401.57	501446.59	306714.36	569168.18	269722.23
耕地	231675.78	164338.29	232149.36	178720.11	333073.20	205298.46	317709.00	209796.78	377301.90	169792.53
住房	82274.24	117490.16	140412.84	119077.76	84745.68	74517.20	91148.92	75204.68	93864.48	77900.24
主要生产性固定资产	51956.02	21273.93	61731.32	19669.21	94298.94	24585.91	92588.67	21712.90	98001.80	22029.46
资产合计	386759.10	359109.44	461370.87	391118.44	533155.30	371990.73	521987.48	378786.86	609977.07	359981.33
负债										
借入款余额	47293.18	—	59248.49	—	58298.99	—	82865.53	—	84825.89	—
其中：银行/农信社	20968.97	—	24906.17	—	29969.96	—	31902.95	—	41947.03	—
其他渠道借款	26324.21	—	34342.32	—	28329.03	—	50962.58	—	42878.86	—
权益										
家庭纯收入	65414.02	59079.41	76279.65	76426.20	91894.31	79274.93	99979.87	86219.20	121460.36	97645.88
家庭净资产	274051.90	300030.03	325842.73	314692.24	382962.00	292715.80	339142.08	292567.66	403690.82	262335.45
负债与权益合计	386759.10	359109.44	461370.87	391118.44	533155.30	371990.73	521987.48	378786.86	609977.07	359981.33

3 农户家庭资产结构、负债
水平与偿债能力

3.1 农户家庭资产结构

3.1.1 全部样本的家庭资产结构

如果不计入农户的耕地和住房估算价值，全部样本农户的户均家庭资产中金融资产占较大比例，且在 2009 年至 2013 年总体呈上升趋势，从 2009 年的 69.70% 增长到 2013 年的 74.74%。实物资产占比呈小幅下降趋势（见图 3-1）。

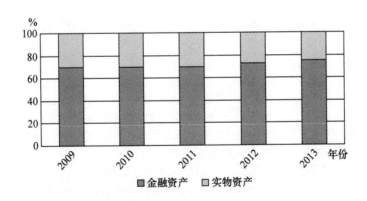

图 3-1 2009—2013 年全部样本的家庭资产结构（未计入耕地和住房估算价值）

如果计入耕地和住房估算价值，那么，可以看到，样本农户家庭资产结构就发生了倒转，2009 年至 2013 年，实物资产占比从 93.17% 到

87.82%，尽管逐年下降，但仍占绝对比例；金融资产占比则是 6.83%—12.18%①，尽管呈上升趋势，但是占比也很小（见图 3-2）。

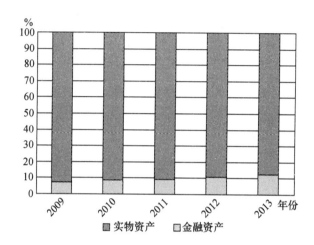

图 3-2   2009—2013 年全部样本的家庭资产结构（计入耕地和住房估算价值）

---

①   这些数据与中国农业银行战略规划部和西南财经大学中国家庭金融调查与研究中心共同发布的《中国农村家庭金融发展报告（2014）》的数据非常接近，该报告中中国农村家庭的金融资产占 7.0%，其中东、中、西部农村分别是 7.6%、7.2% 和 6.2%。该报告中农户资产包含了农户的土地、房产、汽车、生产性固定资产和耐用品等。参见中国农业银行战略规划部和西南财经大学中国家庭金融调查与研究中心《中国农村家庭金融发展报告（2014）》，西南财经大学出版社 2014 年版，第 52—53 页。

陈斌开等学者利用国家统计局在 2009 年 7—8 月进行的"中国城镇居民经济状况与心态调查"项目数据，计算得到我国城镇居民的家庭资产平均市场价值为 501147 元，金融资产则仅为 64442 元。使用这个数据可以算得 2009 年中国城镇居民的家庭金融资产在总资产中的占比为 12.86%。这与本报告中计入农户耕地和住房估算价值后的 2013 年农户家庭金融资产占比水平极为接近。参见陈斌开、李涛《中国城镇居民家庭资产——负债现状与成因研究》，《经济研究》2011 年第 1 期。

根据李扬等编制的中国居民部门家庭资产负债表，2009—2011 年中国居民家庭的金融资产占比分别是 34.17%、36.21%、35.63%。参见李扬等《中国国家资产负债表 2013》，中国社会科学出版社 2013 年版，第 94—95 页。

孙元欣（2006）对美国家庭 2003 年的资产状况进行了分析，发现其实物资产比重为 36.6%（仅是生产性固定资产），金融资产比重为 63.4%。参见孙元欣《美国家庭资产统计方法和分析》，《统计研究》2006 年第 2 期。

据以上分析推测，经济越发达，居民家庭的金融资产占比可能越高。但是，本报告中农户金融资产占比并不是随收入的增加而无限上升，而是随收入的增长达到一个峰值，然后随收入的增长而下降。

可见，是否计入农户的耕地和住房估算价值，其家庭资产负债表反映的家庭资产结构截然不同。计入耕地和住房价值后，农户资产中流动性强的金融资产占比骤然下降，而实物资产占绝对比例。这两种情况下资产结构的变化反映出中国农户家庭在借贷时遇到的窘境：有资产，无价值，无法作为借贷的担保品。

在金融资产中，存款余额的占比最大，且逐年上升，从 2009 年的 75.6% 上升到 2013 年的 80.71%；占第二位的是手存现金余额，其占比呈逐年减少之势，从 2009 年的 17.37% 下降到 2013 年的 15.98%。从 2009 年至 2013 年，这两项资产合计占比从 92.97% 上升到 96.69%。[①] 此外，农户借出款余额和家庭外投资余额的占比都很小，且呈逐年下降趋势，此二项合计占比从 2009 年的 7.04% 降低到 2013 年的 3.31%（见图 3 – 3）。存款余额与手存现金余额合计占比逐年增长，从一个侧面反映出样本农户家庭财富积累逐年增长，同时也意味着农民的投资渠道狭窄。

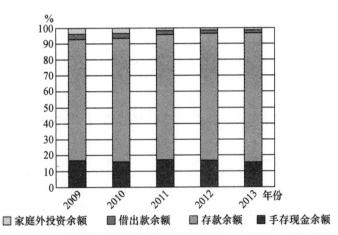

图 3 – 3　2009—2013 年全部样本家庭金融资产结构（未计入耕地和住房价值）

---

① 顾淳根据《中国统计年鉴》数据研究发现，中国城乡居民家庭金融资产中存款和现金的占比在 2000 年为 80.49%，到 2013 年下降为 70%。参见顾淳《家庭资产负债表结构与金融危机的关联性分析》，《经济研究导刊》2015 年第 13 期。陈斌开和李涛研究发现，2009 年中国城镇居民的存款余额占家庭金融资产的比例为 78.08%。参见陈斌开、李涛《中国城镇居民家庭资产——负债现状与成因研究》，《经济研究》2011 年第 1 期。

这些学者研究发现的比例都较大幅度地低于本报告研究结果。这些差异从一定程度上说明农村居民的财富管理形式单一、投资渠道狭窄。

3.1.2　各收入组农户的家庭资产结构

在不计入农户耕地和住房作为资产的估算价值时，2009 年至 2013 年，组 1 农户的金融资产占比由 51.02% 上升到 62.25%；组 2 由 63.72% 上升到 2012 年的 73.05%，然后回落到 2013 年的 68.04%；组 3 由 71.67% 上升到 75.89%；组 4 在五年间呈波动状态，保持在 75.83%—78.78%；组 5 也呈波动状态，但是占比组 4 略低，为 68.23%—77.10%（见图 3-4）。在不同收入组之间，家庭金融资产占比随收入的增加而提高，但是组 4 达到最高点。可见，家庭金融资产占比与家庭富裕程度呈正相关关系，但是，最富裕家庭的金融资产占比并不一定最高。所以，如果将家庭金融资产占比作为衡量富裕程度的一个指标，这一指标可能不是越高代表家庭财富越多，而是存在一个最优值，在本项研究中，这个最优值体现在组 5 农户的家庭金融资产占比上。

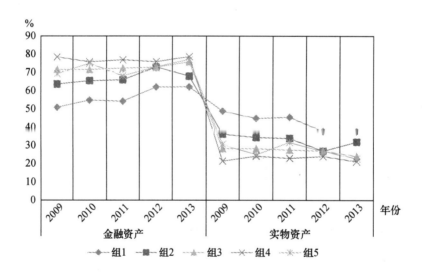

图 3-4　2009—2013 年各收入组农户家庭资产结构（未计入耕地和住房估算价值）

如果计入农户耕地和住房的估算价值，可以看到，各收入组农户的家庭资产结构发生了与全部样本同样的变化，即实物资产占绝对比例，且收入越低，实物资产占比越高，而金融资产占比越低；反之亦反。组 1 农户的家庭金融资产占比在最高的 2013 年也仅约为 5%，而同年组 5 的则为

23.43%，相差3倍多（见图3-5）。这些数据进一步证实了金融资产在家庭资产总额中占比与家庭富裕程度呈正相关。在2009年至2013年，各收入组农户家庭的金融资产占比均逐年升高，说明这些农户的富裕程度逐年提高，而且组1农户的这一比例上升幅度最大。①

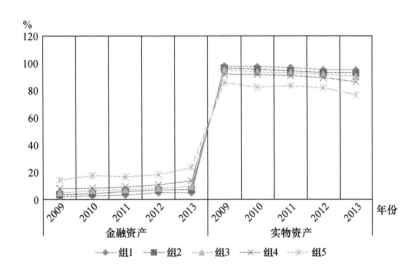

图3-5　2009—2013年各收入组农户家庭资产结构
（计入耕地和住房估算价值）

在家庭金融资产结构方面，从图3-6至图3-10可以看到，各收入组农户家庭金融资产中占比最大的首先是存款余额，其次是手存现金余额，各组在各年中这两项合计的占比（除组5在2009年为89.47%之外）都在91.26%以上，最高比例出现在组1的2013年，达到98.52%。在这两项金融资产中，存款余额占比随收入的增加而提高，手存现金余额的占比随着收入的增加而降低。可见，总体上农户家庭金融资产绝对值及其在总资产中的占比，以及存款余额绝对值及其在金融资产总额中的占比都与收入呈正相关关系。通俗地讲，就是低收入农户更"缺钱"，且缺少可随时取用的"活钱"。

---

① 这是否意味着农户之间的贫富差距在缩小，还需要进一步的研究。

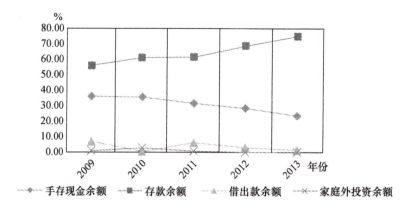

图 3-6 组1农户家庭金融资产结构（2009—2013 年）

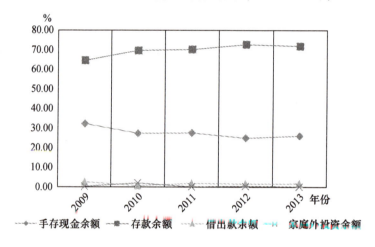

图 3-7 组2农户家庭金融资产结构（2009—2013 年）

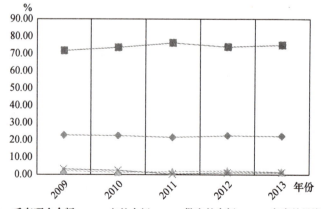

图 3-8 组3农户家庭金融资产结构（2009—2013 年）

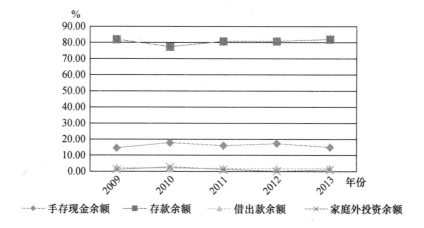

图 3 – 9 组 4 农户家庭金融资产结构（2009—2013 年）

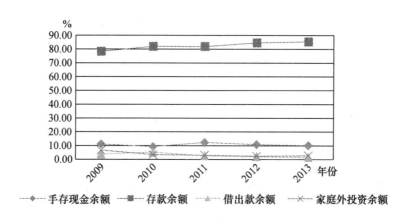

图 3 – 10 组 5 农户家庭金融资产结构（2009—2013 年）

3.1.3 借款户与非借款户的家庭资产结构

从图 3 – 11 可以看到，在不计入农户耕地与住房作为资产的估算价值时，借款户与非借款户的家庭资产结构呈 X 形分布，借款户的金融资产在家庭总资产中的占比始终低于非借款户，而且相差幅度较大。从 2009 年至 2013 年，组 1 借款户与非借款户的金融资产占比相差 18.18（2011 年）—56.50 个百分点（2012 年）；组 2 中二者相差 42.97（2010 年）—47.54 个百分点（2013 年）；组 3 中二者相差 29.23（2009 年）—54.82 个百分点（2011 年）；组 4 中二者相差 40.25（2010 年）—57.86 个百分点（2013

年）；组5中二者相差43.83（2009年）—58.69个百分点（2012年）。

在计入耕地和住房作为资产的估算价值后，借款户与非借款户的家庭资产结构都发生了逆转，金融资产占比很小，但是，借款户的金融资产占比仍然低于非借款户。2009年至2013年，组1中借款户与非借款户的金融资产占比相差0.99（2011年）—3.87个百分点（2012年）；组2中二者相差3.16（2009年）—6.08个百分点（2013年）；组3中二者相差3.97（2009年）—6.91个百分点（2013年）；组4中二者相差7.05（2010年）—12.37个百分点（2013年）；组5中二者相差10.20（2009年）—18.38个百分点（2013年）（见图3-12）。

由以上分析可见，不管是否计入耕地和住房的估算价值，借款户的家庭金融资产占比始终低于非借款户，而且在年度之间波动较大，尤以不计入耕地和住房估算价值时为甚。金融资产占比较低意味着这样的家庭更加缺乏流动资金；这一比例波动大意味着家庭现金流不稳定。在这些情况下，都需要通过借贷来弥补流动资金的不足，以平滑现金流。这应该是借款户之所以借款的重要原因。

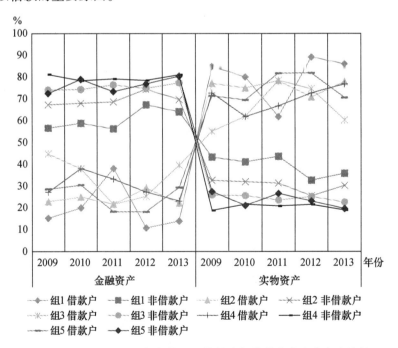

图3-11 2009—2013年各收入组借款户与非借款户家庭资产结构

（未计入耕地和住房估算价值）

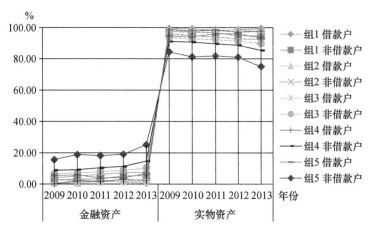

图3-12　2009—2013年各收入组借款户与非借款户家庭资产结构
（计入耕地和住房估算价值）

3.2　农户家庭资产负债率

资产负债率亦称为杠杆率，反映会计主体的总资产中有多大比例是通过借债而得来，是衡量会计主体负债水平、偿债能力与流动性风险的综合性指标，也可以反映债权人发放贷款的安全程度。农户家庭资产负债率就是指其家庭负债在其家庭总资产中的占比，公式为：家庭资产负债率＝家庭负债额÷资产总额×100％。

3.2.1　全部样本的家庭资产负债率

在不考虑耕地和住房估算价值的情况下，2009年至2013年全部样本的家庭资产负债率分别为6.69％、6.67％、5.97％、5.43％和5.14％[1]，呈现的趋势是逐步下降；总体上，2013年比2009年降低了1.55个百分点。有学者研究估算，2004—2011年中国居民总资产负债率从5.5％升至8.4％。[2] 与

----

① 根据朱玲（1994）对山东、宁夏和四川三个贫困县农户的收入、资产和负债情况调研所得数据进行分析，可以看到，在不计算农户土地价值的情况下，就人均状况而言，1991年山东临朐、宁夏西吉和四川旺苍三县的农户人均资产负债率分别是5.67％、16.45％和6.17％，与本报告研究结果接近。参见朱玲《贫困地区农户的收入、资产和负债》，《金融研究》1994年第3期。

② 李扬等：《中国国家资产负债表2013——理论、方法与风险评估》，中国社会科学出版社2013年版，第98页。

此对比，至少在 2011 年，农村居民的资产负债水平低于全国居民的，长期的债务清偿和流动性风险很低。

如果计入耕地和住房的估算价值，全部样本在 2009 年至 2013 年的家庭资产负债率分别是 0.66%、0.79%、0.78%、0.79% 和 0.84%，呈现小幅上升趋势（见表 3 – 1）。与不计入耕地和住房估算价值相比，农户家庭资产负债率大幅下降，只相当于不计入时的 9.87%、11.84%、13.01%、14.55% 和 16.34%。

表 3 – 1　　　　　　计入与不计入耕地和住房估算价值时全部样本家庭

资产负债率的变化（2009—2013 年）　　　　　　单位：%

	2009 年	2010 年	2011 年	2012 年	2013 年
不计入耕地与住房估算价值	6.69	6.67	5.97	5.43	5.14
计入耕地与住房估算价值	0.66	0.79	0.78	0.79	0.84
计入与不计入时价值之比	9.87	11.84	13.07	14.55	16.34

在不计入农户耕地和住房估算价值的情况下，农户家庭资产负债率处于比较低的水平①，说明就农户整体而言，农户信贷风险处于较低的水平。而计入耕地和住房估算价值后，资产负债率更是大为降低，信贷风险也进而随之大幅下降。② 这说明赋予农民完整的财产权利对于降低农户金融风

① 有学者研究发现，美国家庭的资产负债率平均数从 2001 年的 12% 上升至 2006 年的 14.9%，认为这达到了很高的水平，是美国在 2008 年爆发金融危机的重要原因。参见顾淳《家庭资产负债表结构与金融危机的关联性分析》，《经济研究导刊》2015 年第 13 期。但是，也有学者认为，家庭资产负债率到底多高是安全的，没有一个权威的说法，一般的看法是负债占资产的 1/5 是安全的。参见章昀《家庭资产负债表中的指标分析》，《财经视点》2008 年第 6 期。

② 有学者利用国家统计局在 2009 年 7—8 月进行的"中国城镇居民经济状况与心态调查"项目数据计算得到我国城镇居民的家庭资产平均市场价值为 501147 元，家庭平均负债额为 2999 元。该文认为这个负债水平是比较低的。采用这个数据，根据本报告关于资产负债率的定义，可以算得 2009 年中国城镇居民的家庭资产负债率为 0.60%，这与本报告中计入农户耕地和住房估算价值后的资产负债率水平相当。参见陈斌开、李涛《中国城镇居民家庭资产——负债现状与成因研究》，《经济研究》2011 年第 1 期。李扬等（2013）研究发现，在包含了住房和汽车价值之后，2004—2011 年中国居民估算的总资产负债率逐年上升（5.5%—8.4%），这明显高于本报告在不计入农户耕地和住房估算价值时的家庭资产负债率，说明农户的家庭资产负债率确实非常低。参见李扬等《中国国家资产负债表 2013——理论、方法与风险评估》，中国社会科学出版社 2013 年版，第 98 页。

险，提高农民信贷可获得性具有重要意义。

3.2.2　各收入组农户的家庭资产负债率

从图3-13可以看到，2009年至2013年，在各收入组中组1农户分别在2009年、2010年和2011年的家庭资产负债率中居各组之首，分别是9.19%、10.19%和9.17%，在2012年和2013年处于第二高位，分别是5.28%和6.47%；组5农户的家庭资产负债率有一年（2012年）处于最高位，有两年处于第二位（2009年和2010年），有两年处于第三位（2011年和2013年）；组4农户除一年外（2012年），其余各年均处于最低位。在表2-3中，组4借款户数在该组农户数中的占比在三年（2009年、2011年、2013年）中处于最低位，在两年（2010年和2012年）中处于倒数第二位，而组1借款户占比除2012年之外均处于最高位。由此可见，组4农户收入较高，资产负债率较低，是农户中最"不缺钱"（即信贷需求低）的一组，借款户占比也较低；而组1农户收入最低、资产负债率最高，是"最缺钱"的一组，借款户占比也最高；组5农户家庭资产负债率较高，说明他们的信贷需求比较旺盛，这应该与他们的生产经营规模较大有关。因此可以看到，在中国农村最低收入组和最高收入组农户是信贷需求最旺盛的人群。

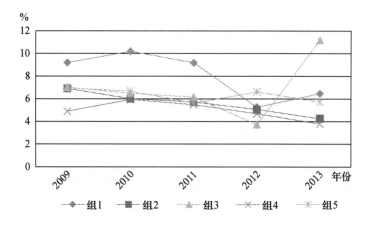

图3-13　2009—2013年各收入组农户家庭资产负债率（未计入耕地和住房估算价值）

在计入了耕地和住房估算价值之后，和全部样本的家庭资产负债率的变化一样，各收入组农户的家庭资产负债率也大幅降低，各组农户的这一比率所处相对位置也发生变化，组1和组2降到最低位置，而组5和组4分别提高到第一位和第二位。2009年至2013年，组1的农户家庭资产负债率仅相当于不计入耕地和住房估算价值时的4.24%—8.04%，组2的为5.78%—10.56%，组3的为6.83%—12.72%，组4的为10.41%—17.41%，组5的为20.52%—30.31%（见图3-14和表3-2）。可见，农户的耕地和住房能否具有可交易的资产价值，对于各组农户的家庭资产负债率都具有重大影响。如果这些耕地和住房能够具有可交易的资产价值，那么，各组农户的家庭资产负债率都将大幅下降，对于金融机构来说，农户信贷的流动性风险程度也将大幅下降，尤其是低收入组的组1和组2。

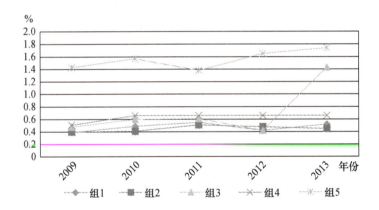

图3-14　2009—2013年各收入组农户家庭资产负债率（计入耕地和住房估算价值）

表3-2　　　　　　　　　计入与不计入耕地和住房估算价值两种

情况下资产负债率的比率　　　　　　　　单位:%

组别	2009 年	2010 年	2011 年	2012 年	2013 年
组1	4.24	4.81	6.00	7.95	8.04
组2	5.78	6.81	8.89	9.49	10.56
组3	6.83	9.24	9.89	11.26	12.72
组4	10.41	11.07	12.02	14.10	17.41
组5	20.52	23.50	24.47	24.92	30.31

3.2.3　借款户家庭资产负债率

以上的分析中没有区分借款户与非借款户，反映的是包含了这两类农户在内的全部样本和各收入组农户家庭资产负债率的一般状况。但是，将非借款户从样本中剔除之后，可以看到更接近于实际的农户借贷与其家庭资产负债状况。

如果不计入耕地和住房估算价值，各收入组借款户的家庭资产负债率就表现出很高的水平。在 2009 年至 2013 年，组 1 借款户的家庭资产负债率为 34.10%（2012 年）—106.87%（2013 年），组 2 的达到 82.46%（2011年）—119.88%（2012 年），组 3 的达到 68.77%（2011 年）—119.44%（2013 年），组 4 的达到 73.38%（2011 年）—95.83%（2013 年），组 5 的达到 50.55%（2011 年）—73.25%（2012 年）（见图 3 – 15）。超过100%的资产负债率意味着负债超过资产总额，家庭净资产为负值。可见，在农户的家庭资产中耕地和住房不能表现出市场价值时，其家庭资产负债率所显示出来的风险是极高的，这是金融机构和农户在现实中所共同面临的境况。

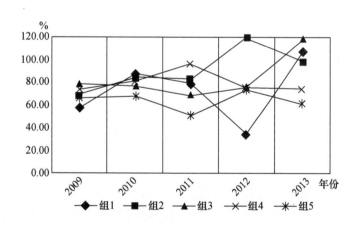

图 3 – 15　2009—2013 年各收入组借款户家庭资产负债率
（未计入耕地和住房估算价值）

当计入耕地和住房的估算价值后，各收入组农户的家庭资产负债率大幅下降。组 1 借款户的降为 1.98%（2009 年）—4.89%（2011 年）；组 2

借款户的降为 2.61%（2009 年）—7.07%（2012 年）；组 3 借款户的降为
4.26%（2009 年）—9.59%（2013 年）；组 4 借款户的降为 3.77%（2009
年）—8.04%（2012 年）；组 5 借款户的降为 10.93%（2009 年）—
15.88%（2012 年）（见图 3 – 16）。可见，最高收入组农户（组 5）的家庭
资产负债率水平最高，同时，组 4 农户的家庭资产负债率在 2012 年和 2013
年仅次于组 5。由此可以推测，尽管各收入组农户都面临耕地和住房难以作
为资产进入市场进行交易的状况，但是收入高的农户能够得到更多的贷款，
也就意味着金融机构对农户家庭资产负债率的容忍度与农户家庭收入水平
呈正相关。

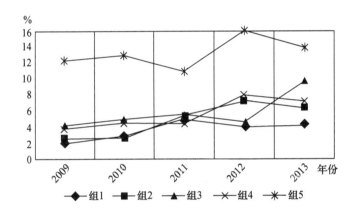

图 3 – 16   2009—2013 年各收入组借款户家庭资产负债率
（计入耕地和住房估算价值）

3.3   农户家庭金融资产负债率

金融资产负债率是会计主体的债务占其金融资产的比例，反映的是会
计主体在短期内的偿债能力。农户家庭金融资产负债率就是指农户家庭负
债在其家庭金融资产中的占比，用来衡量农户家庭短期的偿债能力，公式
为：农户家庭金融资产负债率 = 家庭负债额 ÷ 金融资产总额 × 100%。

在农村集体产权制度下，在农村社区之外农村土地和住房缺乏可交易
性，所以，对于金融机构而言，农户家庭金融资产负债率具有更直接的参
考价值。

3.3.1　全部样本的家庭金融资产负债率

从 2009 年至 2013 年，全部样本的家庭金融资产负债率逐年降低，分别是 9.59%、9.22%、8.61%、7.44% 和 6.87%。这与资产负债率变化趋势一致。李扬等（2013）估算认为，2004—2011 年中国居民金融资产负债率从 16.3% 升至 23.5%，整体上的债务清偿与流动性风险较低。[①] 由此可见，整体而言中国农村居民的金融资产负债率远低于城市居民，债务清偿与流动性风险更低。

3.3.2　各收入组农户的家庭金融资产负债率

在 2009—2013 年的五年间，组 1 农户的家庭金融资产负债率有四年中为最高，最高时为 18.54%（2010 年）；组 5 有一年为最高，9.05%（2012年）；其次是组 2，在三年中为次高；组 4 的在四年中是最低水平，最低时为 4.81%（2013 年）；组 3 和组 5 的水平较为接近，但在 2012 年处于最低水平（如图 3 - 17 所示）。这说明低收入组（包括组 1 和组 2）农户家庭在

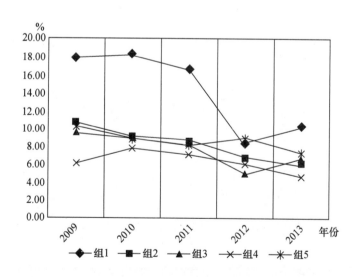

图 3 - 17　各收入组农户家庭金融资产负债率（2009—2013 年）

---

① 李扬等：《中国国家资产负债表 2013——理论、方法与风险评估》，中国社会科学出版社 2013 年版，第 98 页。

短期内偿债压力较大，最高收入组的短期偿债压力紧随其后，次高收入组（组4）的偿债压力最轻。但是，与上述李扬等统计的中国整个居民部门的金融资产负债率相比，农民各收入组的家庭资产负债率比较低，说明总体上农民的债务清偿和流动性风险都比较低，且在2009—2013年整体呈下降状态。

3.3.3 借款户的家庭金融资产负债率

更能够反映现实中农户信贷风险程度的是借款户的负债状况。2009年至2013年，从组1到组5，借款户的家庭金融资产负债率最低的为174.59%（组3在2009年），最高的为767.35%（组1在2013年）；整体看，除组5之外，其他各组借款户的家庭金融资产负债率呈逐年上升趋势，其中组1和组2显得更高，组3和组4维持在相对较低水平（如图3-18所示）。图3-18更真实地反映了金融机构在农村开展信贷业务时面对的图景，即借款农户短期内的负债水平非常高，债务清偿和流动性风险大，低收入农户尤甚。

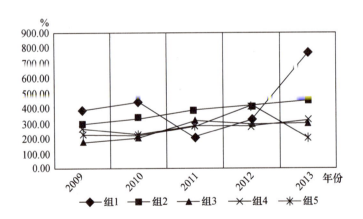

图3-18   各收入组借款户的家庭金融资产负债率（2009—2013年）

3.4   农户家庭收入偿债率

在农民家庭的土地和房屋难以交易变现的情况下，农户得到贷款的重要依据是其收入水平。所以，本节使用家庭收入偿债率来反映农户将每年的家庭纯收入用于偿还家庭债务的能力，公式为：农户家庭收入偿债率＝农户家庭年末借款余额÷家庭纯收入×100%。这一比率越低，说明家庭负债水平越低，偿债能力越强。这一比率也表示以当年家庭纯收入偿还债务所需要的年限。

3.4.1　全部样本及各收入组农户的家庭收入偿债率

根据全部样本的家庭资产负债表，2009—2013年，全部样本的家庭收入偿债率分别为0.08%、0.07%、0.06%、0.06%和0.07%，折合成月，分别是0.96个、0.84个、0.72个、0.72个和0.84个月。这意味着如果将农户的家庭纯收入平摊到每一个月，不到1个月就可以将全部债务偿清。这说明，就全部样本而言，农户的负债水平非常低，还债能力非常强。

从图3-19可以看到，各收入组农户家庭的收入偿债率表现出与其资产负债率一致的特征，即组1和组5的收入偿债率高于其他各组，意味着他们以家庭纯收入偿还债务的时间要长于其他各组。但是，时间最长的也不过0.13年（组1在2009年），即以1.56个月的家庭纯收入就可以偿清全部借款。这个债务水平非常低，反衬出各收入组农户在此债务水平上的偿债能力很高。而且总体上，在2009—2013年各收入组的偿债能力比率都呈现下降趋势（组1和组3在2013年除外），说明就农户户均纯收入而言，整体上各收入组在这五年中的负债水平呈下降趋势，偿债能力逐年上升。从这一点上讲，农户信贷市场规模具有提升空间。

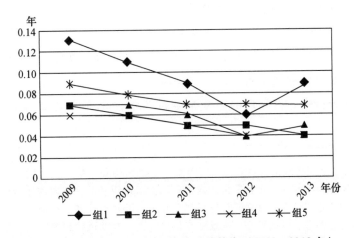

图3-19　各收入组农户家庭收入偿债率（2009—2013年）

3.4.2   借款户的收入偿债率

为了更真实地考察农户的债务水平和偿债能力，需要剔除非借款户的影响，而只考察借款户的偿债能力。2009—2013 年，组 1 借款户的收入偿债率最高，亦即偿还借款的时间最长，为 0.75—1.17 年；组 2 的为 0.38—0.74 年；组 3 的为 0.54—0.91 年；组 4 的为 0.53—0.69 年；组 5 的为 0.63—0.83 年（如图 3-20 所示）。可见，相对而言，组 1 借款户的负债水平最高，但在最高的 2013 年也仅需 14.04 个月的家庭纯收入即可偿清债务。

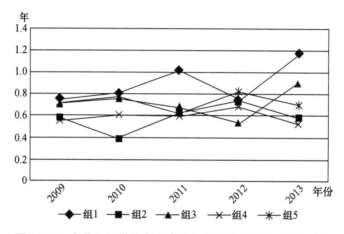

图 3-20   各收入组借款户家庭收入偿债率（2009—2013 年）

收入偿债率的上升意味着偿还债务时间的延长。但是整体上看，除了组 1 在 2011 年和 2013 年之外，各组在其他年份这一比率都没有超过 1，说明这些农户在 2009—2013 年的家庭负债水平并不高，在绝大多数情况下用不足一年的家庭纯收入即可偿还全部借款。①

在前面分析中，借款户的家庭金融资产负债率非常之高，与此处较低

①   浙江省仙居县农信社对农户信用等级评价办法中关于偿债能力的评定标准是农户总负债与家庭年纯收入之比在 2 倍（含）以内即可以得满分，亦即农户能够以两年的家庭纯收入偿还全部负债，就具有很好的偿债能力。以此为标准，本报告中所有借款户的平均偿债能力都可以得到满分，也意味着总体上农户贷款风险程度较低，信贷规模具有扩大的潜力。

的收入偿债率似乎矛盾。需要注意的是，如果不计入耕地和住房估算价值，借款户的家庭资产负债表中净资产几乎都是负值（只有组 1 在 2012 年是正值）。这反映出农村借款户家庭财务状况非常脆弱，手头的"活钱"非常少，家庭收入是"现挣现花"，年终还完贷款没有多少剩余，甚至还可能亏空。所以，这两个比率并不矛盾，反而说明了农村借款户的家庭财富积累有限，积累不易。

4 农户家庭储蓄、投资与借贷

本报告将农户家庭当年增加的存款余额与手存现金余额之和定义为储蓄，即关注农民的总收入减去家庭生产、消费和投资支出之后的现金余额，农户家庭年度储蓄率即为当年储蓄额在当年家庭纯收入中的比重，以反映农户家庭现金财富积累的程度，计算公式为：储蓄率＝〔（当年户均存款余额＋当年户均手持现金余额）－（上年户均存款余额＋上年户均手持现金余额）〕÷当年户均纯收入×100%。

4.1 农户储蓄能力

4.1.1 全部样本的储蓄率

就全部样本而言，2010—2013 年，农户的储蓄额每年都在增加，只是增加额先降后升，从 2010 年的户均 4266.25 元降到 2011 年的户均 1011.37 元，然后相继上升到 2012 年的户均 4461.49 元和 2013 年的户均 6837.93 元；在储蓄额构成中，存款余额增加量占比较大，在 2010—2013 年，分别占 89.83%、53.84%、86.51% 和 89.04%（见表 4－1）。可见，农户储蓄的形式主要是存款。

2010—2013 年全部样本的户均家庭年度储蓄率先降后升，分别是 11.67%、2.48%、9.99% 和 13.61%（见图 4－1）。

4.1.2 各收入组农户储蓄率

从表 4－2 可以看到，在各收入组之间，总体上年度发生的储蓄额与收入呈正相关关系，即收入越高，储蓄额越高（组 4 和组 5 分别在 2010 年和

表 4 - 1　　　　　全部样本户均年度储蓄额及其构成（2010—2013 年）　　单位：元、%

年份	储蓄额***	新增手存现金余额*		新增存款余额**	
		金额	占比	金额	占比
2010	4266.25	433.71	10.17	3832.54	89.83
2011	1011.37	466.81	46.16	544.56	53.84
2012	4461.49	602.04	13.49	3859.45	86.51
2013	6837.93	749.20	10.96	6088.73	89.04

注：＊新增手存现金余额＝当年年末手存现金余额－上年年末手存现金余额；

＊＊新增存款余额＝当年年末存款余额－上年年末存款余额；

＊＊＊储蓄额＝新增手存现金余额＋新增存款余额。

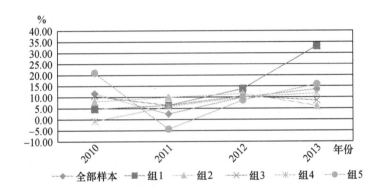

图 4 - 1　全部样本及各收入组农户户均年度储蓄率（2010—2013 年）

表 4 - 2　　　　　　　　各收入组农户年度储蓄额　　　　　　　单位：元

年份	组 1	组 2	组 3	组 4	组 5
2010	600.39	1876.57	3132.83	(315.51)	16065.58
2011	1005.03	2686.86	2226.05	2645.44	(3505.84)
2012	2009.63	3378.62	4215.71	5193.65	7530.74
2013	6021.02	1985.32	3746.69	6747.27	15668.97

2011 年出现负值，是例外）；在 2010—2013 年，除组 1 农户的户均年度储蓄额持续递增之外，其余各组的年度储蓄额波动较大。

从图 4 - 1 可以看到，2010—2013 年各收入组中组 1 和组 5 的储蓄率变动幅度较大，其中组 1 的储蓄率从 2010 年的 4.71% 一直上升到 2013 年的

33.13%，组 5 的储蓄率则先降而后回升，由 2010 年的 21.01% 降到 2011 年的 -4.37%，然后回升到 2013 年的 15.84%；组 2 和组 3 的储蓄率在各年是平稳的，徘徊在 10% 上下；组 4 的储蓄率也是一路走高，从 2010 年的 -0.78% 上升到 2013 年的 11.77%。

4.1.3 借款户与非借款户的储蓄率

表 4-3 显示，在非借款户中除了组 5 在 2011 年和组 4 在 2010 年之外，其他各组的非借款户在其他各年发生的储蓄额都是正数，而且除组 2 和组 3 在 2013 年以及组 5 在 2011 年和 2012 年之外，在其他各年，各组非借款户的年度储蓄额都是快速而稳步增加，而借款户在各年之间波动较大。此外，在多数年份中各收入组借款户的储蓄额都低于非借款户，相应地，多数年份中各收入组借款户的储蓄率低于非借款户，且各年之间波动较大（见表 4-4）。可见，总体上借款户的储蓄能力低于非借款户，家庭财富的积累较为困难，这可能也是借款户之所以借款的重要原因。

在农户储蓄累计额方面，借款户的户均存款余额远低于非借款户，在 2009—2013 年，借款户的户均存款余额最多时仍不超过非借款户的 23%（组 2 在 2009 年），最少时不到 10%（组 1 在 2012 年和 2013 年）（见图 4-2）。可见，存款余额的多少与农户是否借贷呈负相关关系。

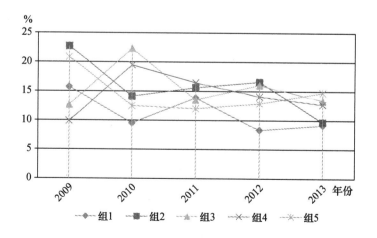

图 4-2 各收入组借款户与非借款户户均年末存款余额之比

表 4 - 3　各收入组借款户与非借款户年度储蓄额（2010—2013 年）

单位：元

年份	组 1		组 2		组 3		组 4		组 5	
	借款户	非借款户	借款户	非借款户	借款户	非借款户	借款户	非借款户	借款户	非借款户
2010	452.66	143.92	-25.45	1972.91	1016.60	2955.46	4684.97	-24.43	6224.29	17644.30
2011	4784.50	994.25	1003.68	2532.37	-4178.92	2243.69	-959.00	2017.26	-6039.86	-6062.21
2012	-3480.42	1882.52	569.84	3405.92	-107.92	4651.25	3467.68	4581.88	-496.60	4483.34
2013	-1477.82	6389.94	-303.41	2071.08	6053.88	3586.80	-2901.65	7818.52	20268.00	18186.60

表 4 - 4　各收入组借款户与非借款户的家庭年度储蓄率（2010—2013 年）

单位：%

年份	组 1		组 2		组 3		组 4		组 5	
	借款户	非借款户	借款户	非借款户	借款户	非借款户	借款户	非借款户	借款户	非借款户
2010	3.25	1.14	-0.07	8.87	3.26	9.98	11.39	-0.06	8.16	23.09
2011	32.34	6.25	3.49	9.48	-11.73	6.35	-1.84	4.46	-6.57	-7.65
2012	-21.25	13.00	1.91	11.69	-0.26	11.68	6.06	8.76	-0.50	5.20
2013	-9.27	34.90	-0.79	6.36	13.39	8.20	-4.27	13.72	16.69	18.63

同年末存款余额一样，在2009—2013年，总体上借款户与非借款户之间户均年末手存现金余额也是前者少于后者（只有组3在2010年、组4在2012年、组5在2009年和2010年四个时点上前者多于后者），非借款户的户均年末手存现金余额逐年增加，各收入组的年均增长率为9.5%—12.21%；而借款户的则波动较大，有涨有落（见图4-3）。

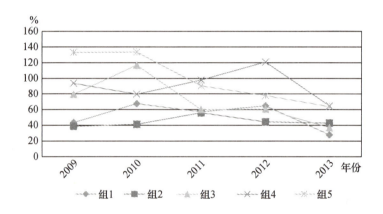

图4-3　各收入组借款户与非借款户户均年末手存现金余额之比

通过以上分析可以看到，同一收入组农户是否贷款与其家庭储蓄状况密切相关。总体上看，借款户的年末户均存款和手存现金余额及其在户均纯收入中的占比都大大低于非借款户。借款户的储蓄率也远低于非借款户，现金流收入在各年之间不稳定。这些都说明农户借贷需求与其家庭的现金财富数量呈负相关，现金收入少且在各年之间不稳定应是借贷的重要原因。

4.2　农户投资

4.2.1　全部样本的家庭外投资

如第3章所分析的，2009—2013年全部样本的户均家庭金融资产中，存款余额与手存现金余额合计占92%以上，且呈逐年上升趋势；家庭外投资余额的占比最高时（2009年）为3.81%，最低时（2012年）仅为

1.33%（见图3-3）。在家庭外投资余额中①，农户的股票投资余额在最高时（2011年）占20.73%，最低时（2013年）仅占1.73%；债券投资余额占比最高时（2010年）为4.60%，最低时（2011年）仅为0.05%②（见图4-4）。

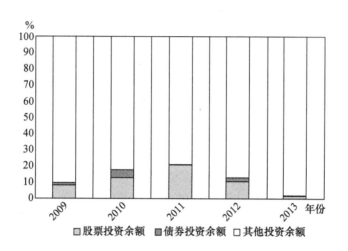

图4-4　全部样本户均家庭外投资构成（2009—2013年）

可见，就全部样本整体而言，随着收入的逐渐增加，农户的家庭外投资并没有相应地增加，同时，家庭财富的形式仍然主要是存款和手存现金，说明农民投资渠道极为有限，财富管理形式单一。

4.2.2　各收入组农户家庭外投资

从各收入组农户的家庭资产负债表（见表2-7至表2-11）可以看到，

---

①　由于农业部"全国农村固定观察点调查系统"中没有关于"其他投资"具体种类等信息，本报告无法对"其他投资"进行分析。

②　在本报告全部样本的农户家庭资产负债表中，股票和债券的投资余额合计在金融资产中的占比最高时（2010年）只有0.58%，最低时（2013年）只有0.03%，其中股票投资占比高于债券投资占比，债券投资占比在2011年和2013年几乎为0。陈斌开和李涛（2011）研究发现，2009年中国城镇居民的股票投资在金融资产中的比例为12.07%，债券投资占比为1.59%，均远高于本报告中农民的股票和债券投资在金融资产中的比例。参见陈斌开、李涛《中国城镇居民家庭资产——负债现状与成因研究》，《经济研究》2011年第1期。

总体上，各组农户之间家庭外投资余额随着收入的增加而增加，在2009—2013年，组5的户均家庭外投资余额分别是组1的53.30倍、11.87倍、30.27倍、462.08倍和185.70倍。整体上看各收入组之间的家庭外投资余额差距呈现扩大之势，说明富裕农户的家庭外投资大大高于低收入家庭。

5 农户家庭资产负债表的再调整

——将信用作为无形资产

在农户缺乏可交易的耕地和住房价值的情况下,其获得的信贷是凭借什么发生的呢?从本报告中甘肃省陇南市武都区金桥村镇银行、重庆市开县民丰互助合作会和浙江省仙居县农信联社的案例分析中可以看到,这些机构都主要是根据对农户的信用评级而开展信贷业务的。其实,中国各地的农村金融机构对农户的信贷以及私人借贷基本上大都是基于农户信用而进行的。因此,农户个人及其家庭的信用具有资产的价值,具有担保的功能。本章将分析农户家庭信用价值的核算及其对家庭资产负债表、家庭资产结构和家庭资产负债率的影响。

5.1 农户信用的资产价值

5.1.1 信用价值的量化显现——授信额度

在农户缺乏能够满足金融机构要求的抵质押物的条件下,金融机构向农户发放的贷款多数是纯信用贷款,即在对农户进行信用评级之后,根据农户的信用等级授予一定的信贷额度,即借款的上限。农户在授信额度内借款。这样,信用就起到了担保的作用,信用就具有了价值。实际上,农户从私人渠道借款主要依靠的也是自家的信用,出借人对借款人的还款能力和意愿都有各自的评价,明示或默示地都设定了一个授信额度,并在授信额度内出借资金。这个授信额度就可以粗略地用以衡量借款户信用的价值。

出借人确定授信额度的依据是其对农户还款意愿和还款能力的判断,

是多种因素综合考评的结果。主要影响因素包括农户家庭的人口结构、健康状况、道德品质、信用记录、资产、生产经营状况、总收入和人均纯收入等方面。可见,信用是出借人对农户家庭经济与非经济因素的综合评价,以授信额度量化表现出来。

5.1.2 各收入组借款户的信用价值

农村固定观察点系统中没有农户得到的授信额度数据。从实地调研情况看,农户从金融机构的借款余额一般为授信额度的20%—90%,也有文献显示,潍坊农商行对农业种植大户的户均贷款余额是户均授信额度的50%。[①] 据此,本报告假设农业部"全国农村固定观察点系统"中借款农户从银行、农信社、私人和其他渠道的户均借款余额都是这些渠道对农户户均授信额度的50%,同时,以各收入组农户从这四个渠道得到的户均年度累计借款额在各收入组年度累计借款总额中的占比作为从这四个渠道所得户均借款余额在当年年末借款总余额中的占比,这样,各收入组借款户从不同渠道得到的户均授信额度可以用以下公式计算:

设:某收入组借款户从某借款渠道得到的户均授信额度为 Cv;

该组借款户户均年末借款总余额为 Cb;

该组借款户从某一渠道得到的户均借款余额在该组户均年末借款总余额的占比为 Cbp;

该组借款户从某一渠道得到的户均借款余额在户均授信额度中的占比为 Ccp。

则,计算公式为:

$$Cv = Cb \times Cbp \div Ccp$$

这里,Cb 可以从各收入组借款户的家庭资产负债表(表2–17、表2–19、表2–21、表2–23 和表2–25)获得,Cbp 可以从第6章的图6–2得到,假设各个渠道的 Ccp 都是50%,则利用上述公式可以计算得到各收入组借款户户均家庭信用的价值。

2009—2013 年,总体上看,各收入组借款户的家庭信用价值逐年上升,

---

① 吴红军、何广文主编:《中国农村普惠金融研究报告2014》,中国金融出版社2015年版,第103页。

组1从16340.30元升至37201.42元，组2从22707.00元升至45075.01元，组3从37761.84元升至81956.90元，组4从38394.62元升至72663.08元，组5从94586.36元升至169651.78元（如图5-1所示）。同时可见，信用资产价值与农户收入呈正相关，最高收入组与其他各组的差距很大，在2009—2013年，组5的信用资产价值是组1的3.86—6.72倍。

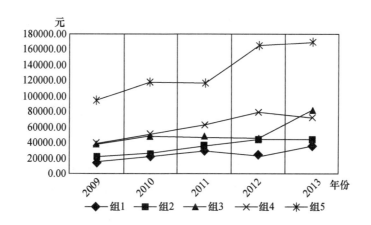

图5-1　各收入组借款户的户均信用资产价值（2009—2013年）

5.2　计入信用价值之后的资产负债表

5.2.1　资产合计及其结构变化

农户的信用相当于农户家庭的无形资产，当其被标示出价值并发挥了资产的作用之后，就可以计入农户的家庭资产负债表。由于金融机构在对农户信用评价中已经考虑农户的耕地和住房因素，且耕地和住房难以交易，因此，以下分析均是在不考虑耕地和住房价值的情况下，来考察信用价值对借款户家庭资产负债表及相关比率的影响。

表5-1和表5-2是加入了信用估算价值之后的各收入组借款户的家庭资产负债表。与表2-17、表2-19、表2-21、表2-23和表2-25相比，可以看到各收入组借款户的资产总额都大幅增加，最小增幅为40.55%（组1

表5-1　2009—2013年组1、组2、组3借款户资产负债表（计入信用估算价值，不计入耕地和住房的估算价值）

单位：元

	组1					组2					组3				
	2009年	2010年	2011年	2012年	2013年	2009年	2010年	2011年	2012年	2013年	2009年	2010年	2011年	2012年	2013年
资产															
金融资产	2145.08	2597.74	7382.24	3901.82	2424.00	3842.69	3817.23	4820.92	5390.76	5087.35	10814.40	11831.00	7652.08	7544.15	13598.03
手存现金余额	1175.16	1809.84	1625.87	1942.18	1134.99	1610.87	1665.03	2657.29	2300.08	2554.17	3499.23	5692.74	3151.03	3957.53	2723.08
存款余额	686.03	465.928	799.29	617.08	1169.00	1919.01	1483.15	1930.79	2533.09	1607.07	1848.61	3792.25	2590.39	3517.60	3367.74
借出款余额	283.89	313.97	4651.28	1340.28	119.21	247.41	669.05	232.83	557.59	827.59	196.37	189.65	1860.25	58.15	770.37
家庭外投资余额	0.00	8.00	305.81	2.28	0.00	65.40	0.00	0.00	0.00	98.52	5270.19	2156.36	50.41	10.87	6736.84
其中：债券	0.00	0.00	0.00	0.00	0.00	0.00	0.00	0.00	0.00	98.52	0.00	1829.09	0.00	0.00	0.00
股票	0.00	0.00	0.00	2.28	0.00	0.00	0.00	0.00	0.00	0.00	99.38	0.00	0.00	0.00	0.00
其他投资	0.00	8.00	305.81	0.00	0.00	65.40	0.00	0.00	0.00	0.00	5170.81	327.27	50.41	10.87	6736.84
实物资产	11938.45	10410.27	11971.50	32273.71	14980.□	12965.64	11459.55	17461.45	13076.58	17884.62	13312.31	19360.49	27812.56	22239.55	20711.57
主要生产性固定资产价值	11938.45	10410.27	11971.50	32273.71	14980.□	12965.64	11459.55	17461.45	13076.58	17884.62	13312.31	19360.49	27812.56	22239.55	20711.57
信用资产	16340.30	22672.64	30204.02	24673.14	37201.4	22707.00	25642.68	36747.62	44276.69	45075.01	37761.84	47911.50	48780.62	45019.06	81956.90
资产合计	30423.83	35680.65	49557.76	60848.67	54605.7	39515.33	40919.46	59029.99	62744.03	68046.98	61888.55	79102.99	84245.26	74802.76	116266.50
负债															
借入款余额	8170.15	11336.32	15102.01	12336.57	18600.7	11353.50	12821.34	18373.81	22138.35	22537.50	18880.92	23955.75	24390.31	22509.53	40978.45
其中：银行/农信社	2301.06	2642.67	2794.80	2445.06	6470.07	2101.91	2442.86	2564.58	2614.53	4064.04	2518.32	4422.55	6112.30	2451.09	4331.58
其他渠道借款	5869.09	8693.65	12307.21	9891.51	12130.64	9251.59	10378.48	15809.23	19523.83	18473.46	16362.60	19533.21	18278.02	20058.44	36646.87
权益															
家庭纯收入	10862.06	13942.41	14794.33	16376.76	15950.15	19636.03	33961.12	28794.39	29836.00	38453.36	26472.27	31211.86	35614.98	41954.21	45195.40
家庭净资产	11391.62	10401.92	19661.42	32135.34	20054.92	8525.79	-5862.99	11861.79	10769.68	7056.12	16535.36	23935.37	24239.97	10339.02	30092.65
负债与权益合计	30423.83	35680.65	49557.76	60848.67	54605.78	39515.33	40919.46	59029.99	62744.03	68046.98	61888.55	79102.99	84245.26	74802.76	116266.50

表5-2　2009—2013年组4、组5借款户资产负债表（计入信用估算价值，不计入耕地和住房估算价值）

单位：元

	组4					组5				
	2009年	2010年	2011年	2012年	2013年	2009年	2010年	2011年	2012年	2013年
资产										
金融资产	7182.83	11867.79	10908.80	14376.48	11474.82	20853.06	27077.35	21037.48	20540.89	40808.89
手存现金余额	4209.74	4424.23	5173.43	7809.03	4452.78	7714.16	8474.42	7219.45	6120.03	5786.23
存款余额	2636.31	4920.17	4600.65	4464.37	4901.36	9261.89	7707.30	6751.83	7910.31	11557.31
借出款余额	336.78	1658.98	1134.71	2103.07	1672.41	706.37	4093.68	2710.80	3303.80	1089.11
家庭外投资余额	0.00	864.41	0.00	0.00	448.28	3170.65	6801.95	4355.40	3206.75	22376.24
其中：债券	0.00	0.00	0.00	0.00	0.00	0.00	0.00	0.00	0.00	0.00
股票	0.00	0.00	0.00	0.00	0.00	955.63	1233.77	1080.14	675.11	742.57
其他投资	0.00	864.41	0.00	0.00	448.28	2215.02	5568.18	3275.26	2531.65	21633.67
实物资产	19128.07	19271.97	21901.75	38274.41	38037.25	51956.02	61731.32	94298.94	92588.67	98001.80
主要生产性固定资产价值	19128.07	19271.97	21901.75	38274.41	38037.25	51956.02	61731.32	94298.94	92588.67	98001.80
信用资产	38394.62	50526.94	62884.58	79211.24	72663.08	94586.36	118496.98	116597.98	165731.06	169651.78
资产合计	64705.52	81666.70	95695.13	131862.13	122175.15	167395.44	207305.65	231934.40	278860.62	308462.47
负债										
借入款余额	19197.31	25263.47	31442.29	39605.62	36331.54	47293.18	59248.49	58298.99	82865.53	84825.89
其中：银行/农信社						20968.97	24906.17	29969.96	31902.95	41947.03
其他渠道借款	19197.31	25263.47	31442.29	39605.62	36331.54	26324.21	34342.32	28329.03	50962.58	42878.86
权益										
家庭纯收入	34188.42	41148.33	52012.53	57192.15	67917.80	65414.02	76279.65	91894.31	99979.87	121460.36
家庭净资产	11319.78	15254.90	12240.31	35064.36	17925.81	54688.24	71777.51	81741.10	96015.22	102176.22
负债与权益合计	64705.52	81666.70	95695.13	131862.13	122175.15	167395.44	207305.65	231934.40	278860.62	308462.47

在 2012 年)，最大增幅为 116.02%（组 1 在 2009 年）（见图 5 - 2）；同时，除组 2 在 2010 年之外，各收入组借款户在各年份的净资产都变为正值。

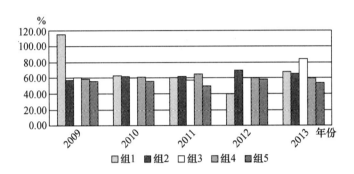

图 5 - 2　计入信用价值后各收入组借款户的资产合计增加幅度（2009—2013 年）

计入信用价值后，在各收入组借款户的资产结构中，2009—2013 年除组 1 在 2012 年之外，各组借款户在各年份中信用资产占比都超过了 40%，达到 40.55%（组 1 在 2012 年）至 70.57%（组 2 在 2012 年）（见图 5 - 3）。除了组 1 在 2012 年，在其他各年份，各收入组农户的信用资产价值占比都超过了实物资产与金融资产合计的占比，成为农户家庭最大的资产，反映出经过金融机构授信的农户家庭资产状况。

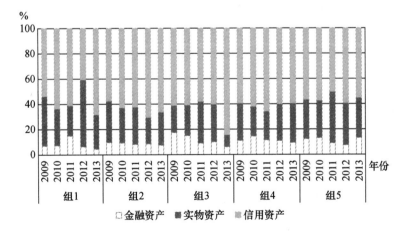

图 5 - 3　2009—2013 年计入信用价值之后的各收入组借款户资产结构
（未计入耕地和住房估算价值）

5.2.2　资产负债率变化

在计入信用价值后，各收入组借款户的家庭资产负债率大幅下降，均不超过40%（见图5－4），与未计入信用资产价值时（见图3－15）相比，最小下降幅度为13.83个百分点（组1在2012年），最大下降幅度为100.81个百分点（组3在2013年）（见图5－5）。可见，将信用作为资产计入资产负债表之后，借款户的资产负债率大幅下降。

所以，信用是有价值的，是可以量化的，能够在借贷中发挥杠杆作用。因此，农户家庭信用成为农村贷款人（包括金融机构和私人放贷人）评估农户借贷风险的重要依据。

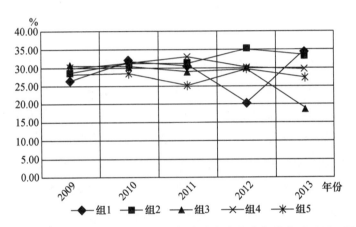

图5－4　计入信用价值后的各收入组借款户的家庭资产负债率（2009—2013年）

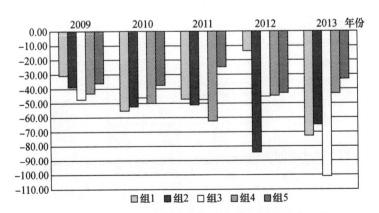

图5－5　2009—2013年计入信用价值后各收入组借款户
家庭资产负债率下降幅度（百分点）

6 借款来源、成本与用途

6.1 借款来源

6.1.1 全部借款户借款来源构成

2009—2013 年，全部借款户年度户均累计借款额都呈逐年上升的趋势，从 2009 年的 32159.62 元，上升到 2013 年的 63612.07 元，增长了 97.80%，其中银行渠道借款增长了 118.27%，农信社渠道借款增长了 147.34%，私人渠道借款增长了 75.89%，其他渠道借款减少了 2.84%（见图 6-1）。可见，农户融资需求逐年扩大，从正规金融机构获得的贷款增长速度更快，农村金融市场规模快速增长，尽管如此，规模仍然比较小，总体上呈现"量大、面广、小额、分散"的特点。

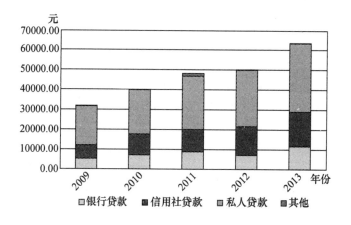

图 6-1　全部借款户年度户均累计借款额及其来源构成（2009—2013 年）

在各借款来源中，私人渠道借贷占比一直超过50%，但总体呈下降趋势，从2009年的60.66%降到2013年的53.16%；农信社是农户获得贷款的第二大来源，占比波动式上升，最低时（2009年）为22.13%，最高时（2012年）为29.90%；银行贷款占比较低，但也呈波动式小幅上升的态势，最低时（2012年）为15.24%，最高时（2011年）为19.03%（见图6-2）。① 这种变化说明，2009—2013年农户从正规金融机构借款的条件有所改善，借款量有所上升，尤其是从农信社借款数量的增长较为明显，相应地，农户从私人渠道借款的占比有所缩小，这也说明正规金融机构对农户的金融服务总量有所提升，政府推动农村金融改革和发展的政策措施以及农村金融机构的努力显现了一定成效，但未产生根本性的改变，农民的主要融资渠道仍是私人借贷。

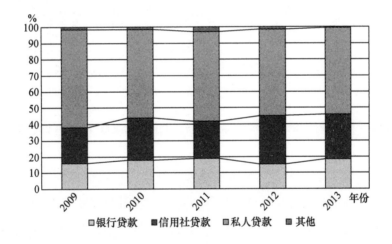

图6-2 全部借款户年度累计借入总额的来源构成（2009—2013年）

6.1.2 各收入组农户借款来源构成

从图6-3可以看到，2009—2013年，不论是正规金融机构借款，还是私人渠道借款，各收入组农户当年户均累计借款额总体上都是逐年增加的，

———————————

① 由于有其他来源借款的农户数非常少，且金额不高，因此，本报告仅分析银行、信用社以及私人三种借贷来源。

组 1 从 13643.00 元增加到 30180.47 元，组 2 从 18917.78 元增加到 37800.22 元，组 3 从 27257.00 元增加到 48720.24 元，组 4 从 32625.65 元增加到 56063.90 元，组 5 从 68354.63 元增加到 145295.50 元。这些变化也反映出农村金融市场规模快速增长；在各收入组之间，不管是哪种渠道借款，总体上呈现的趋势都是户均借款额与收入呈正相关，即收入越高，借款额越高。

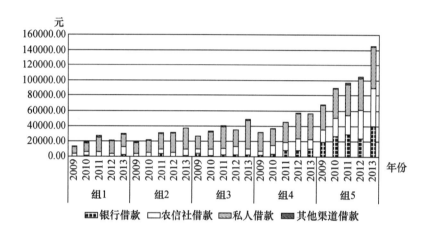

图 6 - 3　各收入组借款户年度户均累计借款额及其来源 （2009—2013 年）

从图 6 -4 可以看到，各收入组借款户从银行获得的贷款在户均家庭借入款总额中占比都比较低，组 1 获得的最低，在最高年份 （2013 年） 也只有 9.39%；组 2 在最高的 2011 年也仅为 14.21%，在其余年份均未超过 10%；组 3 略高于前两组，在最高年份 （2009 年） 达到了 17.11%，但在其余年份也未超过 10%；组 4 情况明显好一些，除 2009 年未超过 10%，在其他年份都超过 10%，且在 2011 年达到 19.63%；组 5 的这一比例大大超过其他各组，在各年份均超过了 20%，在 2010 年最高时达到 30.06%。可见，银行贷款的可获得性与农户家庭收入呈正相关，即收入高的农户从银行获得的贷款更多。

各收入组借款户从农信社获得的贷款在年度累计借入款金额中的占比比较均衡，大部分年份各组的占比都在 20%—30%，尽管最高占比仍出现在组 5，但也没有明显高出很多，组 1 的这一比例也不是最低的，反而组 2

相比较低一些。可见，农信社给予各收入组农户的信贷机会是比较均等的，是农户获得正规信贷服务的主要渠道。

在私人借款方面，除了组5之外的其他各组借款户对私人贷款的依赖程度在2009—2013年都超过了50%，其中组1和组2借款户对私人贷款的依赖度在2012年都超过80%。尽管组5从私人渠道借款金额的占比最低，但是也保持在37.29%—46.52%，也是该组农户最大的借款来源。可见，私人渠道是农户获得信贷服务的主要来源，而且随着收入的下降，对私人借贷的依赖程度不断加强。

如果以组5借款户得到的正规金融机构的贷款占比作为衡量标准，假设正规金融机构能够像给予其他收入组农户那样给组5农户同样的借贷机会，那么总体上看，农户的银行借款占比应该有较大幅度的提升，亦即农村正规金融服务还远未满足广大农民的需求，仍有巨大的提升空间。

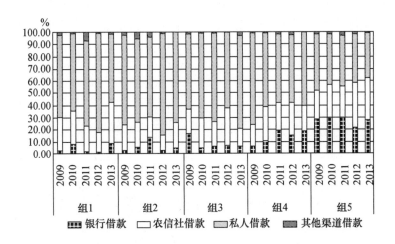

图6-4　各收入组户均年度累计借款来源构成（2009—2013年）

6.2　正规金融机构对农户的贷款

以上是从农户作为借款人的角度分析其借款来源的构成。下面从供给方的角度，看正规金融机构对农户的信贷服务状况。

6.2.1   基于农户存款的存贷比

存贷比曾是长期被金融监管部门用来管理金融机构信贷风险以及衡量农村金融机构服务"三农"的重要指标。从农户存款者的角度，就农户整体而言，将农户从正规金融机构借得贷款的余额与其存款余额相比较，可以得到金融机构对农户的存贷比，可用以衡量金融机构将多少来源于农户的存款用于向农户贷款，从而考察正规金融机构对农户提供信贷服务的状况。

从图6-5可以看到，2009—2013年正规金融机构基于农户存款的存贷比很低，最高为2009年的3.77%，然后一直下降到2012年的2.72%，2013年略微回升到3.18%。可见，对于农户而言，总体上农村资金外流极其严重，而且持续恶化。一方面农民在金融机构存入了大量资金，而另一方面农民却主要靠私人渠道满足自身的融资需要。建立适合农民需要和特点的农村金融中介服务机构，让农民能够充分利用自己的资金是迫切需要解决的问题。

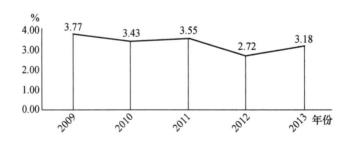

图6-5   正规金融机构基于农户存款的存贷比（2009—2013年）

6.2.2   对各收入组农户贷款的构成

6.2.2.1   银行贷款

从图6-6可以看到，在银行发放的农户贷款中，绝大部分发放给了最富裕的农户，在最低年份都不低于67.37%（2011年）；组1农户得到的贷款最多时（2013年）也仅占6.76%，最低时（2012年）仅为0.74%；组

2 得到的贷款最多时（2011 年）占 8.59%，最低时（2012 年）仅占 2.12%。可见，银行对不同收入组农户的贷款极不平衡，"嫌贫爱富"的特征明显。

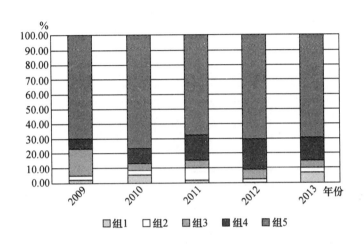

图 6 - 6　银行对各收入组农户贷款构成（2009—2013 年）

6.2.2.2　农信社对贷款构成

从图 6 - 7 可以看到，2009—2013 年，在农信社对农户的贷款中，虽然最富裕的农户仍然得到了最大的比例，占了 42.10%（2009 年）—56.36%（2012 年），但是对低收入农户的贷款情况已大为改观，最低收入组农户得到的贷款最高时占到 15.90%（2013 年），甚至在 4 个年份中都高于组 2。可见，农信社对农户的信贷服务比银行更均衡。

6.2.2.3　银行与农信社农户贷款合计中各收入组占比

如果将银行与信用社的农户贷款合并计算，可以看到 2009—2013 年，组 5 农户获得的份额占到 53.63%—63.39%，组 4 得到的份额占 11.05%—18.91%，这两组的占比合计总体上呈逐年上升趋势；组 3 得到的占6.63%—16.73%，总体上逐年略微减少；组 1 得到的占 2.79%—12.26%，前 4 年逐渐减少，而 2013 年大幅上升；除了 2012 年之外，在其他各年里组2 农户得到的正规金融机构贷款最少，占 3.95%—8.64%（见图 6 - 8）。可见，正规金融机构的信贷资源绝大部分分配给了农村最富裕的农户，而农村得到正规金融机构贷款最少的不是最低收入组，而是较低收入组。在中国扶贫开发行动中，最低贫困户得到了更多的各种帮扶资源，包括金融扶贫中的信贷支持，在这种情况下，较低收入农户的信贷服务需求反而可能受到忽略。

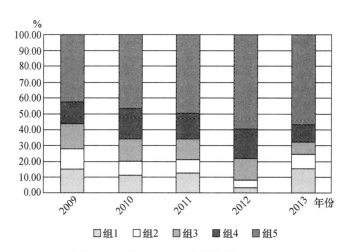

图 6-7　农信社对各收入组农户贷款构成（2009—2013 年）

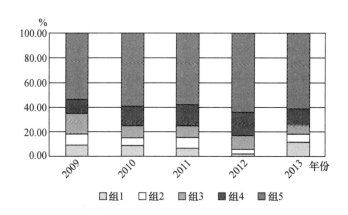

图 6-8　银行与农信社对各收入组农户贷款构成（2009—2013 年）

6.3　借款成本

6.3.1　私人渠道借款成本

2009—2013 年各收入组借款户户均年度私人借款总额中大部分是无息

借款，其中组 1 的无息借款比例平稳，一直保持在 58.28%—64.50%，在各组中处于中等水平；组 2、组 3 波动较大，其中组 2 在 2009 年高达 85.11%，在 2012 年又降到 49.73%，在其他三个年份均超过 70%；组 3 在 2011 年降低至 42.23%，是各组在各年份中最低的，但在其他年份维持在 60%—80%；组 4 波动较小，在最低年份（2011 年）为 59.19%，在最高年份（2012 年）为 71.29%；组 5 比较稳定，保持在 49.29%—68.34%（见图 6 - 9）。

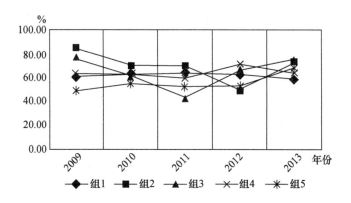

图 6 - 9　无息借款占私人借款的比例（2009—2013 年）

6.3.2　正规金融机构借款成本

本研究没有从农村固定观察点中得到有效的正规金融机构借贷利率数据，而是采用了案例调研中得到的甘肃省陇南市全部金融机构、重庆市开县全部金融机构和浙江省仙居县农信社的农户贷款数据，来粗略地考察农户借款成本的状况。

由于不同时期、不同对象的不同批次贷款的利率都可能存在差别，难以通过每笔农户贷款的利率来计算整体状况，本报告采用的计算办法和公式为：年度农户贷款利率 = 年度农户贷款利息总收入 ÷ 年度农户贷款平均余额。通过这个公式计算得到的利率是农户为借款而实际支付的资金成本。

从表 6 - 1 可以看到，从 2007 年至 2014 年，陇南市农户贷款的利率先是从 7.5% 一路走低，小幅波动后，在 2012 年降到 6.06%，然后又上升，到 2014 年回升到 6.70%；开县农户的实际借贷成本先降后升，从 2007 年的 9.94% 降到 2009 年的 5.92%，然后逐步回升，到 2014 年达到了 13.83%；仙居县农信社的贷款利率是逐年上升，从 2007 年的 8.5% 上升到 2013 年的 11.51%，在 2014 年略有下降，为 10.77%。这三地的农户贷款利率都在 2013 年升高，与贷款利率完全市场化的时间相契合，而且陇南市和开县的农户贷款利率水平在 2014 年继续走高。可见，农户贷款成本没有出现下降的迹象①。

表 6 - 1 　　　　　陇南市、开县和仙居县正规金融机构农户贷款利率

年份 机构	2007	2008	2009	2010	2011	2012	2013	2014
陇南市全部金融机构	7.50%	6.31%	6.96%	6.79%	6.09%	6.06%	6.13%	6.70%
开县全部金融机构	9.94%	9.29%	5.92%	7.66%	10.82%	10.56%	13.71%	13.83%
仙居县农信社	8.50%	9.35%	9.65%	9.96%	10.35%	11.50%	11.51%	10.77%

资料来源：甘肃省陇南市金融工作办公室、中国人民银行重庆市开县支行、浙江省仙居县农村信用合作社。

6.4　借款用途

6.4.1　借款用途构成

根据农村固定观察点调查数据，农户借款用途可以分为生产性借款、生活性借款和其他借款。在 2009—2013 年全部样本借款户的当年累计借款总额中除了 2012 年生产性借款占比略高于生活性借款 0.48 个百分点之外，在其余 4 年中都是生活性借款占比高于生产性借款（见图 6 - 10）。

从图 6 - 11 可以看到，2009—2013 年除了组 5，其余各收入组当年累计借款额中的生产性借款占比都较高。组 1 借款户除了 2011 年之外，在其余各年里生活性借款金额占比都超过 50%；组 2、组 3 和组 4 在所有年份中都

---

①　尽管如此，这三地金融机构的农户贷款笔数和金额都持续上升，说明普惠金融建设取得进展。详见本报告中相关案例分析。

是生活性借款占比超过 50%，其中尤以组 2 为最，在 2009 年、2010 年、2011 年和 2013 年都超过了 70%，在 2012 年超过了 60%。组 5 借款户只有在 2009 年生活性借款占比略高于生产性借款，在其余各年都是后者占比更高，在 2012 年后者达到 62.97%；而在生活性借款占比较高的组 1 至组 4 中，组 1 在三年中（2011 年、2012 年、2013 年）生产性借款占比高于其他三组。可见，最高收入农户借款更多用于生产经营，而其他较低收入组农户更多的是为生活而借款，其中最低收入组农户为生产借款的比例高于其他三组。

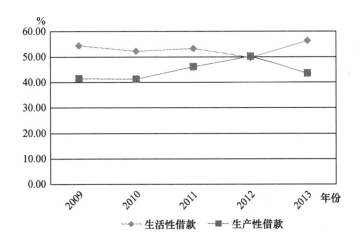

图 6-10　全部样本借款用途构成（2009—2013 年）

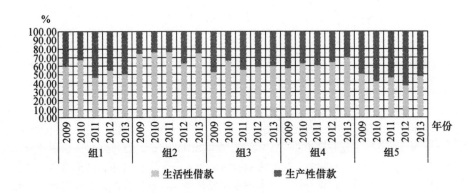

图 6-11　各收入组借款用途构成（2009—2013 年）

6.4.2 生活性借款构成

2009—2013 年，在全部样本累计借款额中为子女上学而借款的金额占比逐年降低，从 2009 年的 5.00% 下降到 2013 年的 2.66%；为家人治病而借款的金额占比呈波动且略有上升的状态，2013 年比 2009 年高出 0.42 个百分点（见表 6 - 2）。总体上看，用于治病的借款额占比高于用于子女教育，而且用于治病的借款额占比没有走低的迹象①。

表 6 - 2　　　　　全部样本当年累计借款额中上学借款和
　　　　　　　　治病借款占比（2009—2013 年）　　　单位:%

用途 ＼ 年份	2009	2010	2011	2012	2013
上学借款	5.00	3.34	3.31	2.74	2.66
治病借款	4.41	3.04	3.89	5.47	4.83

从借款户数占比看，2009—2013 年组 1、组 2 和组 3 借款户中将借款用于子女教育的户数占比相差不大，除了组 1 在 2012 年为 10.49%，组 3 在 2011 年和 2012 年分别为 13.93% 和 14.67% 之外，在其余各年份都保持在 15% 以上；而组 4 和组 5 在各年都没有超过 15%，尤其是组 5，最高时只有 11.39%。

从累计借款金额看，组 1、组 2 和组 3 农户当年累计借款总额中用于子女教育的借款占比明显高于组 4 和组 5，尤其是高于组 5，组 5 的子女教育借款总额占比最高时只有 1.51%（见表 6 - 3）。可见，较高收入组（组 4

① 使用刘玲玲等（2010）对中国 16 个省 4776 户农户的调研数据进行计算，可以得到，在 2006—2008 年农户的生活性借款（治病、子女教育、建房或装修、衣食所需）中子女上学借款金额占比分别为 24.03%、27.08% 和 34.33%，治病借款金额占比分别为 30.39%、20.83% 和 23.88%。这些比例明显高于本项研究的结果。随着农村义务教育和合作医疗条件的改善，以及农民收入的连年较快增长，农民借款上学和治病的负担应该不断下降。但是本报告与刘玲玲等研究结果的差距较大，其原因有待于进一步研究。参见刘玲玲等《清华经管学院中国农村金融发展研究报告完结篇（2006—2010）》，清华大学出版社 2010 年版，第 48 页。

和组 5）农户家庭经济状况较好，更有能力靠自身财力为子女上学付费，同时，子女教育借款在家庭借款中的比重也很低，而较低收入农户在这方面的负担仍然比较重。

表 6 – 3　　　　　　　　　各收入组将借款用于子女教育的比例

（2009—2013 年）　　　　　　　　单位：%

年份	组 1		组 2		组 3		组 4		组 5	
	户数占比	金额占比	户数占比	金额占比	户数占比	金额占比	户数占比	金额占比	户数占比	金额占比
2009	18.68	8.36	19.07	8.79	22.67	6.91	14.49	5.59	10.24	1.51
2010	19.47	6.10	19.16	7.51	16.73	4.56	11.19	3.40	10.06	1.21
2011	17.13	8.43	17.50	6.06	13.93	4.05	12.24	2.75	10.45	0.90
2012	10.49	2.96	17.88	6.90	14.67	5.45	12.85	2.91	9.70	0.97
2013	17.25	6.60	19.70	3.76	20.53	3.91	14.94	1.94	11.39	1.07

注：户数占比 = 当年有子女教育借款的户数 ÷ 当年有借款的总户数 × 100%；

金额占比 = 当年该组农户用于子女教育的借款总额 ÷ 该组当年累计借款总额 × 100%。

从 2009—2013 年将借款用于治病的户数占比看，组 1 至组 3 的户数占比都在 10% 以上，其中组 1 在 2012 年和 2013 年，组 2 在 2013 年的户数占比都超过了 20%；组 4 除在 2013 年达到 17.82%，在其他年份都没有超过 15%，其中 2010 年降低到 10% 以下；组 5 在各年都没有超过 15%，且 2010 年低于 10%；从借款金额占比看，大体上与户数占比的态势一致（见表 6 – 4）。可见，收入高的农户更有能力解决治病所需资金问题。但是在 2009—2013 年各收入组中需要借钱看病的户数占比不但没有下降，反而呈现略有上升的迹象。

6.4.3　生产性借款构成

在生产性借款方面，由于只有农林牧渔业方面的数据，所以，本报告仅对农林牧渔业进行分析。从各收入组中将贷款用于农林牧渔业的户数占比看，每个收入组差别不大，但是，从农林牧渔业贷款金额占比看，其基本特点是在各收入组之间呈"U"形分布，即组 1 和组 5 借款户的这一比例几乎在所有年份都高于其他各组；组 2 和组 3 处于谷底（见表 6 - 5）。可见，组 1 和组 5 借款户将更多的借款用于农业生产。

表 6 - 4　　　　　各收入组借款户用于治病的借款总额占比　　　　单位:%

年份	组 1		组 2		组 3		组 4		组 5	
	户数占比	金额占比	户数占比	金额占比	户数占比	金额占比	户数占比	金额占比	户数占比	金额占比
2009	19.86	13.92	18.13	9.66	13.59	10.52	13.11	6.95	12.54	4.64
2010	18.01	11.10	17.06	8.77	13.69	7.43	9.86	3.56	9.03	2.77
2011	18.35	17.19	19.58	8.62	10.66	5.20	11.86	7.40	13.07	4.32
2012	25.93	27.46	12.85	10.09	12.50	18.04	10.61	6.14	14.77	8.39
2013	21.13	17.18	26.11	11.24	16.84	8.07	17.82	8.25	13.37	5.13

注：户数占比 = 当年有借款治病的户数 ÷ 当年有借款的总户数 × 100%；

金额占比 = 当年该组农户用于治病的借款总额 ÷ 当年该组累计借款总额 × 100%。

表 6 - 5　　　　　　生产性借款中农林牧渔业借款占比　　　　　单位:%

年份	组 1		组 2		组 3		组 4		组 5	
	户数占比	金额占比	户数占比	金额占比	户数占比	金额占比	户数占比	金额占比	户数占比	金额占比
2009	22.29	21.22	19.62	13.05	18.32	11.30	21.74	11.92	19.11	15.28
2010	21.60	10.78	21.10	9.95	20.00	10.00	26.10	19.12	19.16	5.68
2011	13.76	11.04	10.00	7.04	18.03	8.34	24.05	14.68	25.78	20.31
2012	17.90	16.30	12.29	4.24	20.11	12.50	14.53	8.76	16.03	16.28
2013	20.77	23.89	20.69	7.92	31.05	11.73	27.59	15.21	23.76	13.80

注：户数占比 = 当年有农林牧渔业借款的户数 ÷ 当年有生产性借款的总户数 × 100%；

金额占比 = 当年该组农户用于农林牧渔业的借款总额 ÷ 当年该组累计生产性借款总额 × 100%。

7 主要结论与启示

7.1 主要结论

通过对农户家庭资产负债表以及借款来源、用途和成本等方面的分析，可以归纳出中国农村金融市场的基本特征，包括农户借款的基本原因、基本特点、农村金融机构开展业务的基本障碍、农村借贷市场的基本矛盾、农户信用的资产价值及其作用、中国农村金融市场的基本缺陷，以及农民财富管理的基本手段，等等。在此基础上，可以进一步总结出对中国农村普惠金融建设路径的启示，包括农村普惠金融体系建设的基本原则、基本方向和框架、农村产权制度改革、信用体系建设、农村外流资金的回流机制、农村金融产品和服务机制的创新，等等。

7.1.1 农户借款的基本原因在于解决家庭金融资源不足的问题

从农户家庭资产构成来看，农户的借款行为与其家庭金融资产在家庭资产的占比呈负相关关系。不管哪个收入阶层，借款农户的家庭金融资产占比都比较低，而且在年度之间波动较大，这意味着借款农户家庭流动资金缺乏，且不稳定；借款户家庭财务状况非常脆弱，储蓄率较低。在这种情况下，农户需要通过借贷来弥补流动资金不足，以平滑现金流。

7.1.2 农村金融市场快速增长，农户借款的基本特点是"量大、面广、小额、分散"；借款户家庭的负债水平和流动性风险低，现金收入是"现挣现花"，家庭财富积累困难；借款的可获得性与家庭收入正相关；最富裕农户更多地将借款用于生产经营，而其他农户则更多地用于生活方面

2009—2013年间，借款农户数量总体上呈下降趋势，但同时，户均借

款金额却快速增长，导致农村金融市场规模快速增长。尽管如此，总体上看，户均借款规模仍然较小，呈现"量大、面广、小额、分散"的特点。整体上看，各收入组农户的家庭金融资产负债率都不高，但是，当单独考察借款户，其家庭金融资产负债率骤升至很高水平，似乎说明农户短期内债务清偿和流动性风险很高。然而，如果以农户的收入偿债率来衡量，则表现出很低的负债水平和流动性风险。这反映出农村借款户家庭财务的基本特点，即家庭存量财富少，现金收入"现挣现花"，积累困难。

最高收入组农户家庭资产负债率高于其他农户，说明贷款人对农户家庭资产负债率的容忍度与农户家庭收入水平正相关。这证实了麦金农的观点，即"企业初始资金同借款能力是互为补充的，那些只有很少初始资金的企业，杠杆效应特别有限"[①]。

除了最高收入组农户将更多的借款用于生产经营，其他四个收入组农户更多地将借款用于生活目的。在生活性借款中，子女教育借款金额占比略有下降，但治病借款金额占比没有降低，在这两方面，低收入农户借款金额占比高于高收入组。

7.1.3　金融机构开展农村信贷服务的基本障碍在于农户家庭"资源无效"，即在农村集体产权制度下农户拥有的耕地和住房等实物资产难以发挥融资担保的功能，这对低收入农户获取信贷服务的影响更大

第一，耕地和住房等实物资产对农户家庭资产结构有颠覆性的影响。在不计入耕地和住房价值时，农户的金融资产在总资产中占绝对份额，但是，计入耕地和住房价值后，其占比就发生倒转，金融资产占比变得很低。所以，实物财产无可交易价值的财产权状况使得中国农户在借贷时遇到窘境：有资产，无价值，难以将不动产作为借贷的担保品。

第二，耕地和住房是否具有可交易的真实价值对农户家庭资产负债率具有重大影响。通过计入与不计入农户耕地和住房估算价值的两个资产负债表，可以清晰地看到，耕地和住房的价值能够极大地增加农户家庭资产，

---

① ［美］罗纳德·I. 麦金农：《麦金农经济学文集（第一卷）：经济发展中的货币与资本》，中国金融出版社 2006 年版，第 3 页。

从而大幅度提高家庭净资产价值，同时大幅度降低家庭资产负债率。对于金融机构而言，农户家庭债务清偿和流动性风险也相应地大幅下降。可见，赋予农民可交易的耕地和住房财产权能够极大改善农民的家庭财富状况①，降低农户信贷风险，从而提高农户信贷的可获得性。

第三，如果将耕地和住房计入农户的家庭资产，各收入组户均家庭资产合计之间的差距就会大大缩小，更大幅度地改善了中低收入组农户的家庭资产负债表，从而大幅降低这些农户的家庭资产负债率，提升其偿债能力表现，从而改善其获贷条件。

第四，农户对其耕地和住房没有完整的所有权，对于外部机构而言，以这些财产作为抵押物进行贷款，在出现还款违约的情况下，难以处置抵押物，其债权也就难以实现。外部机构在获取农户家庭信用信息方面也面临困境，因为获取和维护农户信用信息并进行评价的成本往往很高，当高到一定程度，将迫使外部机构停止对农户的信贷业务。

7.1.4 农村借贷市场的基本矛盾在于农村信贷"资源错配"，即农村资金外流严重，农民在金融机构有大量的存款，但得到的贷款极为有限，尤其是低收入农户得到的银行金融服务微乎其微

因为上述基本障碍的存在，尽管在 2009—2013 年，农户从正规金融机构获得的贷款有所增加，尤其是农信社相对平等地对待了各个收入阶层的农户，成为农户获得正规金融服务的主要来源，但是，银行和农信社基于农户存款的存贷比极低，而且对不同收入组农户的信贷服务也极不平衡，低收入农户得到的份额极低。这样，从整体上看，农民有大量的存款，但却持续大量流出农村，不能有效地转化为自身需要的贷款。

---

① 林毅夫认为："农村土地和房屋不能作为银行可接受的抵押品才是造成农户贷款难的根本原因。"本报告不完全赞同他的观点，因为在土地和房屋不能成为农民完全可交易的财产的情况下，农村金融也开展，只不过主要是依据农民流动财富（收入）而开展的。参见林毅夫《缓解"三农"问题要靠金融创新》，《中国农村信用合作》2006 年第 6 期。

7.1.5　农村私人借贷是农民融资的主要来源，具有存在的合理性与必要性

私人借贷是农民最重要的借贷渠道，在正规金融资源不能满足融资需求的情况下，私人借贷全部或部分地解决了农户生产或生活之中的融资需求，是非常必要的与合理的。尤其是私人借贷中有一半以上是无息的，减轻了农民的融资成本，同时也体现出农户之间的互帮互助。排除农村不合理的高利贷因素，私人借贷已经成为农村普惠金融不可缺少的成分。即使将来农村的正规金融服务越来越充分，临时应急的私人借贷仍然会是农民便捷的融资渠道。

7.1.6　正规金融机构对不同收入阶层农户的服务是高度不均衡的，亦即不同收入阶层农户获得正规金融机构服务的机会是不均等的

银行的信贷资源分配在不同收入阶层农户之间高度不均衡，三分之二以上的贷款给了最高收入组农户。尽管农信社的信贷资源分配相对均衡一些，但是，最高收入组仍然得到了几乎超过一半以上的份额。值得注意的是，得到正规金融机构贷款最少的不是最低收入组，而是较低收入组。这说明正规金融机构对低收入组的资金供给相对要比较低收入组好一些，受正规金融排斥最大的是较低收入组。正规金融机构与私人借贷之间存在互补和相互替代的关系。农户需求从正规金融渠道满足得越多，对私人借贷的依赖度就会降低，反之亦然。只有当农民难以从正规金融机构贷款时，农民才会去找私人借款。可见，不同收入阶层农户获得正规金融机构服务的机会是不均等的。

最低收入组农户获得正规金融机构信贷服务的机会高于较低收入组农户的现象可能与政府的金融扶贫政策有关。这些政策不仅是扶贫贴息贷款，还包括专门面向贫困户的各种担保机制下正规金融机构提供的贷款，以及专门用于扶贫的互助资金等。这个现象有待于进一步深入研究。

7.1.7　农户的家庭信用具有资产价值，农户信用评价体系具有"资源创造"的作用，是农村金融机构开展业务的基本手段，能够有效缓解农户家庭"资源无效"的困境

农户信用是放贷者对借款人的家庭实物资产、收入和道德品行等方面综合评价的结果，可以作为无形资产计入农户的家庭资产负债表，能够增加农户家庭资产总额，改变资产结构，降低资产负债率，成为现实中金融机构以及私人放贷者发放农户贷款的重要依据。本报告各案例也证实了这一点。因此，建立农户信用评价体系有助于提高农户的信贷服务可获得性。

7.1.8　中国农村普惠金融体系的基本缺陷是缺乏能够克服前述基本障碍和矛盾，符合前述基本特点的金融服务机构体系、服务机制和产品设计

农村普惠金融的重点是对农户的金融服务。整体而言，农户或者说农村不缺资金，缺少的是将资金留在农村，并有效地配置到有需求的农户的制度安排、服务机制和产品设计，从而克服上述基本障碍和矛盾。

首先，中国农村缺少将资金留在农村、为农民使用的农民合作金融组织，因为农民的合作组织能够利用地缘、血缘和业缘等优势，以较低的成本获取其成员的家庭信息，形成农户家庭的信用资产价值，克服实物资产难以抵押的困境。其次，现有的农村金融机构缺少符合农民（尤其是对中低收入农户）需求特点的服务机制和产品设计。

7.1.9　自2007年农村金融市场有限开放以来，农户借款成本不但没有降低，反而有上升的迹象，但这对金融机构在农村开展业务有正向的激励作用

在农户借款成本方面，自2007年农村金融市场有限开放以来，从本报告的几个案例地点的情况看，农户从正规金融机构借款的成本没有明显的降低，甚至在2013年利率市场化以后有所上升。有学者认为，中国农村金融市场利率长期受到管制，水平过低，不足以抵补农村金融机构的经营成本、经营风险和资金成本，也不能为金融机构留出足够的发展空间，抑制

了金融机构在农村地区开展信贷服务的意愿，挤出了农信社以外的其他金融机构，形成了农信社对农村金融市场的垄断；这样，农村借款人不但没有降低借贷成本，反而更难得到贷款，而且为了得到贷款往往不得不支付利息以外的额外费用，反而使实际支付的利率水平更高，所以，低利率成为抑制农村信贷发展的重要原因[1]。由此推论，贷款利率市场化可以激励金融机构在农村开展业务，且借由市场竞争的加强，不但有助于农户得到贷款，而且有利于降低贷款利率。本报告中甘肃省陇南市的案例支持了这种观点。

7.1.10   存款是农民管理财富的基本手段，农村投资渠道狭窄，财富管理形式单一

在 2009—2013 年间，虽然农民的家庭财富不断增长，但家庭外投资占比一直很低，存款占比长期居高不下，一方面可能说明农户投资能力仍然较弱，难以形成大量的对外投资，另一方面也说明农户的投资渠道狭窄。近几年农村集资诈骗大案不断发生，除监管问题之外，更重要的推动力是逐渐富裕起来的农民缺少投资理财渠道[2]。

7.2   主要启示

7.2.1   全面建成小康社会需要农村普惠金融的大发展

全面建成小康社会最艰巨、最繁重的任务在农村，尽管需要信贷服务的农户数量有所减少，但是农村各个收入阶层的户均信贷需求规模不断扩大，新的金融服务需求逐渐出现，现有的正规金融服务与农民的需求还相

---

① 沈明高、徐忠、沈燕：《中国农村金融研究：改革、转型与发展》，北京大学出版社 2014 年版，第 83—87 页。

② 有调查显示，农民投资渠道狭窄和金融知识缺乏是农村集资诈骗的重要原因。参见刘秋芳《遏制农村非法集资保护金融消费者权益》，《中国农村金融》2016 年第 5 期；李建英等：《农村"伪金融"非法集资乱象调查》，《河北企业》2016 年第 7 期；赵澜、裴霏霏：《农村非法集资类犯罪特点、成因及防治对策——以江苏省兴化市为例》，《赤峰学院学报》（汉文哲学社会科学版）2013 年第 10 期。

差很远，需要大力促进普惠金融的发展。

7.2.2　推进农村普惠金融的基本原则应是政府引导与市场主导相结合、商业利益和社会责任相平衡，这应成为全社会的共识

普惠金融反映了开放、包容、共享发展的时代精神，强调金融要为弱势产业、弱势地区和弱势群体服务，这是对以利润最大化目标为指引的社会认识的重大调整。中国政府在《推进普惠金融发展规划（2016—2020年)》中提出的指导思想之一是"政府引导与市场主导相结合"。发展农村普惠金融，首先需要政府在财税、货币和监管等政策方面予以支持和引导，但同时也需要金融机构乃至全社会对农村金融认识的改变，要认识到企业的社会责任，在追逐商业利益和履行社会责任之间达成平衡。金融机构内部绩效评价体系要体现这样一种平衡，在政府政策支持的基础上进行市场化操作，走"保本微利"的可持续发展之路[1]，做到趋利与弘义的辩证统一[2]。对此，需要全社会达成共识。

7.2.3　推进农村普惠金融建设的基本思路应是围绕着克服农户家庭"资源无效"与农村信贷"资源错配"，适应农户信贷需求的基本特点，进行制度建设以及服务机制和产品创新

由于金融市场存在信贷配给问题，所以推动金融市场改善的主动权主要在金融服务供给方一侧，进而在金融市场环境的制度供给方，即政府一侧。所以，政府和金融机构都有责任进行制度、服务机制和产品等方面的创新，克服农户家庭"资源无效"和信贷"资源错配"等问题，从而推动农村普惠金融的发展。

---

① 潘功胜：《关于构建普惠金融体系的几点思考》，《上海金融》2015年第4期。
② 杜晓山：《发展农村普惠金融的十大建言》，《中国银行业》2015年第9期。

7.2.4　从政府一侧看，应根据农村金融市场的需要及其特点进行制度建设，改善农村金融环境，完善农村金融体系，制定一系列政策"组合拳"，支持金融机构开展农村金融活动，减少农村资金外流，引导城市资金流向农村

首先，为改善农户家庭资产结构，降低家庭资产负债率，要使农户财产具有市场价值，克服农户家庭"资源无效"这一基本障碍。当前中国农村金融的一项重大创新性试验是"两权抵押"贷款试点①。但是，农民的土地承包经营权是基于农民的集体经济组织成员身份而得到的，集体是以地域为单位的排他性经济组织，土地经营权的流转不能改变承包权的状态。中国的法律和政策都规定农村土地承包关系长期稳定，长久不变。如果农民以"两权抵押"获得贷款而后还不上，抵押财产不能转让给集体以外的人，这样，商业银行如何处置抵押财产就成为一个难题。"两权"是土地的使用权，在中国历史上永佃制下，形成过所有权和使用权两个相互独立的市场。当今能否在稳定农村集体所有权的前提下，建立起土地使用权市场，这是"两权抵押"贷款试点能否成功的关键，也就成为能否解决农户"资源无效"的关键。此外，农户家庭的生产性固定资产具有市场价值，应鼓励农村生产性固定资产抵押贷款的探索。但是，由于生产性固定资产一般都具

---

① 2015年《国务院关于开展农村承包土地的经营权和农民住房财产权抵押贷款试点的指导意见》发布之后，为了落实农村土地的用益物权，赋予农民更多财产权利，深化农村金融改革创新，有效盘活农村资源、资金、资产，为稳步推进农村土地制度改革提供经验和模式，2015年12月28日第十二届全国人民代表大会常务委员会第十八次会议决定：授权国务院在北京市大兴区等232个试点县（市、区）行政区域，暂时调整实施《中华人民共和国物权法》《中华人民共和国担保法》关于集体所有的耕地使用权不得抵押的规定；在天津市蓟县等59个试点县（市、区）行政区域暂时调整实施《中华人民共和国物权法》《中华人民共和国担保法》关于集体所有的宅基地使用权不得抵押的规定。上述调整在2017年12月31日前试行。该决定要求：暂时调整实施有关法律规定，必须坚守土地公有制性质不改变、耕地红线不突破、农民利益不受损的底线，坚持从实际出发，因地制宜；国务院及其有关部门要完善配套制度，加强对试点工作的整体指导和统筹协调、监督管理，按程序、分步骤审慎稳妥推进，防范各种风险，及时总结试点工作经验，并就暂时调整实施有关法律规定的情况向全国人民代表大会常务委员会做出报告。2016年有关部委发布了《农村承包土地的经营权抵押贷款试点暂行办法》和《农民住房财产权抵押贷款试点暂行办法》。这些文件为土地和住房抵押贷款试点提供了法律依据。

有专用性，在处置变现时可能存在较强的局限性，其价值评估也是难点。

其次，为了解决农村信贷"资源错配"的基本矛盾，减少资金外流，引导资金回流，政府需要进行一系列的"组合拳"。一是打造诚信环境，增强金融机构在当地开展业务的信心，增加在当地的资金投放。二是鼓励和支持农村金融机构开展农户信用评价体系建设，发放信用贷款，并根据发放农户信用贷款的增量给予财税奖补。三是将县域法人的中小农村金融机构的业务范围限定于县域及县域以下，并采取类似于村镇银行"一行多县"做法，鼓励经营管理良好的机构跨县经营，可允许在更高行政区域设立集中管理机构或部门，但是这样的机构或部门不能对外开展业务。这样，使农村中小金融机构"贴地、贴农"而行，把农村资金尽量留在当地使用。四是继续完善现有的支农再贷款、支小再贷款政策，设计好扶贫再贷款政策，为农村中小金融机构开展涉农信贷服务提供低成本的资金来源，降低其经营成本，增强服务"三农"的能力。五是建立农村普惠金融发展基金①，一方面强制要求所有金融机构按其营业收入一定比例缴纳普惠金融服务基金，另一方面通过一定比例补贴引导更多金融机构到贫困地区开展服务。六是制定鼓励农村互联网金融发展的政策，引导城市资金流向农村。七是完善农村金融机构体系。尽管中国农村金融机构已达九种②之多，且有些金融机构涉农服务做得很出色，但是，本报告研究显示出农户并未均衡地得到金融机构的服务，中共中央提出的"多层次、广覆盖、可持续的农村金融服务体系"③远未实现。能够较好解决农户家庭

---

① 参见项俊波《创建普惠基金服务城乡发展》，《银行家》2010 年第 7 期。有学者认为可以借鉴泰国、印度、尼泊尔和美国《社区再投资法》，要求金融机构把部分资金用于当地。（参见谢平、徐忠《新世纪以来农村金融改革研究》，中国金融出版社 2013 年版，第 132 页。）但是，鉴于对《社区再投资法》的利弊均比较明显，本报告的观点倾向于借鉴《社区再投资法》的精神实质，采取更符合市场规律的实施方法，建立"农村普惠金融发展基金"。（参见孙天琦《美国〈社区再投资法〉三十年变革的争论及启示》，《广东金融学院学报》2009 年第 24 卷第 5 期。）

② 农村金融机构主要是指农村信用社、农村商业银行、农村合作银行、村镇银行、贷款公司、农村资金互助社，也可以包括有涉农业务的中国农业银行、中国农发展银行、中国邮政储蓄银行等。

③ 中共中央、国务院《关于落实发展新理念加快农业现代化实现全面小康目标的若干意见》，2015 年 12 月 31 日，新华网：http：//news. xinhuanet. com/politics/2016 - 01/28/c_ 128679303_ 2. htm。

"资源无效"和农村信贷"资源错配"的组织形式是农村社区内部的农民合作金融组织，但是，当前中国农民合作金融组织的发展面临严重困境。银监会已有设立农村资金互助社的相关政策，但是这项政策以近乎商业银行的标准监管农村资金互助社，2007 年至今全国只有 49 家注册成立了资金互助社，最近还有一家退出，仅剩 48 家。中央政府和地方政府也有关于农民合作社内部开展信用互助的政策和试点，但是，农民的信用合作还没有有序开展起来，甚至乱象频现。20 世纪 80—90 年代中国农村合作基金会被关闭的惨痛教训仍然留存于社会各界的记忆中，农村合作金融制度建设的步伐缓慢。然而，农村普惠金融建设需要政府在此方面有所作为。鉴于农民合作社是农民开展信用合作的有效载体，应该在农民合作社法律的基础上，专门为农民合作金融组织和业务立法。八是保护和规范农村民间借贷良性发展。农村民间借贷也是农村普惠金融的重要组成部分。私人借贷解决了农户的大部分融资需求，不可或缺，不可能消除，也没必要消除。尤其是私人借贷中的无息借款，是农户之间的互帮互助。但是，对私人借贷应予引导和规范，防止高利贷盘剥借款人的事情发生，同时保护债权人的合法权益。

最后，政府应加强农村金融基础设施建设，尤其是加强农村贫困地区支付基础设施建设，推动结算账户、支付工具、支付清算网络的应用；巩固和扩大助农取款服务在偏远乡村的覆盖面；鼓励探索利用移动支付、互联网支付等新兴电子支付方式开发农村地区支付服务市场。信息技术的发展与应用为克服传统农村金融服务的各种困难提供了诸多现实的和潜在的解决方案，成为未来农村金融发展的重要引导力量。2016 年 9 月 G20 首脑会议确认了数字普惠金融高级原则①，政府应加大农村数字金融服务的基础设施建设，为金融机构开展普惠金融服务创造条件。

---

① 《G20 数字普惠金融高级原则》有八项内容：倡导利用数字技术推动普惠金融发展；平衡好数字普惠金融发展中的创新与风险；构建恰当的数字普惠金融法律监管框架；扩展数字金融服务基础设施；采取尽责的数字金融措施保护消费者；重视消费者数字技术知识和金融知识的普及；促进数字金融服务的客户身份识别；监测数字普惠金融进展。

7.2.5　从金融机构一侧看，应着力进行农户信用评估体系建设，创新服务农户的服务机制和产品体系

首先，既然信用具有资产性价值，能够改善农户家庭资产结构，降低资产负债率，信用体系具有"资源创造"的功能，那么，金融机构就应破除"抵押拜物教"的束缚，在参与农村"两权抵押"贷款试点之外，着力打造农户信用评价体系，为开展农村普惠金融服务提供支撑。本报告案例中的各金融机构和小额信贷组织都将农户信用评价体系作为开展金融服务最重要的手段，取得了良好的财务绩效和社会绩效，充分体现出信用体系对于改善农户信贷服务可获得性、提高金融机构服务能力并助其拓展农村金融金融市场的重要意义。

其次，农村金融机构应根据农户需求特点和内外部条件，积极发挥主观能动性，沉到乡里、村里、农户家里，并在此基础上根据农户生产和生活需求特点、当地产业特色以及各种政策资源，设计信贷产品，实现机构与客户的双赢。本报告的几个金融机构的案例都给出了很好的经验。

最后，农村金融机构应该充分认识到信息技术在提高经营管理效率，降低成本和风险，以及拓展业务和增强竞争力等方面的巨大威力，积极开发和利用数字金融技术，改进基础设施、服务机制和产品，提高农村金融服务的普惠程度。在此方面，需要政府的支持。

7.2.6　特别关注和推动消除不同收入阶层农户获得正规金融服务机会不均等的问题

当前精准扶贫政策要求金融机构面向建档立卡贫困户提供贷款，并制定了各种鼓励和扶持措施。这个政策有可能加剧不同收入组农户获得正规金融服务机会的不均等程度，尤其是那些没有被纳入建档立卡贫困户的较低收入组农户的获贷机会可能会更少。这与普惠金融的目标是不符的。因此，不管是宏观制度层面，还是机构的服务机制方面，都应该特别关注消除这种歧视，真正朝着机会均等、共享发展的普惠理念前进。

7.2.7 鼓励金融机构积极有序开展农村投资理财服务，探索适合农村的业务模式，铲除非法集资、祸害农民的土壤

农民财富管理形式单一，需要增强对农民的投资理财服务，增加农民的财产性收入。为此，除了推动证券和保险等机构在农村开设业务网点，同时，还要允许符合条件的农村金融机构开展理财业务。由于农村人口密度相对较低，可更多地采取代理机构模式，公平地许可各类农村金融机构开展证券、保险和投资理财等代理业务，这样也可以为农村金融机构增加收入来源，增强其发展能力。在物理服务网点之外，应顺应信息技术的发展，建立线上投资理财平台。不管是线下还是线上业务模式，都需要对经营机构及其人员加强监管，保证业务规范发展。正规金融机构理财业务的规范开展可以起到"开正门，堵邪门"的作用，有利于消除农村非法集资现象的发生。

推动金融机构开展理财业务的同时，需要开展金融教育，这是保证农民投资理财业务发展的重要前提和保障。金融教育不仅仅是要提高农民的金融知识和能力；同时，更需要教育金融机构人员遵守职业道德，避免对农民投资者进行欺诈，保护金融消费者权益。

下篇：案例报告

推动中国农村普惠金融发展对增加农村资金供应，改善农民金融服务质量，起着重要的作用。然而，在既有的理论研究中，有关研究主要关注了普惠金融的指标体系设计、作用等问题，而较少关注政府推动农村普惠金融发展的举措。经验研究文献对促进普惠金融发展的因素进行了验证，地方经济发展水平、城乡二元经济状况等被认为对普惠金融发展具有促进作用。此外，受制于数据的约束，大多数经验研究主要关注省际层面的普惠金融发展水平测度以及影响因素，对于市、县级层面的分析较为薄弱。

就农村普惠金融发展而言，县域是比较重要的研究尺度，原因在于：第一，从实际情况来看，县级是政策功能齐全的最低一级行政单位，我国农村金融政策的上传下达往往从县域开始具有明显的差异性。第二，基于本地区特殊的经济、社会、地理环境特点，县级往往从发展地区经济、服务"三农"的角度制定了一系列金融政策。金融政策的合理性以及执行效果，对农村普惠金融的发展起到了推动或者阻碍作用。第三，从监管角度来看，县域也是最基层的监管层级，监管的能力、理念的差异对地区普惠金融发展的健康性起到重要的保障作用。

地级市作为比县更高一级的行政区，是省与县的衔接点，也是城乡接合处，是我国区域发展的重要经济单元。地级市在推动城市经济社会发展的同时，能够在更大空间配置资源，带动农村经济发展，对促进城乡协调发展具有重要作用。但已有研究更少关注地级市范围内农村金融发展情况。

因此，本报告将重庆市开县和甘肃省陇南市分别作为县级和地级市农村普惠金融发展的案例进行分析，试图发现基层政府（这里指市、县两级）在推动农村普惠金融发展方面可以有哪些作为。

　　此外，研究农村金融市场，不能不研究作为金融服务供给方的金融机构。本报告选取了四类不同的农村金融服务机构：一是传统的农信社（浙江省仙居县农村信用联社）；二是作为新型农村金融机构的村镇银行（甘肃省陇南市武都区金桥村镇银行）；三是没有金融机构身份，但致力于服务中低收入农户的、具有合作金融性质的民间小额信贷组织（重庆市开县民丰互助合作会）；四是履行社会责任，引导城市资金流向农村，扶助贫困地区和贫困人口发展的、具有社会企业性质的小额信贷批发资金网络平台（宜农贷）。这四类机构或服务方式有可能成为发展农村普惠金融的重要力量。本报告希望这些案例能够对金融机构如何创新农村普惠金融产品和服务方式，对政府如何支持农村金融机构开展普惠金融业务有所启发。

8 农村普惠金融建设的县级样本
——重庆市开县农村普惠金融发展调研报告

8.1 引言

在推动农村普惠金融发展问题研究中,我们选择重庆市开县作为案例县,主要基于如下考虑:第一,重庆市开县推动了一系列的金融创新,在全国具有一定的典型性。开县互助合作会作为公益性小额信贷的代表,在全国具有重要的影响与示范作用;开县获批成为全国农村房屋抵押贷款试点县之一。第二,重庆市开县的金融机构类型比较齐全,农村商业银行、村镇银行、城市商业银行、国有银行、政策性银行、小额贷款公司、担保公司、投资公司、保险公司等机构一应俱全,有助于全面分析农村普惠金融进展。

本案例研究的设计为:基于农村普惠金融测量的指标,将农村普惠金融发展分拆为农村金融的不同方面;考虑对既有文献研究的补充,从县级层面测量农村普惠金融不同侧面的指标的发展变化;考虑到普惠金融形成的机理,从典型案例中寻求对普惠金融发展的激励机制;考虑到有关政策制定以及推行对普惠金融利益相关者的激励效果,评价农村金融政策的实施效果;考虑监管机构的能力以及执行力度,考虑对农村普惠金融健康度的影响;最后,提出相应的政策建议,以期对农村普惠金融的健康持续发展起到积极作用。

8.1.1 开县经济社会概况

开县位于重庆市东北部,三峡库区小江支流回水末端,大巴山南麓。

东与云阳县、巫溪县接壤，南邻万州区，西与四川省开江县、宣汉县交界，北与城口县相连。全县幅员 3959 平方公里，总人口 169 万，均占重庆市的 1/20。辖 40 个镇乡街道、435 个村、75 个社区。地貌特征大致呈"六山三丘一分坝（6 成山地、3 成丘陵、1 成平坝）"，地势由东北向西南逐渐降低，海拔 134—2626m，纵轴 120 公里，横轴 50 公里，地形复杂，各乡镇经济社会发展极不平衡。

2014 年，全县实现生产总值 3001665 万元，比上年增长 12.0%（可比价）。其中，第一、二、三产业分别实现增加值 483214 万元、1539661 万元、978790 万元，分别比上年增长 5.6%、16.3%、8.3%。三次产业对开县生产总值的贡献率分别为 7.0%、68.9%、24.1%，分别拉动开县生产总值增长 0.8 个、8.3 个、2.9 个百分点。三次产业结构比由上年的 17.3∶49.5∶33.2 调整为 16.1∶51.3∶32.6。居民消费价格总水平比上年上涨 2.5%。

2014 年年末全县公安户籍总户数 572969 户，人口 168.77 万人，其中男性 88.48 万人、女性 80.29 万人，分别占总人口的 52.4%、47.6%；农业人口 114.98 万人、非农业人口 53.79 万人，分别占总人口的 68.1%、31.9%。2014 年年末，全县常住人口 116.76 万人，其中城镇人口 49.2 万人，常住人口城镇化率达到 42.14%，比上年提高 1.45 个百分点。

2014 年年末全县金融机构人民币存款余额 3863296 万元，比年初增长 11.6%。城乡居民储蓄存款余额 2893257 万元，比年初增长 11.4%。人民币贷款余额 1893621 万元，比年初增长 31%，其中中长期贷款 1527959 万元，比年初增长 33.6%。

全年居民人均可支配收入 14297 元，比上年增长 11.7%。城镇常住居民人均可支配收入 21903 元，比上年增长 10.9%，其中工资性收入 11828 元，比上年增长 9.9%；经营性净收入 4381 元，比上年增长 7.9%；财产性收入 1533 元，比上年增长 10.4%；转移性收入 4161 元，比上年增长 17.6%。城镇居民人均消费性支出 15941 元，比上年增长 8%。城镇居民恩格尔系数为 39.1%。城镇居民人均住房建筑面积 45.88 平方米。

全年农村常住居民人均可支配收入 9097 元，比上年增长 13.4%，其中工资性收入 3333 元，比上年增长 12.6%；家庭经营收入 3318 元，比上年增长 7.9%；转移性收入 2257 元，比上年增长 18.7%。农村居民生活消费支出 6750 元，比上年增长 11.4%，其中食品消费支出 2504 元，比上年增长 9.5%。农村居民恩格尔系数为 37.1%。农村居民人均住房面积为 53.94 平方米。

8.1.2　开县农村金融概况

2006 年以来，在国家推行"金融新政"的背景下，开县积极推动各类农村金融机构设立与发展。迄今为止，已经形成了政策性银行、国有商业银行、城市商业银行、农村商业银行、村镇银行、小额贷款公司等多元化机构并存的格局（见表 8-1）。

表 8-1　　　　　　　开县各类银行业金融机构和小额贷款公司数量　　　　单位：家

机构名称 ＼ 年份	2006	2007	2008	2009	2010	2011	2012	2013	2014
政策性银行	1	1	1	1	1	1	1	1	1
国有商业银行	3	3	4	4	4	4	5	5	5
城市商业银行	0	0	1	1	2	2	2	3	3
农村金融机构	1	1	1	2	2	2	2	2	2
其中：农信社	1	1	0	0	0	0	0	0	0
农商行	0	0	1	1	1	1	1	1	1
村镇银行	0	0	0	1	1	1	1	1	1
小额贷款公司	0	0	0	2	2	4	5	5	5

资料来源：中国人民银行开县支行。

开县农村金融发展经历了一个过程，出现了阶段性的特征。2006 年之前，农村金融发展迟缓，贷款增长率下降，存贷比逐年下降。2006 年的金融新政，对开县金融发展提供了活力，遏制了存贷比逐年下降的态势，存款增长率、贷款增长率有了较大幅度提高（见图 8-1）。

2008 年后，开县县委和县政府确定了主管金融的领导，人行被列为县府常务会议的固定列席单位。开县县委提出新的发展口号"整体转型、提速发展"，将金融业的支撑作用提上日程。针对当时存贷比偏低的情形，开县出台了一系列措施，深化金融改革，促使存贷比年年提高，金融相关比率更是不断提升，金融对经济的支撑作用得到了有效发挥。从图 8 - 2 中可以看出，金融增长对经济增长起到了较大的支撑作用。

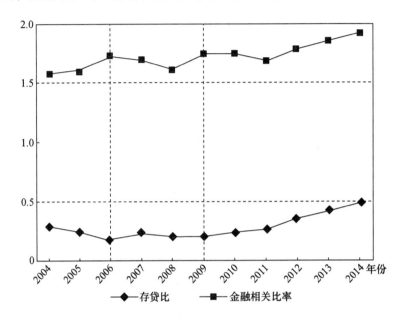

图 8 - 1   开县金融指标的变化

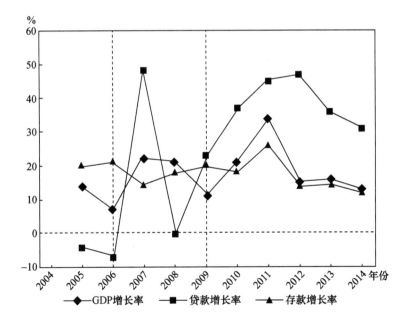

图 8 - 2   开县存贷款增长率及其 GDP 增长率的变化

2008 年左右，开县的政策文件中，开始出现对普惠金融的关注。2008 年以来的政策方案，对开县普惠金融的发展起到了有效的推动作用。对这些政策措施的提出与推行效果进行回顾，并客观评价开县普惠金融的发展状况，成为本报告关注的焦点。

8.2 开县普惠金融基础设施建设及其效果

在开县县委县政府的领导下，开县金融办、财政局等部门鼓励银行业金融机构积极参与农村基础金融服务建设，银行基础设施得到很好的发展。从表 8 - 2 可以看出，银行机构在县城的服务网点基本稳定，在乡镇增长较快，ATM 与 POS 机数量迅速增加（尤其是乡镇一级的网点），农民网上银行与手机银行开通量迅猛增长，农民信用卡开通量也激增。这些方面的表现说明，开县普惠金融基础设施建设取得了很好成效，为普惠金融的发展奠定了基础。

表 8 - 2　　　　　　　　　开县银行基础设施建设情况

	2009 年	2010 年	2011 年	2012 年	2013 年	2014 年
1. 银行业金融机构在各级行政区域内服务网点数量						
县区一级网点的数量（个）	48	48	49	50	51	51
乡镇一级网点的数量（个）	115	115	120	138	158	164
2. 银行业金融机构在各级行政区域内 ATM 数量						
县区一级 ATM 的数量（台）	62	79	92	112	148	159
乡镇一级 ATM 的数量（台）	26	38	45	64	73	111
3. 银行业金融机构在各级行政区域内 POS 机数量						
县区一级 POS 机的数量（台）	199	356	621	870	989	1924
乡镇一级 POS 机的数量（台）	65	202	281	337	787	942
行政村一级 POS 机的数量（台）	40	136	253	298	433	458
4. 农民网上银行开通量						
农户网上银行账户数量（个）				146227	235771	251872

	2009 年	2010 年	2011 年	2012 年	2013 年	2014 年
农户网上银行交易量（万元）	5658.3	8500	22500	39200	1740044	1778683
农户网上银行交易笔数	7821	1000	6500	42800	4986000	4590000
5. 农民手机银行开通量						
农户手机银行账户数量（个）				125515	216332	251981
农户手机银行交易量（万元）	5658.3	8500	22500	39200	1145647	2350438
农户手机银行交易笔数	7821	1000	6500	42800	978100	3800000
6. 农民银行卡开通量						
农户银行卡持有量（张）	1030503	1255784	938858	1079175	2544000	3539200

资料来源：中国人民银行开县支行。

8.3　开县普惠金融的可获得性、使用状况与服务质量

一般而言，国际上将金融服务的可获得性、使用状况以及质量作为考察地区普惠金融发展水平的主要视角。2008 年以来，开县普惠金融的发展取得较好效果，农户获得普惠金融服务的数量有所增加，服务质量也不断上升。

开县农村普惠金融服务的可获得性不断改善。对地处山区的开县而言，存取款、支付结算等基本服务是普惠金融的一个重要方面。2008 年以来，农户存款余额不断增加，从 2008 年年底的 6.85 亿元增加到 2014 年年底的 17.34 亿元，农户存款账户从 2008 年的近 18 万户增加到 2014 年的 68 万户。

当然，一般情况下，贷款服务似乎总是被给予更多重视——尤其是在我国城乡二元体制、经济转轨以及历年积累的"投资饥渴症"背景下，农村信贷服务自然更被关注。2008 年以来农户越来越多地获得贷款，农户贷款余额从 2008 年年底的 11.15 亿元增长到 2014 年年底的 42.33 亿元，反映出

农村普惠金融可获得性在不断改善。

　　然而，不容忽视的是，开县农村普惠金融也存在有待完善的另一面。尽管存在波动，但是农户获得贷款的难易程度没有根本改变，甚至近年来变得更难了。我们采用农户从申请到获得贷款的平均天数来观察获得贷款的难易程度，2008 年为 21 天，到 2014 年仍然为 21 天，其间有波动，但最少没有少于 15 天。此外，尽管从贷款余额来看，农村普惠金融的总量在增加，然而如果进入结构分析，我们会发现中低端信贷市场的一些隐患：从农户贷款平均余额来看，金融机构越来越偏爱较富裕的客户。由于处于底端信贷市场的农户没有更多更有效的财产抵押，在央行的大力推动下，有农村信用社的地方农户获得贷款的主要方式是农户小额信用贷款，但从开县农村信用社改制为重庆市统一核算的农村商业银行后，农户小额信用贷款贷款余额快速衰减，从 2008 年的 4.28 亿元降到 2014 年的 0.58 亿元，变成了包括当地党委政府、监管部门的一大隐忧。此外，开县各金融机构农户贷款余额占比自 2008 年以来始终徘徊在 20% 左右，而且农户贷款的户数始终都不到 10%，可见，越来越多的资金被投放到农村企业以及城市企业的涉农业务。同时，开县金融机构的存贷比由 2008 年的 19.91% 上升到 2014 年的 49.02%，有了很大的进步，但是仍然有较大的提升空间，表明信贷投入在像开县这样的不发达或欠发达区县仍然不足，资金外流比较严重。

　　因此，对于开县农村普惠金融的发展状况，应该一分为二地加以看待。总体来看，通过一系列的努力，开县农村普惠金融在总量上有所增加，对弱势群体或者底端信贷市场也没有完全排斥，享受到了普惠金融发展带来的好处。然而，与其他地方类似的问题是，从结构层面，似乎可以明显地看出，越来越多的金融服务被中高端客户享受，而中低端尤其是贫困客户享受的金融服务依然是有限的。这种情况，甚至在全球范围内都具有一定的普遍性，在开县也在一定程度上存在。

8.4　开县农业保险发展效果

　　为认真落实惠农政策，促进农民养猪致富，开县政府、保险联手扶农，从 2008 年 2 月启动能繁母猪政策性保险工作以来，截至 2015 年 3 月底，全县已为 7.1 万头能繁母猪办理了保险，保险金额 323 万元，承保面达 100%。其主要特点：

一是政府、保险全力推进惠农措施。这次推行的能繁母猪保险业务，主要由设在中国人民财产保险股份有限公司开县支公司内的能繁母猪保险工作领导小组办公室负责牵头组织实施，县畜牧兽医局、县财政局、各乡镇街道办共同参与，县财产保险公司为承保单位。保险费按母猪品种分为两个档次：本地母猪，其中包含荣昌猪等地方老品种母猪，保险费为每头 36 元；良种母猪保险费为每头 48 元。在所缴纳的保费中，养殖户每头只承担 8 元，县财政配套承担每头 6 元，其余由中央和市级财政承担。同时，保险金额按母猪品种也分两种档次，本地母猪，其中包含荣昌猪等地方老品种母猪，保险金额每头为 600 元；良种母猪保险金额为每头 800 元，其保险期限为一年。

二是畜牧部门与保险联手互动。为尽快把这一惠及广大养猪户的好事办好，县兽医部门充分发挥动物防疫网络资源优势，组织全县 431 名畜牧技术干部、543 个村级兽医防疫员对农户饲养的能繁母猪存栏数逐村逐户进行登记、造册、免费开展蓝耳病、口蹄疫、猪瘟等重大动物疫病的免疫，免费打挂耳标、发放免疫卡，为能繁母猪保险提供技术支撑。县财产保险公司印发了致全县能繁母猪养殖户的一封信，积极宣传保险政策，公司领导带领业务人员分组在当地畜牧站的配合下走遍全县 38 个乡镇街道办，逐户宣传动员，及时开出保单，县财政局则根据投保进度，及时兑付能繁母猪财政补贴。

三是为农户排忧解难及时理赔。开县能繁母猪保险开展不到 2 个月时间，在承保 15 日之后报案死亡的能繁母猪已有 104 头，县财产保险公司共理赔 7.84 万元，理赔率达 2.43%。农户高兴地说："为能繁母猪买保险，就是为农民增收上了一把安全锁。"

开县下一步还将考虑给良种公猪和商品猪投保，扎扎实实扶持农民发展生猪生产，政府、保险联手建立有利于生猪业健康发展的长效机制。

在各方的努力下，开县农业保险取得了较快的发展。从表 8-3 可以看出，保险公司数不断增加，保费收入稳定增长，保险笔数不断增加，赔付支出有效增长，对开县农业经营风险管理起到了一定作用。

表 8 - 3　　　　　　　　　　　　开县农业保险情况

	2006 年	2007 年	2008 年	2009 年	2010 年	2011 年	2012 年	2013 年	2014 年
1. 保险公司数	8	8	9	10	10	12	14	15	16
2. 分支机构数	0	0	0	0	10	13	13	13	13
3. 保费收入（万元）	2434	3093	4084	5226	3604	13067	11652	14719	16761
3.1　其中：种植业保费收入								686	727
3.2　养殖业保费收入							511	938	779
4. 保险笔数	11940	18948	23986	31957	2593	17582	16206	21930	25901
5. 赔付支出（万元）	1435	1573	2490	3272	2106	2634	3546	4558	5139
5.1　其中：种植业赔付支出								346	337
5.2　养殖业赔付支出							167	350	394
6. 赔付笔数	4955	5756	7988	8097	5677	6371	7835	10458	11369
6.1　其中：种植业赔付笔数								109	207
6.2　养殖业赔付笔数							165	89	178

资料来源：中国人民银行开县支行。

8.5　开县农村普惠金融改革政策措施

开县农村普惠金融的发展并非一帆风顺。从推动县域经济发展，服务"三农"的要求来看，开县金融发展在早期是不能适应需要的。从开县的贷款增长率以及存贷比指标来看，金融发展在 2006 年之前一直处于下降的趋势，这对于地方经济发展而言是不利的。为此，开县开展了一系列的普惠金融改革，扭转了金融发展不力的局面。

8.5.1　组织保障：成立推动农村普惠金融工作领导小组

开县县委、县政府一直比较重视农村普惠金融工作，注意金融支持农业、农村，服务农民的作用。自 2006 年以来，根据农村金融发展的需要，先后就成立了开县金融工作协调领导小组（2006 年、2007 年）、开县农村地区支付服务环境建设工作领导小组（2009 年）、开县农村金融创新与服务协调委员会（2011 年）、开县金融消费者权益保护试点工作领导小组（2012 年）、开县金融 IC 卡推广应用工作领导小组（2012 年）、打击非法金融活动领导小组（2014 年），为农村金融发展提供了组织保障（见表 8 - 4）。

表 8 - 4   开县推动农村普惠金融工作的领导小组

小组名称	成立年份	机构/人员组成	职责/任务
开县金融工作协调领导小组	2006	由分管金融的副县长任组长、人行主要负责人为副组长，成员单位有县府办、人行、银监、财政局、发改委、经信委、农委、商委、工商局等经济主管部门，下设办公室（设在人行开县支行）。	督促各项金融生态环境建设政策措施的落实，加强与经济部门、金融部门的沟通、协调，收集、加工和反馈有关金融生态环境建设的信息。及时协调研究解决金融生态环境建设中的重大问题。
	2007	成立全县金融工作协调领导小组，由县人民政府县长任组长、分管金融工作的县级领导任副组长，县政府有关部门和辖区各金融机构主要负责人为成员。同时设立开县人民政府金融工作办公室（常设办事机构）。以后各个有关金融方面的领导小组均在本小组领导下开展工作。	负责领导、协调辖区内的金融工作，研究和解决金融、保险有关重大问题，促进全县金融及保险业的健康发展。金融办负责加强与市金融办、各级人行和银监、保监、证监等部门的联系，负责辖区内金融机构之间、金融机构与相关部门之间的协调；负责收集、分析、反馈辖区金融业运行情况；负责研究拟订全县金融业发展规划；负责辖区金融业发展重大决策、重大问题的督查落实、有效解决以及金融突发事件的处置工作。
开县农村地区支付服务环境建设工作领导小组	2009	成立开县农村地区支付服务环境建设工作领导小组，由分管金融的副县长任组长，由金融办、人行主要负责人为副组长，财政局、工商局、农委、商委、公安局、银监办分管领导以及各银行业金融机构主要负责人为成员，下设办公室（人行开县支行）。	负责领导县内农村地区支付服务环境建设的组织、指挥、协调工作，及时解决工作中出现的问题和矛盾，定期和不定期召开领导小组会议，通报、分析、总结工作开展情况。办公室负责农村地区支付服务环境建设实施方案的制定和具体落实工作，掌握辖内建设工作的进展情况，指导督促各项目标全面落实到位。

小组名称	成立年份	机构/人员组成	职责/任务
开县农村金融创新与服务协调委员会	2011	由县政府常务副县长任主任，由县政府党组成员、政协副主席任副主任，县法制办、财政局、国土房管局、农委、林业局、工商局、扶贫办、畜牧局、供销联社、金融办、人行、银监办分管领导为成员。	在县委、县政府领导下，统筹、协调全县农村金融创新与服务工作，细化各项推动农村金融创新和服务措施，研究解决工作推进过程中存在的重大问题。委员会下设办公室，办公室设在县政府金融办，由金融办分管副主任同志兼任办公室主任，负责日常具体工作。
开县金融消费者权益保护试点工作领导小组	2012	由县政府副县长任组长，县政府办公室、县政府金融办、人民银行开县支行、县法院、县发展改革委、县工商局、县银监办和相关银行、保险、证券单位负责人为成员。	领导小组下设办公室，与人民银行开县支行金融消费者权益保护办公室合署办公（简称"人行权益保护办"），具体负责金融消费者权益保护试点的日常工作。
开县金融IC卡推广应用工作领导小组	2012	由县委常委、县政府副县长任组长，县政府办公室副主任、县金融办主任，人行开县支行行长任副组长，县财政局、县商务局、县工商局、县人力社保局、县交通局等相关部门以及县内各金融机构的负责人为成员。	加强对开县金融IC卡推广应用的领导、统筹、协调和督促。领导小组办公室设在人行开县支行，由人行开县支行分管领导任办公室主任，工商银行、农业银行、中国银行、建设银行、邮政储蓄银行的在开分支机构派员参与。
打击非法金融活动领导小组	2014	由县委常委、县政府常务副县长任组长，县政府金融办主任、县监察局、县法院、县检察院、县委宣传部、县信访办、县公安局、县财政局、县政府法制办、县工商局、人民银行开县支行、县银监办等分管领导为成员。领导小组办公室设在县政府金融办，由县政府办公室副主任、县政府金融办主任兼任办公室主任，县政府金融办副主任、县公安局经侦大队队长、县工商局党组成员兼任办公室副主任，负责日常工作。	各个部门按照分工各自履行相关职能职责。

资料来源：中国人民银行开县支行，笔者进行了整理。

农村经济发展类型繁多，千头万绪，很难像大中型城市那样有成熟的经验与快捷的做法，往往涉及不同部门，牵扯方方面面。因此，适时成立推动农村普惠金融工作领导小组，将县府办、人行、银监、财政局、发改委、经信委、农委、商委、工商局等经济主管部门囊括在内，并由分管金融的副县长任组长、人行和政府金融工作办公室主要负责人为副组长，便于协调互动，为农村普惠金融的发展提供组织保障。此外，应该看到的是，由主管金融的副县长和人行以及金融办主要负责人牵头①，将银监办分管领导以及各银行业金融机构主要负责人作为成员，既保证了重视农村普惠金融作用的发挥，也在组织体制上确保了农村普惠金融创新，发展农村普惠金融的顺利进行。

8.5.2　政策推动：适时推动农村普惠金融创新

2006 年以来，开县以强化金融生态环境建设（2006）、重视金融投入（2007）、保增长促就业（2008）、改善农村地区支付服务环境（2009）、推动农村金融服务创新（2011）、推广金融 IC 卡多领域运用（2012）、将金融培训纳入开县全民教育行动（2012）为目标（见表 8－5），出台了相应政策，取得了很好的成效。

表 8－5　　　开县农村普惠金融改革发展的政策及其主要内容和成效

年份	政策名称	主要内容	主要成效
2006	强化金融生态环境建设	以打造诚信开县为突破口，建立健全"诚信受益，失信惩戒"机制。	不良贷款呈现"双降"态势，2005 年年末开县银行金融机构不良贷款余额 6.49 亿元，占比达 30.34%；2006 年年末余额为 3.77 亿元，占比降到了 18.94%；到 2014 年年末余额仅 2.33 亿元，占比降到了 1.23%，绝对额和相对额分别下降了 4.16 亿元和 29.11 个百分点，分别下降了 64.1% 和 95.95%。

① 我们的调研还表明，2008—2011 年开县主管金融的副县长非常善于钻研业务，对扭转开县金融存贷比下降，推动普惠金融发展起到了不可替代的作用。

年份	政策名称	主要内容	主要成效
2007	重视金融投入工作	政府将金融工作纳入日常工作管理之中，以重视金融投入为突破口，全面提升县域存贷比。	金融得到了较快发展。银行金融机构存贷比从2005年年末的23.56%提高到2014年年末的49.02%，提高了25.46个百分点，增长了108.06%。保险公司也从2005年年末的6家增加到16家，增加了10家，增长了1.67倍，保费收入也从2433.91万元增加到了16760.72万元，增加14326.81万元，增长了5.89倍。
2008	保增长促就业	加大就业再就业（创业）贷款投放力度。	开县就业再就业贷款，无论其发放额和余额还是由此增加或带动的创业就业人数，开办不久即在重庆市夺得12连冠。
2009	改善农村地区支付服务环境	以增强农村地区金融服务可获得性为目的，采取一系列措施加强农村地区金融基础设施建设以改善支付服务。	到2014年年末消除了金融服务空白乡、镇、村。同时，农村移动支付也发展很快，走在重庆市前列。
2011	推动农村金融服务创新	创新农村金融服务方式和农村信贷产品。	目前，开县已经形成了各类银行、保险、证券机构以及小贷公司齐全的金融服务格局。农村信贷产品也得到了极大丰富。开县经验曾在全国农村金融创新座谈会上做交流发言。
2012	推广金融IC卡多领域运用	充分发挥现代科技引领作用，将金融IC卡运用在公交、电子闪付、小区门禁等领域。最终目的是达到一卡通。	银行卡已经运用到公共交通、小区门禁管理、商场电影院等领域的支付环节，开县在重庆市也独占鳌头。
2012	将金融培训纳入开县全民教育行动	以培训干部为突破口，采取点面结合的办法，带动全民学习金融相关知识。	主要是组织金融周末大讲坛、职工夜校、媒体宣传教育等方式，提升全民金融素质。通过金融知识进课堂，采取"小手牵大手"等方式，使我们的全体干部知道了金融发展的重要性，也使我们广大的农民群众远离了假币、非法集资，保护了人民群众的资金财产不受损失。

资料来源：中国人民银行开县支行，笔者进行了整理。

8.5.3　强化政银沟通，推动当地政府重视金融发展

开县在推动普惠金融发展中，注重强化政银沟通，主要做法包括：第一，借助政府常务会、经济金融专题会议、金融知识培训等方式，向政府及有关部门及时传达、解读货币政策，传递最新金融政策动态，提高对金融的认知度，从而提高地方政府对金融发展的重视度。第二，根据当地经济金融形势，通过定期召开金融形势分析会，定期或不定期报送信息、专报等方式，及时为地方政府提供建设性意见和建议，从而增强政府支持金融发展的精准性。2012年以来，支行向地方党政报送信息、专报共204篇（条），推动政府出台了《关于进一步加强和改善金融服务的意见》《解决企业融资难融资贵若干措施（试行）》等政策举措24项，促进当地经济金融发展。

8.5.4　注重引导，激励金融机构加大信贷投放

开县通过开展信贷政策导向评估、综合评价、代政府考核奖励等平台，强化对金融机构的引导和约束。为增强人民银行相关货币信贷政策的实施效果，促成政府出台了《金融机构支持开县发展考评奖励办法》（开委发〔2012〕10号），由县财政每年拿出100万元左右，对金融支持县域重点项目、贷款增量、金融服务等方面成绩突出的机构给予奖励，极大地调动了银行信贷投入的积极性。

开县推动政府出台了《政府财政性资金引导银行业金融机构支持地方经济发展办法》（开财库〔2013〕4号），将财政性资金存款余额与商业银行服务地方经济发展的贡献度挂钩，以财政性资金（主要是特设财政专户中有特定用途的专项资金、非税收入及代管资金财政专户中集中汇缴或代管的资金）银行存款余额与银行服务地方经济贷款余额挂钩考核，由县人行同金融办对各银行业金融机构支持地方经济的贷款余额测算出各银行存贷挂钩考核的占比，由县财政局按照占比同比例分配政府财政性资金。此项举措有效地发挥了政府财政性资金引导银行业金融机构服务地方经济的"撬动"作用，充分调动了各银行业金融服务地方经济发展的积极性。

8.5.5　鼓励创新，强化金融支持创业

一方面，促成地方党委政府出台了《开县农村金融服务创新暂行办法》（开县府办发〔2011〕119 号），建立了银行服务、资产评估、抵押登记、风险分摊和产权交易"五大"农村金融服务创新机制：推动银行服务创新，启动农村"三权"抵押贷款；落实专业评估机构，做到"专业评估不出县，评估费用按低收"；明确抵押登记机关，同时减免抵押登记费用；成立开源资产管理公司，负责回购"三权"贷款不良资产，缓解了银行后顾之忧。这些对盘活农村资产和农业增效、农民增收发挥了积极作用。

另一方面，2012 年以来，推出小额保证贷款、农户诚信贷、农房按揭贷款、财政补贴质押贷款等 13 项农村金融创新品种，有效缓解"三农"融资难问题。推动县就业与再就业领导小组出台了《小微企业联保贷款实施办法》，将贴息范围扩大至小微企业及农民工，有效降低了农民工创业的成本。

2014 年 2 月 28 日，人民银行重庆营管部授权邮储银行重庆分行作为全国首家开办银行卡跨行助农取款服务的银行，"银行卡跨行助农取款服务点"在开县岳溪镇雷坪村 2 社挂牌成立。该服务点安装的"商易通"POS机提供的取款服务在银行卡助农取款的基础上，开通了跨行卡受理功能，以受理他行卡的方式为持卡人提供小额取现服务，不支持刷卡消费。交易卡种仅限于借记卡，单卡每日取款不超过 3 笔，单卡单笔取现金额最低 10元，最高 1000 元，每日累计不超过 1000 元，持卡人承担风险很小。持卡人使用邮储行卡取款不收手续费。办理跨行助农取款业务的，统一按照取现金额的 0.8%，最低 1 元，最高不超过 5 元的标准支付取现手续费，明显低于其他银行卡取款收费标准。该服务点地理位置优越，可以覆盖周围 5个村近 6000 人，农户可在家门口通过特约商户的 POS 终端机，进行小额取现，方便快捷。2 月 28 日当天，该服务点办理小额取款业务 58 笔，金额1.5 万元。

针对小微企业创业贷款融资难、担保难的问题，开县就业再就业工程领导小组办公室、人力资源和社会保障局、县府金融工作办公室、县财政局、县人行等 9 家单位联合制发了《小微企业创业联保贷款实施办法》（开

再就办〔2012〕03 号）。随即，农商行的"联保贷"、"一表通"、重庆银行的"微企通"、三峡银行的"三一微贷"、邮储银行的"好借好还，小额贷款"等金融产品推出，完善了微企信贷品种，进一步简化了贷款流程，为微型企业贷款提供了便捷服务。

8.5.6　着眼民生，全力助推普惠金融发展

开县作为重庆首个金融 IC 卡运用试点区县，通过推动地方政府出台《开县金融 IC 卡推广应用工作实施方案》，着力推广金融 IC 卡应用，使其广泛运用于公共事业缴费、通讯、社保、公交、商贸等方面，方便民众生活，提升支付快捷度。

开县金融办、财政局等部门鼓励银行金融机构积极参与农村基础金融服务建设，按 ATM 机每台 1 万元、农村便民金融自助服务点每个 1 万元、银行卡助农取款服务点和手机支付服务点每个 200 元的标准给予一次性定额补助。

通过对政府加强宣传、沟通，促进地方强化社会信用体系建设，实现征信记录在公租房廉租房分配、干部提拔任用、诚信（优秀）企业评选等领域的运用。

8.5.7　防控风险，建立风险分担机制

一是推动政府与本地银行合作，建立风险补偿资金。与建行合作的"助保贷"存入风险补偿金 1500 万元，与重庆银行开县支行合作的"农户诚信贷"风险补偿金为 2 亿元，首期存入了 300 万元，1∶15 倍放大发放贷款。二是推动政府设立农村产权抵押融资风险补偿专项资金，对金融机构的农村产权抵押贷款风险损失进行补偿，补偿比例为 35%，其中市级承担20%、县级承担 15%。三是推动实施农业保险补贴政策，拓宽农业保险范围，降低涉农贷款风险。

8.5.8　微观主体的金融培训

人行开县支行参与制定了《开县 2012 年金融宣传培训方案》，并以开县府办发〔2012〕39 号印发至各乡镇（街道）人民政府、县级各部门、相

关单位执行。目标是增强干部特别是经济领域的干部驾驭金融的能力，促进金融对全县转型发展战略提供更强的支撑力，提高各类企业的金融意识，培育企业融资能力，提升全民运用金融工具的能力。将金融培训纳入开县全民教育行动，采取点面结合的办法，组织金融周末大讲坛、职工夜校、媒体教育宣传等方式，大规模开展金融培训。

由县金融办总牵头，县经信委、建委、农委、商务局、工业园区管委会等部门和单位具体负责，按培训方案组织相关企业参加培训，开县电视台、开州日报社负责落实金融宣传栏目和宣传时段，各金融机构按通知要求落实培训师资、培训场地和培训内容，并主动与县金融办衔接培训事宜。

第一，开展金融周末大讲坛培训。

由县金融办牵头，通过邀请知名金融专家及各银行业务骨干授课。对开县党政干部、企业法定代表人及财务人员开展培训。培训内容为实体经济融资、农村金融创新、金融租赁、个人消费贷款等，全年组织大规模培训 12 次。

第二，组织职工夜校金融培训。

一是各类职工夜校自行组织金融培训。由县金融办负责编印《金融便民读本》10000 本供培训使用。县金融办将在《金融动态》刊物、开县金融网刊登各类夜校金融培训开展情况。二是县金融办开展送课进夜校活动。由县金融办负责选定师资，送课进乡镇、进园区、进企业，全年组织送课 50 次以上。

第三，强化媒体金融宣传培训。

由县金融办牵头，开县电视台、开州新闻社、开县金融网维护单位配合，在开县电视台、《开州日报》、开县金融网开设金融大讲堂专栏。对金融基础知识、时事热点、前沿专家观点、金融产品介绍等金融知识开展宣传。设置"融资互动"专栏，将县内各金融机构贷款条件、方式、流程等上网公布，并开通融资热线（在县金融办），协助开县企业对接银行融资。

第四，开展送金融知识下乡活动。

由县金融办牵头，人民银行开县支行、县银监办配合，组织金融机构分批次到乡镇宣传，面对面地为群众提供金融咨询服务。近几年共下乡宣传 20 余场次，仅 2012 年就达 6 场次以上。

8.6 经验、问题与展望

8.6.1 经验：金融创新

为加快农村金融创新，促进城乡统筹，人行开县支行促成县政府出台了《开县农村金融服务创新暂行办法》（开县府办发〔2011〕119号），强力推出"五项"农村金融服务创新举措。

8.6.1.1 银行服务创新

创新金融产品。在做好农户小额信用贷款、农户联保贷款和农民工创业贷款等原有贷款品种的基础上，积极开展农村"三权"抵押贷款。

落实承贷机构。农商行作为农村"三权"抵押贷款的主办银行。积极支持农行、邮政储蓄银行、泰业村镇银行和开县民丰互助合作会等机构开展农村"三权"抵押贷款业务。

简化贷款流程。借款对象直接向涉农金融机构在乡镇（街道）的网点提出借款申请，承贷银行在贷款资料齐全的情况下，从调查到审批，原则上不超过7个工作日。

增设服务网点。积极鼓励承贷银行在农村集镇设立服务网点，力争在2012年年底前新设农村金融服务网点20个（含ATM机）。

8.6.1.2 资产评估创新

共同认定价值。借贷金额在100万元以内的林权抵押贷款和土地承包经营权抵押贷款，以及借贷金额在50万元以内的农村房屋抵押贷款，其抵押物价值直接由借贷双方共同认定。

落实评估机构。县农委、县林业局和县国土房管局分别负责落实农村土地承包经营权、林权和农村房屋的专业评估机构，县林业局负责在2011年6月底前组建县内林权评估机构，并开展对林权的专业评估工作。

8.6.1.3 抵押登记创新

县农委、县林业局、县国土房管局和县工商局分别负责农村土地承包经营权、林权、农村房屋和农村动产的抵押登记工作。土地承包经营权、林权和农村动产一律实行免费抵押登记；农村房屋在2012年年底前实施免费抵押登记，从 2013 年开始按照城市房屋抵押登记收费减半征收，每套 40 元。承贷银行统一代办抵押登记手续，并对代办手续的合规合法性和真实性负责。

8.6.1.4　风险分摊创新

完善风险担保制度。县财政安排 1300 万元，其中 1000 万元用于存放承贷机构的农户万元增收工程担保金，300 万元安排给开乾投资公司用于出资设立开县农村资产经营管理公司，负责回购收储金融机构因开展农村"三权"抵押贷款而产生的且未能通过交易服务中心进行交易的不良资产。开源融资担保公司要落实与县内各银行的合作协议，重点承担 200 万元以下的涉农融资担保业务。开源融资担保公司以农村"三权"资产抵押方式提供额度 3 万—50 万元的农户万元增收工程贷款担保业务的，政府风险补偿比例为 70%；县财政每年按照开源融资担保公司涉农产业融资担保额的 1% 安排担保费补贴资金，担保费补贴政策暂定两年。

推进农业保险。在做好能繁母猪保险和柑橘保险的基础上，扎实推进生猪、种兔、奶牛等农业保险新品种，逐步实现"六牲三素"产业保险全覆盖。

8.6.1.5　产权交易创新

县农委牵头成立农村产权交易协调委员会，负责指导、协调农村产权交易工作，研究处理相关问题。开县农村生产要素交易服务中心负责将林权、土地承包经营权和农村房屋统一纳入中心进行交易，同时建立县—乡镇（街道）—村三级交易服务网络。

上述创新举措，对开县普惠金融的发展起到了十分重要的促进作用。

8.6.2　问题：新常态下的普惠金融环境

随着我国经济社会发展步入新常态，加上受国际金融危机影响，当前和今后一段时期，农民工就业形势更加严峻，统筹做好农民工各方面工作压力加大，农民工问题已逐步成为影响就业局势和社会稳定的重大问题，特别是像开县这样的"劳务经济为第一经济"的大县，2008 年 159.72 万人就有 48.5 万务工人员，占全县人口的 30.37%，农民纯收入的 55% 来源于务工收入，形势就更加严峻。这些问题，为农村普惠金融提供了新的发展环境。

8.6.3 展望

开县农村普惠金融的发展，为我们深入了解该问题提供了素材。在经济发展的不同环境下，开县有关部门积极创新，并采取有效政策措施，积极推动了农村普惠金融的发展。

在新的经济金融环境下，农村普惠金融发展面临诸多挑战，对农村普惠金融的发展提出了新的课题。如何有效利用机遇，在新条件下开展创新，是开县有关部门面临的新挑战。在以往发展经验的基础上，建立有效的组织体系，实行有效的政策激励，开展积极的金融创新，加强对金融主体的培训等举措，依然有助于推进普惠金融，也为新的探索提供了经验基础。

9 农村普惠金融建设的地市级样本
——甘肃省陇南市农村普惠金融发展调研报告

9.1 引言

9.1.1 陇南市自然概况

陇南市是甘肃省辖地级市，位于甘肃省东南部，地处秦巴山区，东接陕西，南通四川，扼陕甘川三省要冲，全市东西长约 237 公里，南北宽约230.5 公里，土地面积 27923 平方公里，占全省面积的 8.67%。陇南地处西秦岭东西向褶皱带发育的陇南山地，秦巴山区、青藏高原、黄土高原三大地形交会区域，中国地势第二级阶梯向第三级阶梯地形的过渡带。它西部向青藏高原北侧边缘的甘南高原过渡，北部向陇中黄土高原过渡，南部向四川盆地过渡，东部与西秦岭和汉中盆地连接。陇南市地势西北高、东南低，平均海拔 1000 米，西秦岭和岷山两大山系分别从东西两方伸入全境，境内形成了高山峻岭与峡谷、盆地相间的复杂地形。陇南是甘肃省唯一属于长江水系并拥有亚热带气候的地区，被誉为"陇上江南"。境内高山、河谷、丘陵、盆地交错，气候垂直分布，地域差异明显。

9.1.2 陇南市行政区划与人口状况

截至 2014 年，陇南市辖 1 个市辖区（武都区）、8 个县（成县、文县、宕昌县、康县、西和县、礼县、徽县、两当县），共 4 个街道办事处、80 个镇、115 个乡、114 个居委会、3201 个村委会，2014 年年末，陇南市总人口 283.23 万人，常住人口 258.71 万人，其中农村人口 189.76 万人，占

73.35%，城镇化率仅为 26.65%。2014 年年末全市从业人员 156.96 万人，其中农村 140.38 万人，占 89.44%。

2013 年，全市城镇规划区控制面积达到 140 平方公里；全市县城建成区总面积 52.06 平方公里，陇南市区建成面积 12.4 平方公里①。

9.1.3　陇南市经济概况

2014 年，陇南全市实现生产总值 262.5 亿元，同比增长 9.0%，其中，第一产业实现增加值 66.23 亿元，同比增长 6.2%；第二产业实现增加值 69.38 亿元，同比增长 10.5%；第三产业实现增加值 126.92 亿元，同比增长 9.2%。第一、二、三产业对生产总值的贡献率分别为 15.4%、38.7% 和 45.8%，第三产业成为拉动经济增长的主要动力。第一、二、三产业增加值占生产总值的比重分别为 25.23∶26.43∶48.34，与上年相比，第一产业所占比重上升 0.5 个百分点，第二产业所占比重下降 3.2 个百分点，第三产业比重上升 2.7 个百分点。

2014 年，陇南市公共财政预算收入 23.9 亿元，增长 25.2%；农民人均纯收入 4023.7 元，增长 13.8%；城镇居民人均可支配收入 17001.3 元，增长 9.3%。

从陇南市人口、劳动力的城乡分布以及产业产值状况看，农业在陇南市经济社会发展中占有重要地位。

9.2　陇南市农村普惠金融发展状况

本报告主要考察了陇南市 2006—2014 年农村金融服务状况的发展变化，并以此来考察陇南市农村普惠金融的发展情况。

9.2.1　金融服务的可获得性

增加农村金融服务的可获得性，要从硬件和软件两个方面进行建设。硬件方面主要是增加服务网点，更多地采用现代信息技术手段，如 ATM 和

---

① 白斐：《对金融支持陇南市城镇化发展的调查与研究》，中国人民银行陇南市中心支行《时代金融》2013 年第 9 期下旬刊（总第 529 期）。

POS 机，使金融服务可以向更偏远的地区延伸。软件方面，主要是采用现代科技手段，向偏远地区铺设有线和无线网络，增强金融机构的网络服务能力，同时，要进行信用体系建设，创新产品和服务方式，更多地采用信用贷款方式，降低信贷的交易成本，扩大金融服务的广度和深度。

9.2.1.1　金融机构数量

2015 年陇南市共有 18 家银行，其中政策性银行有 1 家（中国农业发展银行）、国有商业银行 5 家（工商、农业、中国、建设、邮储）、城市商业银行 2 家（甘肃银行、兰州银行）、农村金融机构 10 家（9 家分布在各县区的农信社或农合行、武都区的金桥村镇银行，以及 1 家农村资金互助社）。

2007 年银监会放开农村金融市场准入政策，允许村镇银行、贷款公司和农村资金互助社三种新型农村金融机构建立，同年，陇南市武都区金桥村镇银行成立，至今仍然是武都区唯一一家村镇银行。2010 年，陇南市宕昌县成立了一家农村资金互助社，至今也是陇南市唯一一家持有金融牌照的新型农村合作金融组织。2013 年后，甘肃银行和兰州银行陆续进入陇南市。至 2015 年 6 月，陇南市金融服务体系进一步完善，甘肃银行在各县区设立了支行；阳光财险、大地保险、人保寿险陇南分公司和兰州银行陇南分支机构已挂牌运营；工商银行在全市 9 县区全部恢复了县支行机构；建设银行县支行由原来的 4 个增加到 5 个；邮政储蓄银行文县、西和、礼县、宕昌县 4 县二类支行的规范改制工作顺利完成。

自从 2006 年年底至 2007 年年初中国银行业监督管理委员会实施开放农村金融市场以来，陇南市的银行业金融机构网点数量稳步增加，从 383 个增加到 2014 年的 439 个，8 年间增加了 56 个（见表 9 - 1）。除了分支行物理网点之外，到 2015 年，陇南市农村合作金融机构的便民金融服务点达到 2109 个、农业银行"惠农通"服务点达到 2390 个，基本实现了业务范围行政村全覆盖。在各类金融机构中，农村金融机构数量占绝对多数，从 2006 年至 2014 年占比一直为 68%—70%。可见，农村金融机构是陇南市金融市场的主力军。

9.2.1.2　金融服务网点覆盖面

2006—2014 年，陇南市银行业金融机构在县区、乡镇和行政村各级的物理网点数量分别增长 30%、12% 和 283%。尽管行政村增长比例较大，但是，行政村的基数低，且行政村数量庞大（3201 个），平均到每个村的服务网点不到 0.01 个。网点主要集中在县区一级，到 2014 年平均每个县区有约 20 个网点。行政村一级的网点数量除了在 2008 年有大幅增加之外，从那时起到 2014 年都没有增加，甚至减少（见表 9-2）。

表 9-1　　　　　　　　陇南市银行业金融机构网点数量　　　　　单位：个、%

	2006 年	2007 年	2008 年	2009 年	2010 年	2011 年	2012 年	2013 年	2014 年
政策性银行	2	2	2	2	3	3	3	3	3
国有商业银行	120	117	116	116	114	118	120	125	125
城市商业银行								1	10
农村金融机构	261	266	257	260	257	292	294	295	301
其中：农信社	261	265	190	168	165	195	196	196	199
农合行			66	90	88	92	92	92	92
农商行									
村镇银行		1	1	2	3	4	5	6	9
农村资金互助社					1	1	1	1	1
合计	383	385	375	378	374	413	417	424	439
农村金融机构数量占比	68	69	69	68	69	70	70	69	69

资料来源：甘肃省陇南市金融工作办公室。

表 9-2　　　　　　陇南市网点（分理处、储蓄所等营业场所）

　　　　　　　　数量增长情况（2006—2014 年）　　　　　单位：个

	2006 年	2007 年	2008 年	2009 年	2010 年	2011 年	2012 年	2013 年	2014 年
县区一级总量	138	139	146	155	155	158	162	163	179
每个县区均量	15.33	15.44	16.22	17.22	17.22	17.56	18.00	18.11	19.89
乡镇一级总量	190	190	208	209	209	210	210	211	212
每个乡镇均量	0.97	0.97	1.07	1.07	1.07	1.08	1.08	1.08	1.09
行政村一级总量	6	6	24	22	22	22	22	22	23
每个行政村均量	0.002	0.002	0.007	0.007	0.007	0.007	0.007	0.007	0.007
村级每万人均量	0.025	0.025	0.099	0.089	0.089	0.089	0.089	0.089	0.093

　　注：2006—2014 年，陇南市行政区划发生过撤乡并镇，乡镇数量有所减少。为了各年各级行政区平均网点数量具有可比性，表中计算时，分母均使用 2013 年的县区、乡镇和行政村数量。

9.2.1.3　农村金融服务机具覆盖面

但是，在这 8 年期间，ATM 的数量增长很快，县区一级增加了 9.45 倍，乡镇一级增长 99 倍，行政村一级在 2014 年有 1 台 ATM。从各年 ATM 增加的数量看，2011 年以后县乡两级增长加快，2014 年在行政村一级实现了零的突破（见表 9 - 3）。

表 9 - 3　　　　陇南市 ATM 数量增长情况（2006—2014 年）　　　　单位：台

	2006 年	2007 年	2008 年	2009 年	2010 年	2011 年	2012 年	2013 年	2014 年
县区	29	41	56	67	96	133	207	248	303
乡镇	1	3	9	12	14	40	58	77	100
行政村	0	0	0	0	0	0	0	0	1

注：2006—2014 年，陇南市行政区划发生过撤乡并镇，乡镇数量有所减少。为了各年各级行政区平均网点数量具有可比性，表中计算的分母均使用 2013 年的县区、乡镇和行政村数量。

从实地调研的情况看，由于留守于农村的农民年龄普遍较大，文化程度较低，对于电子设备使用知识普遍缺乏且难以掌握，因此，对于提高农村金融服务可得性的手段更多需要依靠有人工服务的机具，POS 机是比较理想的设备。因此，近年来 POS 机在农村偏远地区推广得比较快。在陇南市也是这样。在 2006—2014 年，县区一级 POS 机数量增长了约 57 倍。乡镇一级在 2010 年实现了零的突破，到 2014 年平均每个乡镇都有 1.23 台。从 2013 年开始，行政村也开始有 POS 机，到 2014 年平均每个村有 0.1 台。

表 9 - 4　　　　陇南市 POS 机数量增长情况（2006—2014 年）　　　　单位：台

	2006 年	2007 年	2008 年	2009 年	2010 年	2011 年	2012 年	2013 年	2014 年
县区	45	103	139	305	553	1093	1557	1897	2632
乡镇	0	0	0	0	10	10	40	73	240
行政村	0	0	0	0	0	0	0	355	517

注：2006—2014 年，陇南市行政区划发生过撤乡并镇，乡镇数量有所减少。为了各年各级行政区平均网点数量具有可比性，表中计算时，分母均使用 2013 年的县区、乡镇和行政村数量。

9.2.1.4 信用体系建设

陇南市信用体系建设的重要方式是信用户、信用村和信用乡的评定。信用评定主要是由各县区农村金融机构开展的,而且各机构之间的评定情况也很不平衡。从不完整的数据统计分析看,多数机构是在2008—2010年及其以后逐步开展信用评定工作。信用户评定是基础工作,多数金融机构都做了这项工作;其次是信用村的评定,有6家金融机构做了此项工作;最后是信用乡镇评定工作,有3家金融机构做了此项工作。

从实地调研情况看,比较完善的信用评定工作为推广信贷服务起到了很好的推动作用。以武都区金桥村镇银行为例,其在信用评定的基础上,采用"村推荐委员会"的形式,将行政村和乡镇形成了"信用共同体",节省了金融机构信息收集和分析成本,也实现了对农户的增信,既能满足大额贷款需求,又能增加贫困农户贷款机会(参见金桥村镇银行案例报告)。

9.2.1.5 存贷比

2015年6月24日国务院常务会议通过《中华人民共和国商业银行法修正案(草案)》,删除了贷款余额与存款余额比例不得超过75%的规定,将存贷比由法定监管指标转为流动性监测指标。这个规定有助于增强银行的自主经营能力,激发银行活力。但是,在农村地区,金融机构的资金来源主要是当地存款,其业务几乎全部是贷款,所以,存贷比仍然是考察贫困农村地区金融机构服务当地经济社会发展所做贡献的重要指标,同时也标志着农村信贷可获得性的高低。

在2006—2014年,陇南市的存贷比从38.21%略降到2008年的38.16%,但是在此后稳步回升,2013年之后达到50%以上,到2015年超过了65%(见图9-1)。存贷比连年稳步上升,一方面说明近五年来陇南经济稳步发展,另一方面说明陇南的信用环境在不断改善,银行业金融机构在陇南的投入不断增加,信贷可获得性提高,对陇南市经济发展的支持力度在加强。

9.2.2 金融服务的使用状况

基本金融服务包括存款、贷款、支付和汇兑等内容。由于可得的信息不完整,本报告尚不能对存款、支付和汇兑等方面进行分析。而且,由于我们没有得到陇南市农户、农业企业、农村各类组织以及涉农的城市企业及各类组织的数量，无法计算获得信贷服务的主体占各自群体的比例，也就无从得知各群体信贷获得率。这里只能对涉农贷款主体构成情况进行分析，从中获得涉农贷款中各借贷主体的对比，以反映陇南市金融服务使用状况的一个侧面。

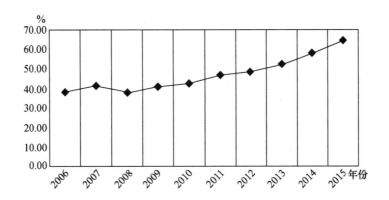

图 9－1　陇南市银行业机构存贷比变化（2006—2015 年）

9.2.2.1　涉农贷款

作为一个农业大市，陇南市的涉农贷款数量一直比较高，对"三农"发展的支持力度很大。从 2006 年起，陇南市的涉农贷款数量及其占比总体上一直在增长，到 2014 年涉农贷款余额为 2418267.24 元，占当年年末全部贷款余额的 64.23%，比全国总体水平高出 36.13 个百分点，比甘肃省也高出 26.83 个百分点①。

9.2.2.2　农户贷款

按照人民银行关于涉农贷款的统计口径，按照不同借款主体，涉农贷款可以分为农户贷款、农村企业贷款、农村各类组织贷款和城市企业及各类组织涉农贷款余额。"小康不小康，关键看老乡"。在我国农村经济以家庭经营为主体长期难以改变的情况下，农户贷款是衡量农村普惠金融发展

① 2014 年年底全国金融机构本外币涉农贷款余额占各项贷款余额的比重为 28.1%，甘肃省这一比例为 37.4%。参见中国人民银行农村金融服务小组《中国农村金融服务报告 2014》，中国金融出版社 2015 年版，第 5 页。

的重要指标。

2006—2014 年，陇南市农户贷款在涉农贷款中一直占绝对比例，最高峰在 2008 年，占 80.39%，为 396102.69 元；2014 年占比下降到 65.96%，为 1595052.46 元，但是，这一比例仍远远高于全国的 22.78% 和甘肃省的 44.92% [1]。

9.2.2.3 农业保险

为加强农业的基础地位，持续加大支农惠农力度，减少自然灾害对农业生产的影响，稳定农民收入，促进农业和农村经济的发展，陇南市从 2007 年起逐步扩大政策性农业保险农产品保险覆盖范围。截至 2015 年 12 月农业保险覆盖品种共有 7 个，其中中央财政补贴险种为 6 个：能繁母猪保险、玉米保险、马铃薯保险、森林保险、冬小麦保险、奶牛保险；地方性补贴险种 1 个：中药材保险。其中，能繁母猪承保共计 44.46 万头，保费收入 2667.6 万元；玉米承保共计 121.49 万亩，保费收入 2297.9 万元；奶牛承保共计 0.05 万头，保费收入 9 万元；森林承保共计 1560.27 万亩，保费收入 1628.88 万元；中药材承保共计 10.26 万亩，保费收入 1013.2 万元；马铃薯承保共计 175.41 万亩，保费收入 3800.3 万元；冬小麦承保共计 56.83 万亩，保费收入 852.33 万元。

9.2.3 金融服务质量

服务质量是普惠金融的重要内容，主要反映在金融服务消费的交易成本上，这些成本既包括金钱成本，也包括非金钱的手续及其时间等成本。因此，对于陇南农村金融服务质量的考察，我们从以下三个方面进行：审贷时限、贷款成本和金融教育。

9.2.3.1 审贷时限

2006—2014 年，陇南从事农户贷款的金融机构的审贷时间平均为

---

[1] 根据 2014 年年底全国和甘肃省本外币涉农贷款月报表，全国农户贷款余额占各项贷款余额比重为 6.4%，涉农贷款余额占各项贷款余额比重为 28.1%；甘肃省农户贷款余额占各项贷款余额的比重为 16.8%，涉农贷款余额占各项贷款余额的比重为 37.4%。参见中国人民银行农村金融服务小组《中国农村金融服务报告 2014》，中国金融出版社 2015 年版，第 5—7 页。

2.69—3.44 天，效率比较高。

9.2.3.2　农户贷款成本

2007—2014 年，陇南市农户贷款利率水平呈波动状态，2007 年为 7.50%，此后波动式下降，2012 年降到最低水平，为 6.06%，在 2013 年后开始上升，到 2014 年达到 6.70%。尽管陇南农户贷款利率没有出现逐渐下降的趋势，但是与本报告其他案例情况相比还是比较低的，而且，考虑到随着利率市场化和农村金融市场竞争的加强，陇南农户贷款利率有可能下降。

9.2.3.3　金融教育

陇南市采取多种形式开展金融知识普及和教育工作。最重要的宣传教育形式是"金融宣传周"，每年举办一次，主要是在《陇南日报》普及金融知识、扶持微小企业和"三农"的信贷政策，宣传特色金融服务，推介金融新产品，等等。《陇南日报》也为宣传金融知识开辟了专栏，一些很少见的数据，如贷款、存款余额，各个银行的业务量都在报纸上公开。各金融机构也为"金融宣传周"积极制作展板与横幅，印制宣传资料，全方位开展金融知识普及。

2015 年，陇南市开展了防范和打击非法集资宣传月活动，采取多种形式开展了防范打击非法集资宣传，主要途径包括媒体宣传（尤其是微博微信、博客、手机报等新媒体）、现场宣传（主要是超市商场、旅游景点、校园、医院、街道、社区、广场、公园等公共场所）。同时，陇南市还开展金融知识"三下乡"活动，赴乡镇进行金融知识的教育与普及。

9.3　陇南市农村金融的改革与创新

近几年来，陇南市对本土化金融改革创新做了探索实践，尤其在普惠金融支持"三农"及中小微企业方面做了大量工作，成效明显。

9.3.1　创新农村信贷担保方式

9.3.1.1　推广农村产权抵押贷款

近年来，陇南市创新开展农村产权抵押贷款工作，不断增加农民财产权，将林权、农村承包土地经营权、农民住房财产权充实进农村产权抵押范围，同时，通过完善确权、评估、抵押登记、农村产权交易、保险等配套政策，稳步推行了农村产权抵押贷款工作。截至 2015 年年末，全市累计发放林权抵押贷款 24.2 亿元、农村承包土地经营权抵押贷款 2.05 亿元、农村承包土地经营权反担保贷款 2.5 亿元、农民住房财产权抵押贷款 11.6 亿元。

9.3.1.2 "推荐（担保）委员会＋联保小组"贷款

传统的小额信贷模式中五户联保在我国的实施情况不理想，许多地方放弃了五户联保方式，陇南联保贷款在农村贷款中的占比也比较低，且呈下降趋势。但是，陇南市金桥村镇银行利用农村地缘和血缘特点，创新了联保方式，建立了"村级推荐委员会＋农户联保小组"和"县镇担保委员会＋农户联保小组"两种模式，村镇银行选择品行端正的能人大户和具有较强责任心、威信高的农户组成推荐委员会，由推荐委员会负责推荐诚信好的农户组成联保小组，扩大了联保范围，使行政村和乡镇形成了"信用共同体"，实现了对农户的增信。

花椒生产和经营是陇南市武都区的重要产业，金桥村镇银行与当地的花椒协会合作，利用农村业缘的特点，成立了花椒专项贷款担保委员会，为协会成员贷款提供担保，成员以土地承包经营权产权反担保，有效地解决了农民贷款难的问题。至 2014 年 11 月中旬，金桥村镇银行已经向 18 个乡镇、1081 户发放了花椒专项贷款 1.043 亿元。

9.3.1.3 开展村级扶贫互助资金转为担保基金的改革试点

陇南市不断创新金融改革发展，以宕昌县哈达铺镇召藏村为试点村，采用扶贫资金互助协会、村委会和信用社共同参与的"互助资金担保＋'农村产权'反担保"模式，启动村级扶贫互助资金金融改革试点，信用社以 1:10 的放大倍数向贫困户或专业合作社贷款。试点工作开展以来，召藏村已为 42 户发放贷款计 206 万元。

9.3.2 成立资金互助组

积极鼓励农村合作组织、龙头企业、致富能人等发挥自身的技术、组织和营销优势，贫困户发挥惠农贷款、土地、政策、劳动力等优势，双方采取自愿合作的形式组建互助组，同经营，共发展，利润按照双方投资比例分配，进而带动贫困户增收。

9.3.3 积极推动金融机构创新金融产品和服务

9.3.3.1 与特色产业相结合

陇南市委市政府积极鼓励银行业金融机构创新信贷产品，全力支持当地经济发展。相继推出了武都合行"椒红宝""金橄榄"，徽县联社的"徽苗旺"，甘肃银行建设路支行的"茶农贷"，两当联社的"金菌宝"，工行的"银税通"和"银政通"，建行的"五贷一透"，金桥村镇银行的"一键贷"，康县联社"公司＋基地＋养殖户＋信合"，两当联社"企业＋农户＋信合"等贷款产品，较好满足了特色产业发展中的非公有制企业和农户信贷需求，其中"椒红宝"信贷产品，2014 年为武都从事椒树种植、销售、加工、贩运的农户发放贷款 1.9 亿元，有力地支持了花椒产业的发展壮大。

9.3.3.2 创新信贷产品，支持电子商务发展

近年来，陇南电子商务发展如火如荼，尤其是农村地区特色农产品电商将地理上的千山万水变成网络上的近在咫尺，为陇南贫困地区脱贫致富打开了新思路。陇南市金融机构结合自身实际情况，不断调整信贷结构，创新金融产品，提供与电子商务发展相适应的金融产品和服务，为推动贫困地区农民脱贫致富、电子商务服务地方经济转型跨越发展提供了强有力的保障。截至 2015 年年末，全市金融机构发放支持电子商务贷款余额为 9.6 亿元，同比增加 2.1 亿元，增长 27.64%，网银／手机银行累计开通 74 万个。

9.3.4 切实贯彻政策性惠农贷款

9.3.4.1 精准扶贫专项贷款

2015 年 7 月甘肃省开展了精准扶贫专项贷款工作，陇南市也确定要在 3 年内为 15.6 万建档立卡贫困户提供 62.18 亿元贷款。兰州银行、农发行、农行、农信社和农合行都参与实施。至 2015 年 12 月末，陇南市精准扶贫专项贷款已发放 49553 户，共 233107 元，户均 4.7 万元。

9.3.4.2　双联惠农贷款

双联惠农贷款是由农业银行从 2012 年 9 月开始在联村联户扶贫工作的基础上提供的金融服务产品，贷款对象是普通农户，单笔贷款额度为 5 万元，年利率为 5.1%，由财政全额贴息，贷款期限为 12—36 个月，由各区县担保公司提供担保，分期还息，到期还本。截至 2015 年年底，双联农户贷款累计投放 19.83 亿元，累计借款户数为 32800 户。

9.3.4.3　妇女小额担保贷款

为了促进妇女创业和就业，提高妇女社会地位，甘肃省 2009 年开展了妇女小额担保贷款工作，陇南市这项工作由农信社和农合行在 2012 年开始在农村进行，目标对象是农村妇女，单笔贷款额度不超过 5 万元，期限为 2 年，由政府设立的担保基金担保，财政全额贴息。截至 2014 年年末，陇南市妇女小额担保贷款累计发放 2.28 亿元，共 56165 户。

9.3.4.4　农业产业贷款

为了利用本地优势，推动特色农业发展，陇南市于 2014 年和 2015 年推动开展了草食畜牧业和设施蔬菜产业贷款与中药材贷款。这两种贷款产品都是由邮政储蓄银行经营，其中前者于 2014 年投放，后者于 2015 年投放。前者贷款对象是种养殖户，后者服务对象是中药材种植户和经营户。两种贷款的单笔额度都是 10 万元，年利率 7.2%，其中省财政补贴 4%，其余部分由县区解决或农户自负。种植业贷款期限为 1 年，养殖业贷款期限为 2 年。截至 2015 年年末，草食畜牧业和设施蔬菜产业贷款累计发放 1.72 亿元，共 1849 户；中药材贷款累计发放 5125 多万元，共 634 户。

9.3.4.5　基础设施建设扶贫贷款

为了加快扶贫开发力度，国家开发银行和农业发展银行分别于 2013 年和 2014 年在甘肃省开展了基础建设扶贫贷款业务，采取整村推进策略，对农村的房屋、道路和饮水条件改善工程提供中长期贷款，期限最长可达 20 年。国开行贷款利率比基准利率下浮 10%，农发行利率下浮 20%，财政给予贴息扶持。截至 2015 年 9 月，陇南市基础设施建设扶贫贷款已累计发放 1.34 亿元。

9.3.4.6　易地扶贫搬迁贷款

为了配合易地扶贫搬迁工作，陇南市于 2015 年推动金融机构开展了易地扶贫搬迁贷款业务，向参与易地扶贫搬迁基础设施建设的企业提供中长期政策性贷款，贷款资金由国家开发银行、农业发展银行和邮政储蓄银行发行专项债券筹集，贷款年利率为 1.2%，中央财政补贴 90%，其余由建设企业自担，贷款期限为 15 年。截至 2015 年 9 月，陇南市已累计发放这种贷款 8600 万元，共 8 笔。

9.4　陇南市农村金融发展的政策与组织制度保障

近几年，陇南市制定了金融超常发展战略，农村普惠金融是其中重要内容，在宏观、中观和微观层面都呈现出快速发展的势态。

9.4.1　农村金融发展的战略定位

9.4.1.1　"433"发展战略中的金融战略

为了推动陇南市国民经济快速健康发展，陇南市实施了"433"① 发展战略，其中强调加强金融工作，以金融业的适度超前发展助推全市转型跨越发展。首先，发展普惠金融产品。加大政策扶持力度，把财政直补资金更多地转变为政策性贴息、担保资金和风险补偿基金，放大信贷总量，为中小企业和低收入人群提供良好金融服务；加快土地承包经营权、宅基地使用权、林权等确权进度，探索符合农民群众实际的质押贷款品种，落实好惠农信贷政策，支持农村发展。其次，要完善金融服务体系。积极引进和发展村镇银行、小额贷款公司、典当行、融资性担保公司等新型金融主体，有序发展民间融资服务主体。最后，要优化金融生态。各县区要尽快成立专门的金融管理机构，加强政府对金融工作的指导、协调和服务。深入推进"诚信陇南"建设，建立完善信用担保和风险补偿机制，加大金融知识宣传普及力度，提高贷款群众的风险意识和资金运作能力，让群众敢

---

① 433 发展战略包含如下内容：四个"快速推进"，即脱贫攻坚要快速推进、生态文明要快速推进、产业培育要快速推进、城乡一体化要快速推进；三个"着力夯实"，即着力夯实硬件基础、着力夯实民生基础、着力夯实执政基础；三个"集中突破"，即在电子商务上集中突破、在金融支撑上集中突破、在旅游开发上集中突破。

贷款、会贷款、用得好、还得上。

9.4.1.2　金融扶贫战略

陇南市九县区都位于秦巴山连片特困地区。金融扶贫是农村普惠金融的重要内容和任务。2015 年，陇南市发布了《陇南市金融支持扶贫开发工作实施意见》，要求全市银行业机构保证贫困地区信贷总量持续增长，在贫困地区各项贷款增速高于全省平均贷款增速；进一步健全贫困地区特别是特困片区和藏区的金融组织体系，金融便民服务点在 2016 年实现特困片区行政村全覆盖，2017 年实现全市贫困村全覆盖，大力推进自助银行、网上银行和电话银行建设；建立由县交易中心、乡镇服务站、村信息员三级组成的农村产权流转交易体系，加快农村信用体系建设，大力开展诚信宣传和教育，积极推进贫困地区信用户、信用村和信用乡镇建设，等等。

2015 年 10 月陇南市又发布了《关于精准扶贫小额信贷支持计划的实施方案》，以破解贫困群众贷款难、贷款贵问题。该方案的目标任务是：从 2015 年开始，以全市 15.6 万户、64.37 万建档立卡贫困人口为扶持对象，通过建立贫困户贷款风险补偿基金，完善贫困户贷款贴息政策，推广农村产权抵押贷款，开展贫困户小额贷款保险，发展贫困村扶贫互助资金等措施，大力实施精准扶贫小额贷款工程，力争到 2017 年年底，使所有有劳动能力、有贷款意愿和一定还款能力的贫困户都能够得到 5 万元以下（含 5 万元）、3 年以内的小额信用贷款，解决贫困群众贷款难、贷款贵问题。

9.4.1.3　"3 +1"立体化金融支撑体系

按照"433"发展战略要求，陇南市将金融支撑的工作重点放在全力推进"3 +1"立体化金融支撑体系建设上。所谓"3 +1"立体化金融支撑体系是指：推进"三权"抵押贷款试点工作，解决"三农"融资问题；设立中小企业融资增信资金池，解决中小企业融资问题；打造政府投融资平台，解决重大项目融资问题；同时优化金融生态环境，夯实金融支撑的信用基础。

在"三农"融资上，率先启动"三权"抵押贷款，出台了《陇南市"三权"抵押贷款实施方案》《陇南市农村产权交易试点工作实施方案》

《陇南市农村产权交易中心试点工作方案》《陇南市农村土地承包经营权抵押贷款实施细则》等文件，加快建立农村产权交易服务体系，大力培育和发展农村产权交易市场。

9.4.2　农村金融发展的组织制度保障

9.4.2.1　金融工作领导小组

为了加快金融改革攻坚步伐，切实推进在金融支撑上实现集中突破，陇南市于2014年4月成立了由市政府主要领导任组长的全市金融工作领导小组，负责全市金融工作的统筹协调。成员由市直有关部门主要负责人组成。

9.4.2.2　金融工作办公室

2014年年底陇南市金融工作办公室由市政府直属行政机构调整为市政府组成部门，各县区政府也成立了金融办，牵头推进地方金融改革与发展工作，承担对全市地方金融机构和民间金融机构的监管工作，并负责参与指导金融人才培训和引进工作。

9.4.2.3　金融工作会议

自2013年开始，陇南市每年召开全市金融工作会议，布置全年金融工作重点任务，讨论金融发展政策和推进措施，同时，设立"市长金融工作奖"，每年拿出200万元对金融服务优秀的金融机构和国有企业进行表彰，成为陇南市最高规格的奖励。截至2014年年底已有6家农村金融机构获奖。

9.4.2.4　"三权抵押贷款"工作领导小组

为了进一步推动"三权"抵押贷款工作，陇南市在全甘肃省率先启动了农村物权抵押贷款试点，成立了由市委分管金融领导任组长的陇南市"三权"抵押贷款工作领导小组。

9.4.2.5　精准扶贫微信群

电商的蓬勃发展同时也推动了陇南市新媒体政务的飞速进步，目前陇南已实现政务微博、微信公众平台在市直各单位以及各县区、乡镇全覆盖，建成了强大的微媒体矩阵。同时领导干部积极展开微信问政，建立微信工作群，及时有效地开展工作，金融扶贫政策在相关工作群里通报，市委市政府主要领导通过微信向下级领导干部安排部署工作，方便又高效。互联网时代，陇南率先建起的新媒体矩阵在经济社会转型跨越发展中发挥着越来越突出的推动作用。

9.4.3 补贴与风险补偿政策

在金融扶贫战略中，政府的一项重要工作是用好、用活财政资金，充分调动金融资源参与扶贫工作。陇南市在《关于精准扶贫小额信贷支持计划的实施方案》中制定了详细的财政扶持政策。

9.4.3.1 探索建立补贴与风险补偿机制

陇南市将财政资金补贴与各项惠农贷款结合，充分调动了金融资源参与地方扶贫工作。各县区政府建立了担保公司，设立了风险补偿基金，给贷款一定比例的财政贴息。陇南市农村信用社发放的妇女小额担保贷款，中央财政全额贴息，地方政府采用先缴后补的方式予以贴息；农行发放的双联贷款由省财政全额贴息；邮政储蓄银行发放的草食畜牧业和设施蔬菜产业贴息贷款由省财政、市县区财政按照一定比例予以贴息。这种机制的建立，将财政贴息与银行放贷进行了充分融合，为银行的放贷予以增信，化解了贷款风险，扩大了放贷规模，支持助推了地方贫困人口的脱贫致富步伐。

9.4.3.2 争取货币信贷政策支持

积极争取人民银行支农再贷款和贷款规划优先向陇南倾斜，全面落实支农再贷款利率优惠政策；合理设置差别准备金动态调整公式相关参数，允许扶贫贡献大、贫困户受益多的农村法人金融机构适当突破贷款规划，增加贷款投放。引导和鼓励使用支农再贷款的农村法人金融机构优先向贫困户发放小额信用贷款，让贫困户充分享受利率优惠政策。

9.4.3.3 建立贫困户风险补偿基金

从2015年开始，按照贷款数量的3%左右，由各级政府和金融机构按7：3的比例逐年建立贫困户贷款风险补偿基金。其中，政府承担部分，省财政筹措50%，其余50%由市财政筹措一部分，县（区）财政筹措大部分，市、县（区）原则上由财政出资，并建立财政风险补偿基金的长效补充机制；财政困难的县允许从分配到县的财政专项扶贫资金中安排。

9.4.3.4 规范贫困户贷款贴息政策

整合各类财政到户贴息政策，对贫困户扶贫小额信用贷款按基准利率由政府全额贴息。对贫困户贷款按年结息和贴息，贴息期限最长为3年。对贷款户未按期偿还贷款及其他违约行为而产生的逾期贷款利息、罚息，不予贴息。

9.4.3.5 支持推广扶贫小额贷款保险

开展扶贫小额贷款保证保险试点，通过保证保险为贫困户增信，探索建立"政府＋银行＋保险"的风险分担机制，鼓励贷款贫困户积极购买，政府给予适当保费补助。积极推广贷款贫困户人身意外保险，政府给予适当保费补助，化解贷款风险。以贷款贫困户为对象，创新推出保费低廉、保单通俗的农业保险产品，合理确定理赔标准，提高理赔效率，分散贷款风险。政策性农业保险优先在贫困村试点和推广。

9.4.3.6 改革创新金融扶贫新模式

为进一步拓宽融资渠道，创新金融扶贫新模式，陇南市徽县、礼县扎实推进金融扶贫示范县工作，其余县区积极借鉴礼县人民政府与甘肃银行金融扶贫战略合作模式，建立扶贫贷款风险补偿基金，撬动银行信贷资金支持贫困农户和专业合作社发展。进一步发挥龙江资金池公司市级统贷平台作用，利用好国开行、农发行等政策性银行融资成本低、融资额度大的优势，支持本市精准扶贫精准脱贫。以农村产权抵押贷款试点为契机，盘活贫困户现有资产，探索贫困户产权抵押担保贷款办法。

9.4.4 农村普惠金融信用环境建设

良好的信用环境建设是金融健康发展的基本条件。陇南市曾经历过信用环境恶化导致金融机构不愿贷款的情况。2008年地震后发放灾后农户住房重建贷款41.5亿元，当时许多农户不愿借款，当地领导劝农户借款，结果还款率不高，信用环境恶化。这种情况影响了金融机构继续放贷的意愿，导致存贷比下降。2008年陇南市的存贷比不足35%，到2010年也没有超过50%。2009年农户贷款在涉农贷款的占比从2008年的80.39%大幅下降到68.27%。

针对这种情况，陇南市采取多种方法督促和协助农户还款，还款情况逐渐好转。截至 2015 年 8 月底，灾后贷款已回收 80% 以上。这样，信用环境得到逐步改善，金融机构放贷的信心逐渐增强，放贷规模也逐年扩大，存贷比在 2014 年年底超过 60%，截至 2015 年年底，达到约 65%。

9.5　基本结论与启示

9.5.1　总体上看，陇南农村金融服务的可获得性、使用状况和服务质量都比较好，但仍然存在巨大的提升空间

农村金融机构是陇南市金融市场的主力军，农业在陇南市国民经济中占有重要地位，县区级金融服务基础设施条件较好，存贷比一直保持较高水平，涉农贷款和农户贷款占比高，覆盖程度较深，农户借贷成本不高。但金融服务网点主要在县区一级，乡村金融服务网点少，村级基础设施条件亟待提高。

9.5.2　信息技术和手段是贫困山区提高农村普惠金融服务可获得性的重要手段

由于陇南山大沟深，人口密度较小，建设金融物理服务网点的成本相对较高，难以维持运营，这从 2006 年至 2014 年陇南市农村金融服务网点数量增加缓慢的情况可以得到印证。而 2013—2014 年 POS 机数量在乡镇和行政村增长迅速，这些 POS 机安置在金融机构签约的便民服务点，提供存、取、汇款等基本金融服务。这些设施为贫困地区农户，尤其为文化程度较低的留守老人获得金融服务提供了极大方便。

9.5.3　良好的信用体系和信用环境建设是农村普惠金融发展的基本前提

发展农村普惠金融的重要而艰巨的任务是重点解决农户，尤其是偏远地区农户的信贷服务问题。而这些目标人群缺乏传统金融服务方式所需要的担保物或者保证人。这样，信用贷款成为推动普惠金融的重要方式。而信用贷款的基本前提是借贷双方信息对称，互相信任。这样，运行有效的

信用体系和良好的信用环境必不可少。从陇南农村金融机构的农村信贷情况看，农户信用体系建设和运用得较好的机构，其农村信贷规模也相对较大，质量也较好，说明了信用体系的重要支撑作用。而且，农村信用体系的建设是一项长期工作，需要不断地完善与改进，但是也能够长期发挥效益，做到事半功倍。同样，陇南经历过的存贷比先降后升，也说明了信用环境直接影响了金融机构提供金融服务的信心。

9.5.4　以信用担保为基础，多种担保方式相结合是扩大农村信贷服务的基本经验

如上所述，在建立起良好的信用体系之后，信用担保贷款就可以成为农村信贷的重要方式，可以降低借贷双方的交易成本，提高信贷服务质量。同时，多种多样的增信平台，如担保委员会、推荐委员会等，都增加了金融服务的覆盖范围。

9.5.5　与当地产业结合设计金融产品是金融机构开展农村普惠金融服务的基本策略

陇南市农村金融机构根据当地的产业特点，开发出不同的金融产品，满足了不同客户的金融服务需求，增加了涉农贷款以及农户贷款的数量，提高了农村金融的普惠程度，同时也扩大了金融机构的业务规模，控制了风险，增强了其市场竞争力和可持续发展能力。

9.5.6　降低农户贷款的交易成本，能够提高金融服务质量，并扩大金融服务交易规模

高交易成本往往成为农户贷款的一个重要障碍。对于农户而言，利率是其决定是否从金融机构借款的一个重要因素，但不是唯一因素，其他交易成本如审贷时间和手续的复杂程度等对其决策都有重要影响。陇南农村金融机构的审贷时间平均都比较低，农户贷款的利率负担也相对较低，从一个侧面反映了陇南农村金融服务的质量比较高，同时，这可能也是陇南农户贷款比重较大的一个原因。

9.5.7   政府引导和扶持政策与措施对推动农村普惠金融发展发挥了重要作用

陇南市政府采取各种政策和措施鼓励金融机构开展农村金融服务，建立了各种服务平台，包括担保物权的确认、登记、评估和交易制度与平台建设，信用体系建设和信用环境改善、农村信贷服务风险补偿、农户信贷贴息支持，等等，都是推动农村普惠金融的必要手段。

9.5.8   推动农村普惠金融发展任重而道远

尽管总体上陇南市农村普惠金融发展状况较好，但是前进道路上的困难和挑战仍然很多。首先是如何将农村金融服务终端尽可能延伸至偏远山区；其次是在国家有关农村产权及其担保效能的法律没有修改的情况下，如何推进农村"三权"抵押贷款工作，如何建立银行可以查询的农村产权确权颁证、抵押贷款和产权交易的信息化管理系统。这些都是重大挑战。

10 农村信用合作社开展农村普惠金融的创新探索

——浙江省仙居县农村信用合作联社案例分析

10.1 仙居县与仙居农信联社概况

10.1.1 仙居县概况

仙居县隶属于浙江省台州市，是号称"八山一水一分田"的典型山区县。全县总面积为 2000 平方公里，下辖 3 个街道办事处、17 个乡镇，403 个行政村、15 个社区。2014 年年底，全县户籍人口 50.7 万人，其中农户人数 45.7 万人。根据仙居县国民经济和社会发展统计公报数据，2014 年全县实现地区生产总值 151.65 亿元，按可比价格计算，比上一年增长 10.1%。其中，第一产业实现增加值 13.51 亿元，增长 2.3%；第二产业实现增加值 65.10 亿元，增长 10.9%；第三产业实现增加值 70.05 亿元，增长 10.5%。2014 年，仙居县城镇常住居民人均可支配收入 28526 元，农村常住居民人均可支配收入 14398 元，远远低于同期台州市 44082 元和 20544 元的平均水平，在浙江和台州市是经济发展相对较为落后的地方。

但是，仙居县自然景观保存完好，景色宜人，拥有十分丰富的旅游资源。境内有国家 5A 级旅游景区 1 处、4A 级旅游景区 1 处、3A 级旅游景区 3 处。旅游业成为带动当地经济发展的重要力量。同时，仙居县利用当地气候环境优势，与我国台湾地区合作成立台湾农民创业园，以农民合作社的形式建立花卉、蔬果、药材的种植产业区，成为带动经济发展又一有利途径。仙居县历史悠久，民风淳朴，是中国民间文艺家协会选出的"中国慈孝文化之乡"之一。慈孝是仙居的新名片，在当地被评为慈孝家庭、慈孝之星、道德模范的人也会得到更多的尊重。

10.1.2　仙居农信联社概况

仙居农信联社经中国银行业监督管理委员会批准成立，是在原仙居县农村信用合作社联合社及所辖 11 家基层信用社（部）的基础上组建而成，2008 年 6 月 30 日正式挂牌。仙居农信联社是一家由辖内农民、农村工商户、企业法人和其他经济组织入股组成的股份合作制社区性地方金融机构。目前，仙居农信联社下辖分支机构 33 家，其中营业部 1 家、信用社 14 家、分社 18 家，在岗员工总人数 404 人。

2004 年 4 月，根据省委、省政府《浙江省深化农村信用社改革试点实施方案》（浙委办〔2004〕5 号），浙江省农村信用社联合社（以下简称浙江农信联社）正式成立，履行对浙江农信系统（包括农信联社、农村合作银行和农村商业银行）的管理、指导、协调和服务职能。仙居农信联社属于浙江农信联社的派出机构，接受其监督与管理。

截至 2015 年 10 月，仙居农信联社各项存款余额 81 亿元，较年初增加 13.6 亿元，增长 20.18%，居台州市农信第一。日均存款余额 75.5 亿元，比年初增加 13.37 亿元，增长 21.52%，居全市农信第一。各项存款绝对额和增量在全县金融机构市场份额占比分别为 29.41% 和 73.97%。各项贷款余额为 52.04 亿元，较年初增加 8.14 亿元，增长 18.55%，居全市农信第一；各项贷款日均余额为 48.67 亿元，比上年增加 8.98 亿元，增长 22.62%。各项贷款绝对额和增量在全县金融机构的市场份额占比分别为 20.36% 和 30.27%。

10.2　仙居农信联社的战略定位

10.2.1　仙居农信联社的宗旨和战略目标

2013 年，浙江农信联社推出普惠金融工程三年行动计划（2013—2015 年），即通过三年时间，围绕"创业普惠、便捷普惠和阳光普惠"三大目标，积极开展网络覆盖、基础强化、扶贫帮困、感恩回馈和创新升级五大行动，积极构建基础金融不出村（社区）、综合金融不出乡镇（街道）的服务体系，努力使浙江普惠金融工作和城乡金融服务均等化程度走在全国前列。同时，浙江农信联社确立了"四主定位"，即坚持服务"三农"和小微企业的主方向，打造"支农支小"的主力军，巩固社区银行的主阵地，建设农村金融服务的主渠道。

　　在这"三大目标"和"四主定位"的框架下，仙居农信联社始终坚持"扎根农村、服务三农"，秉承"支农支小、造福民生，履行责任、奉献社会"的理念，以"做仙居金融机构最好的服务、做仙居老百姓最关心的实事、做仙居小微企业最有力的支撑、做仙居经济贡献最大的银行"为目标，根据仙居实际情况制定了《仙居农信普惠金融工程三年行动计划》，将普惠金融视为一项惠及千家万户的系统性民生工程。该项工程得到了政府部门的高度重视，县委县政府成立了仙居农信普惠金融工程领导小组，各乡镇成立工作领导小组，为全面推进普惠金融工程提供了强有力的组织保障和政策支撑。同时，通过制定普惠金融考核办法，激励各分支机构在工作中落实普惠金融政策。

10.2.2　仙居农信联社战略定位的动因

　　仙居农村信用社自 1954 年建社以来，一直坚持扎根农村、服务"三农"，"支农支小"的战略定位不仅是省联社三年行动计划的要求，也是其基于县内金融市场发展现状的理性选择。一方面，定位农村是仙居农信社在城区竞争激烈的情况下的战略。仙居县内的金融机构，除仙居农信联社外，还有 1 家政策性银行、5 家国有商业银行、3 家城市商业银行、1 家村镇银行和 2 家小额贷款公司。这些金融机构利用各自的优势，分别占据了一定的市场份额。而仙居县的农村，由于交通不方便、建立网点成本高等原因，其他金融机构的覆盖面相对较小，仙居农信联社坚持服务"三农"、"支农支小"，建立普惠金融"丰收村村通"服务网络，积极拓展农村市场，既为农民带来了金融服务的便利，也为自身的发展带来了新机会。另一方面，仙居农信联社选择经营"支农支小"的小额贷款也是降低信贷风险的有效办法。虽然根据规定农信社的单笔贷款规模可达 1000 万元，但是贷款过度集中会产生更大的风险。仙居农信联社在实际经营过程中坚持做小额贷款，不仅使有限的资金可以为更多的人提供金融服务，而且小额、分散贷款更有利于风险控制，从而保证信贷资产质量和经营效益。

10.3 　仙居农信联社开展农村普惠金融的创新探索

10.3.1 　开展农村普惠金融的战略举措

仙居农信联社紧紧围绕浙江农信普惠金融工程"三年行动计划"创业普惠、便捷普惠和阳光普惠的三大目标，因地制宜，制定了"创业普惠四做模式、便捷普惠四条通道、阳光普惠四项工程"的普惠金融服务措施。

10.3.1.1 　创业普惠，稳固农村金融的主力军地位

创业普惠，是指做"支农支小"的主力银行、"创新创业"的惠民银行、"慈孝仙居"的载体银行、"扶贫帮困"的责任银行。仙居农信联社深耕"三农"市场，为创业者提供信用普惠。主要做法包括：（1）优化信贷投向，使其现代农业项目和"美丽乡村"建设对接。2015 年 9 月初，仙居农信联社涉农贷款余额为 49.81 亿元，较年初增加 8.29 亿元，增长 19.95%。（2）积极扩大农村青年创业贷款、巾帼创业贷款、农村党员创业贷款、失地农民创业贷款及大学毕业生自主创业贷款，使以上各类主体在创业中得到金融服务支持。截至 2015 年 8 月末，仙居农信联社发放丰收创业卡 711 张、授信余额 4.03 亿元、贷款余额 3.15 亿元。（3）积极对接民生工程，代理城乡居民养老保险金、乡镇公共涉农补助资金、代理财政国库集中支付等业务，2015 年年初至 9 月初，共代理 69.9 万笔、61461 万元。同时，仙居农信联社还为被征地农民提供养老保障金融服务。

10.3.1.2 　便捷普惠，打通农村金融服务最后一公里

便捷普惠，是指构建机构网、人员网、电子网、农贸市场便民网，提高金融服务的可获得性。一方面，仙居农信联社实施"丰收三网"战略，即实现机构网、电子网和人员网的普惠服务网络化，打通县内农村金融服务最后"一公里"。另一方面，以"丰收村村通"工程为基础，构建多层次、多渠道、广覆盖的服务网络，主动对接惠民生，全面免费代理政府部

门的代收代发业务,努力让广大城乡居民不出村(社区)就能得到金融服务。主要做法包括:(1)提高营业网点和农村金融服务机具覆盖面。截至2015年9月,仙居农信联社有各类规模的营业网点33个;自助存取款机89个,便农服务终端112个,各类POS机933个,其中分布在农村地区的助农电话POS机397个。现有的助农取款服务已经覆盖了仙居县辖内的所有行政村,基本实现了基础金融不出村的要求。(2)建立公议授信①小组成员、设备管理员、金融联络员"三员合一"的人员网,为做好便民金融服务提供强大的人力保障。(3)加快电子银行建设步伐,截至2015年9月初,已有网上银行29139户,手机银行20280户,微信银行761户,电子银行替代率②达到61.98%。

专栏1

仙居农信联社促进普惠服务网络化

仙居县农信联社的助农取款服务包括助农电话POS机业务和便农服务终端。

(一)助农电话POS机业务

助农电话POS机业务是通过固定电话网络与浙江农信核心系统连接,专门为个体工商户及持卡人推出的一项提供查询、消费、转账、便民缴费、助农取款等服务的业务。通过开展银行卡助农服务,构建起支农、惠农、便农的"支付绿色通道",让老百姓足不出村就可以领取到各类政府补贴、工资等款项,将"普惠金融"的政策送到老百姓的家门口。助农电话POS机的主要特点有零成本、零风险和高效率。通过助农电话POS机,可以解决村民日常500元以下的小额资金需求,不出村就可以取到现金。另外,助农电话POS机的缴费功能可以帮助村民代缴电话费及电费,让村民的日常生活更便捷。

---

① 公议授信是指仙居农信联社以诚实守信、按期偿还债务为核心,按照统一评定标准,对辖属农户(含社区居民、个体工商户等)的信用状况经规定程序进行综合评定。详见专栏2。

② 电子替代率为总电子银行账务交易笔数与柜面办理业务笔数和ATM办理业务笔数之和的比。

（二）便农服务终端

便农自助终端是指仙居农信联社布放在村委会、社区、商户等村民居住相对集中区域使用，客户在管理员辅助下使用，可以办理小额存取款、汇款转账、账户管理和缴费业务等功能的自助设备。便农服务终端与助农电话POS机相比，在POS机的基础上又添加了更多的功能。例如，可以在便农服务终端上进行定活互转业务，不用去银行自主完成获取存款与定期存款的互转，使农民的空闲资金可以获得额外的收益；还可以进行历史明细查询、短信及密码修改等业务。最大的不同是便农自助服务终端支持农信社发放的各类存折的使用。与城市居民相比，很多农村居民对银行卡的安全性不够放心，因此在农村存在大量使用存折的用户。有了便农服务终端以后，持有存折的农村用户也可以享受到金融服务了。

10.3.1.3　阳光普惠，深化农村信用体系建设

阳光普惠，是指推广村级公议授信、实施阳光信贷工程、推进农村信用体系建设、启动慈善普惠金融讲堂。仙居农信联社近年来不断充分挖掘信用资源，完善农村信用体系建设，营造了良好的信用环境。主要做法包括：（1）推广村级公议授信，建立授信评议小组，吸收村庄内威望高、人品好、情况熟并有一定的知名度和影响力的群众代表参与授信评议，实行信贷业务的受理、调查、授信、审批、放款等各个环节阳光操作。（2）在全县各行政村（社区）全面推行阳光信贷公示，客户经理的联系方式、服务范围、客户办贷条件、流程、服务承诺等全部上墙公示；强化社会监督，建立健全投诉受理、阳光信贷监督机制，公示信贷监督电话、受理投诉邮箱等。（3）制定《信用户、信用村（社区）、信用乡镇（街道）评定办法》，侧重偿还能力、信用记录、慈孝行为、村级公议授信等因素。截至2015年9月初，已建立信用村248个、信用乡镇5个，信用户20510户。（4）启动仙居农信慈孝普惠金融讲堂，大力开展金融知识教育宣传，增强群众金融意识，实现金融知识普及化。

专栏 2

仙居农信联社村级公议授信

仙居是典型的山区县，农民居住分散，在信贷服务中如何甄别农户是一项难题。近年来，仙居农信联社积极推进阳光信贷工程，不断深化农村信用体系建设。公议授信工作是"阳光信贷工程"的核心内容，是仙居农信社提高服务水平、落实便民惠农政策的一项重要措施。

仙居农信联社从 2013 年 3 月开始开展公议授信工作，先在辖区内的各镇开始试点，然后逐步推进到全县。公议授信工作是仙居农信联社在辖内每个村建立公议小组，农信联社与村公议小组一起对农户的资产负债情况和生产经营情况等信息进行摸底了解、建立档案、评议打分，并对各农户的可贷额度进行公开评议、核定，把贷款调查工作提前，提高信用社的办贷效率，方便农户贷款。推行村级公议授信工作不仅有利于仙居农信联社提高"三农"服务水平，占领巩固农村阵地，增强仙居农信联社核心竞争力，也使仙居农信联社更好地履行社会责任，支持农村经济建设，促进农民增收和地方经济发展。

首先，根据村的规模在本村内选取 3—5 人组成公议授信小组。公议小组的成员是由在本村内人品好、威望高、情况熟、处事公正、热心公益事业，在当地有一定知名度和影响力，并且有较强的参与意愿，乐意支持配合仙居农信联社公议授信工作的群众组成，并且仙居农信社在选取公议授信小组成员时一般不会选择村支书、村主任。其次，村民向村内的公议授信小组提出授信申请。公议授信的对象是本村中家庭户主或主要劳动力年龄在 58 周岁以下、遵纪守法，社会形象和评价良好，从事合法合规的生产经营活动的农民，仙居农信联社采取户主制，进行一户一授信。然后，村公议授信小组成员对提出申请的农户进行调查，收集农户的经营状况、经济实力、信誉、偿债能力、对外担保情况等方面的信息，建立农户经济档案，填制《客户信息表》和《公议授信农户调查评定及授信核定表》。在完成上述信息调查和资料收集的基础上，村公议授信小组对农户进行公议授信并向农信联社推荐本村的优质客户。在公议授信过程中，公议授信小组成员进行背靠背无记名打分。最后，仙居农信联社分管公议授信的客户经理汇总公议授信小组成员背靠背得出的打分表后计算出各农户的平均值，根据平均值确定公议授信农户资格和授信额度。农信联社在确定农户资格和授信额度的过程中，不仅会参考授信小组的打分表，也会根据其他信息综合评定。

通过公议授信的农户需要贷款时，可以更方便地获得贷款。公议授信小组成员的工作不仅仅是对村内居民的信用进行评价，也在日常生活中对村民进行一定的监督，做到信用状况季度回报，重大事项随时上报。在公议授信的基础上，针对农村用户缺少合适抵押物的实际情况，仙居农信联社与仙居商会联合担保有限公司合作推出了"银保通"整村信用贷款。通过仙居农信社公议授信并在联社网点（贷款社、部）开立结算存款账户并且经过家人同意的农户，向管辖地信用社（部）、分社申请"银保通"贷款，联社辖属网点根据公议授信结果出具保证函和"银保通"整村信用贷款清单，担保公司进行复核后按规定办理相关手续，并收取担保费用进行担保，农户即可获得"银保通"贷款。一般情况下用户可在一个工作日内收到发放的贷款。"银保通"贷款的贷款期限也十分灵活，一般为一年，与担保公司签订的合同期为两年，在合同期的两年内，用户可以随用随贷，便于资金的周转使用。"银保通"贷款的推出，简化了办理贷款的手续，优惠了贷款利率，不仅破解农户贷款担保难的问题，并且为农户节省了贷款利息支出。

10.3.2　开展农村普惠金融的产品与服务模式创新[①]

10.3.2.1　探索产品创新，支持现代新型农业经营

新型农业经营主体已成为推进现代农业发展的重要力量，仙居县政府积极鼓励探索新型农业经营主体的发展。2013 年 1 月仙居县成立了全省首

---

① 普惠金融惠及的对象既包括农村，也包括城市。仙居农信联社推出的涉及普惠金融的产品还有针对个体工商户和小微企业主的丰收创业贷款，针对城乡各类扶贫对象的丰收爱心卡，针对农民、居民、个体经营户和小企业业主的丰收小额贷款卡。由于本报告主要考察农村普惠金融的发展程度，因此对这些产品不作详细介绍。

家股份制合作农场。仙居农信联社跟进金融服务,率先推出"丰收农场贷"系列产品,为新形势下金融支持新型农业经营主体做出了积极的探索。"丰收农场贷"的贷款主体是以土地经营权或现金实物、知识产权入股,自愿组织成立的股份合作农场、家庭农场及其股东。"丰收农场贷"先后荣获2013年浙江农信系统产品与服务创新奖,浙江银行业第二届、第三届服务"三农"十佳金融产品,提升了浙江农信支持"三农"发展的影响力和美誉度。

与仙居农信联社的其他信贷产品相比,"丰收农场贷"具有三个方面的特色:第一,贷款方式更多元。贷款主体根据实际需要可采用信用、保证、抵押、质押等方式贷款,包括土地经营权抵押、农机具抵押、股权质押等。第二,贷款利率更优惠。农场主体贷款实行基准利率或下浮10%,农场股东贷款利率比农户种养殖贷款下浮15%或以上。第三,贷款手续更简化。贷款期限在2年以内,采用一次授信、循环使用、随贷随还的方式。通过授信的农户,在获得仙居农信联社发放的丰收小额贷款卡后,贷款期限内可以通过柜面或者网上银行办理贷款和还贷,而且贷款利息按实际的贷款天数计算,更具灵活性。

10.3.2.2　拓宽应用领域,推出农贸市场便民支付

仙居县中心菜场是全县摊位最多、人流量最大的菜场,是浙江省"四星级"标准的中心农贸市场。为构建便捷支付的绿色通道,促进支农惠民的民生服务体系,仙居农信联社积极探索拓宽电子银行应用领域,创新推出了"丰收·乐易购"银行卡电子支付业务,成为全省首家在农贸市场推出"银行卡电子支付"的金融机构。

便民支付业务的操作程序是:农贸市场经营户统一配置可追溯式电子秤和银联传统POS机,顾客选菜称重后,电子秤自动通过串口将金额传递至POS终端,顾客即可刷卡支付。支付完成后,POS终端会打印交易凭条,凭条上有所购菜种、购菜摊位、交易时间等相关信息。顾客开通金融IC卡的电子钱包功能后,等同于使用电子现金。经过前期的试运行及大力宣传和营销推广,截至2015年10月底,仙居农信联社已在中心市场的内外店铺、肉食区、水产区、蔬菜区推广"丰收·乐易购"银行卡电子支付业务,安装POS机128台,实现买菜刷卡交易笔数100257笔、交易金额5150

万元。

10.3.2.3　结合慈孝文化，逐步培养客户金融知识和能力

近年来，仙居县努力打造自己的慈孝文化，努力培育以"尊老、爱幼、孝亲、助人"为核心的慈孝价值理念。仙居农信联社作为仙居县境内主要的金融机构，也在积极承担自己的社会责任，争做慈孝的载体银行。为了推动普惠工程的建设，仙居农信联社结合行业实际及仙居慈孝文化创新推出一系列产品。同时，开展"仙居农信慈孝普惠金融讲堂"活动，提高农户对金融知识和技能的认知能力。

在创新金融产品方面，仙居农信联社推出"一卡一存一贷一基金"。一是推出丰收慈孝卡。丰收慈孝卡分为 A 卡和 B 卡，A 卡为孝卡，主要为老人提供，通过签订代扣协议，子女每月将固定金额定时存入父母的指定账户；B 卡为慈卡，主要为子女提供，长辈可以给子女建立教育成长基金。并且，慈孝卡每发生一笔业务，仙居农信联社就捐一分钱到县慈善基金中。二是推出"丰收慈孝存"。存款人开立"丰收慈孝存"存款账户后，存入起点金额 3 万元及 3 万元以上本金，存期为 5 年，年利率为 5%，即可享受每月支取固定金额的养老金或慈爱金，存款到期后一次性支取本金。支取人可以是存款人本人或是其父母等长辈以及子女，也可以是存款人指定的被捐赠人。三是创新推出丰收慈孝贷。在贷款利率上，被评为"县级慈孝之星或慈孝家庭"的信用户可享受基准利率，被评为"乡镇级慈孝之星或慈孝家庭"的信用户比其他信用户再优惠 5%；除此之外，在贷款额度上也进一步放大，在贷款时享受优先安排，在办理业务时有条件的信用社为他们开设绿色通道等。四是设立"员工慈孝基金"，从仙居农信联社的应付薪酬总额中计提专项基金，50% 来源于员工的应付薪酬，50% 来源于员工工资账户。提倡员工为子女、父母及配偶父母存慈孝基金，每月以转账方式将"慈孝基金"划转至员工指定家属的慈孝账户。

在培养客户金融能力方面，仙居农信联社制定了"仙居农信慈孝普惠金融讲堂"活动方案，并设立"仙居农信慈孝普惠金融讲堂"片区宣传小组，组建了仙居农信慈孝普惠金融讲堂宣讲团。2014 年 8 月初，仙居农信联社正式启动"仙居农信慈孝普惠金融讲堂进乡村"活动。活动以宣传金融产品和服务为主，以通俗易懂的方言，配以图文并茂的动画 PPT，重点宣

讲了服务零收费、便民金融服务、阳光信贷、"利惠通"积数优惠贷款、丰收小额贷款卡、丰收创业卡、丰收慈孝卡、假币识别、心防工程（防诈骗）等。同时，通过新闻媒体、户外广告、网站、微信、公交车身、LED 多媒体、宣传资料等平台进行宣传，让广大群众学金融、懂金融、用金融，使金融知识宣传普及、产品服务推广延伸到每个村落。

10.3.2.4　推出"电商链"贷款，拓展普惠金融服务渠道

互联网的逐渐普及和农村网民数量的攀升增加了农村电商消费市场的潜力。随着浙江"电商换市"（包括浙货销售电商化、居民消费电商化以及各类服务电商化等）工作的推进，仙居县也积极探索农村电商，下各镇黄梁陈村成为 2014 年年底"第二届中国淘宝村高峰论坛"上阿里巴巴集团公布的全国 211 个淘宝村之一。为大力支持并促进电子商务商品产业链的发展，解决电子商务（商品）制造商、电子商务店家、电子商务（商品）供应商以及加工厂（点）的融资难问题，仙居农信联社创新推出"电商链"贷款。

"电商链"贷款主要面向工商行政管理机关或主管机关核准登记的从事电子商务销售的商品制造商、电子商务销售商和为电子商品制造商提供原材料及服务的企业、个体工商户、加工厂（小作坊）等。贷款除采用保证、抵质（押）等担保方式外，还可根据客户店铺发展时间、月度销售量、好评率、DSR（店铺动态指数）等综合测评，用丰收小额贷款卡形式向优质客户发放信用贷款，具有一次授信、循环使用、随借随还的特点，贷款期限最长为 13 个月，贷款服务人群多元、担保方式灵活、审批方便快捷。截至 2015 年 10 月，共发放"电子商务（商品）产业链"贷款 32 户，贷款余额达 460 万元，其中电商企业贷款 1 户，30 万元；电商个人贷款（包括加工点、小作坊主个人）31 户，430 万元。

10.3.3　减轻客户负担，让利于农民的措施

仙居农信联社在开展农村普惠金融的工作中，在结合当地文化和经济发展状况不断创新金融产品、拓宽应用领域的基础上，还通过多种方式让利于民，让农民获得更多的实惠，让利于民的同时也让客户在仙居县众多的金融机构中更愿意选择仙居农信联社及其分支机构。

10.3.3.1　金融服务零收费

仙居农信联社与当地其他金融机构最大的不同是各项金融服务全部零收费。自 2012 年 4 月起，除贷款利息外，仙居农信联社开始实行各项服务零收费，涉及基本结算类业务、通存通兑业务、非基本结算类业务、电子银行业务、银行卡业务、收费业务、代理业务、其他业务八大类 100 多项服务，每年让利 500 多万元。随着这些业务手续费的免收，仙居县农信联社的客户获得金融服务的成本大大降低，其忠诚度也有了一定程度的提高。

10.3.3.2　开展业务普惠积分

仙居农信联社从 2015 年初推出了业务普惠大积分活动。对客户办理存款业务、中间业务、网上银行、手机银行等各类业务赠送不同档次的积分，积分由业务系统自动计算，客户持身份证或丰收卡（折）到信用社任一网点用积分兑换苏泊尔系列家电或日常实用礼品；如不兑换礼品的，还可持信用社丰收卡到积分消费的指定门店，凭相应的积分消费享受话费充值、超市购、洗车、看电影、餐饮、生活缴费等增值服务。为提高业务普惠积分的集中兑换便捷性、效率性和体验感，各网点充分利用驻勤和外拓营销等活动载体，通过移动终端服务平台，采用"白＋黑"甚至"5＋2"的模式进村入社区兑换。仙居农信联社以"小服务"做优普惠金融"大文章"，以"小礼品"换来业务发展的"大回报"，让客户获得更多优惠的同时，进一步提升了客户黏度、认同感、美誉度和品牌影响力。

10.3.3.3　给予贷款利率优惠

近年来，仙居农信联社根据仙居农村经济发展实际，针对特殊群体推出多种贷款利率优惠的金融产品。如上文所述，仙居农信联社为支持农业新型经营主体的发展，推出"丰收农场贷"，对农场主体和农场股东给予贷款利率优惠；结合仙居慈孝文化创新推出的"丰收慈孝贷"，对被评为县级或乡镇一级"慈孝之星或慈孝家庭"的信用户给予贷款利率优惠等。2015年 3 月，仙居农信联社成为仙居县唯一承办被征地农民养老保障金融服务的金融机构，在积极做好被征地农民养老保险缴费服务的同时，创新推出"永安养老贷"，实行小额信用贷款、优惠贷款利率、简化办贷手续、放宽贷款条件等"绿色通道"，解决被征地农民一次性缴足养老保险费的资金缺口。仙居农信联社因地制宜创新贷款产品，并实行利率优惠，给农户带来了实实在在的好处，在一定程度上提高了客户忠诚度和满意度。

10.4 仙居农信联社财务绩效及社会绩效评价

10.4.1 财务绩效

10.4.1.1 信贷质量

农信社贷款四级分类以贷款期限为分类依据，注重贷款的逾期时间；五级分类不局限于贷款期限，主要以借款人偿还贷款本息的能力为依据，是在对借款人的财务状况和信用状况、借款目的及运用方向、信贷风险及控制进行综合分析的基础上进行的。截至 2015 年 10 月，仙居农信联社的四级不良贷款余额为 8615 万元，不良率为 1.66%；五级不良贷款余额为 11165 万元，不良率为 2.15%。较低的不良率说明仙居农信联社具有良好的信贷风险控制管理能力。

10.4.1.2 盈利能力

目前，农信机构的业务仍以存款和贷款为主，利润主要来自利差收入。随着利率市场化，金融机构之间的竞争不断加剧，农信社盈利能力的提高面临更大挑战。本报告主要用资产利润率、贷款回报率和自负盈亏率①等指标来综合衡量仙居农信联社的盈利能力。

从图 10-1 可以看出，2010 年以来仙居农信联社资产利润率呈现出先下降后上升的趋势，说明近几年其盈利能力有所提高。2014 年仙居农信联社资产利润率有了大幅增长，达到 2.28%，远高于当年全国商业银行资产利润率（1.23%）。贷款回报率体现机构运营每单位贷款带来的金融收入。2010 年以来，仙居农信联社贷款回报率呈现出先上升后下降的趋势，这一方面是利率市场化带来的竞争加剧的结果，另一方面是其"支农支小"、让利农民的表现。图 10-2 显示，2010 年以来仙居农信联社的自负盈亏率徘

---

① 资产利润率=（营业利润/平均总资产）×100%

贷款回报率=（金融收入/平均贷款余额）×100%

自负盈亏率=（金融收入/经营管理费用）×100%，其中，经营管理费用=利息支出+管理费用

徊在160%，虽然2011年以来一直呈下降趋势，但这是贷款回报率下降的反映，总体上仍然表现出较好的可持续发展能力。

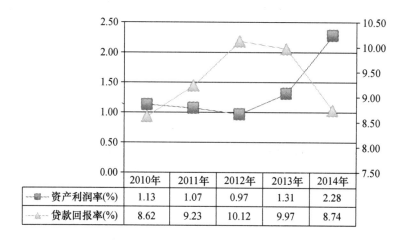

	2010年	2011年	2012年	2013年	2014年
资产利润率(%)	1.13	1.07	0.97	1.31	2.28
贷款回报率(%)	8.62	9.23	10.12	9.97	8.74

图10-1　仙居农信联社资产利润率与贷款回报率（2010—2014年）

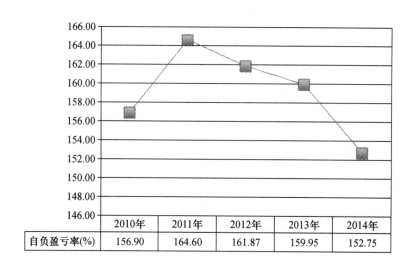

	2010年	2011年	2012年	2013年	2014年
自负盈亏率(%)	156.90	164.60	161.87	159.95	152.75

图10-2　仙居农信联社自负盈亏率（2010—2014年）

10.4.1.3　经营管理效率

提高经营管理效率是提高农信机构盈利能力和增加农村金融供给的重要因素。基于数据的可得性，本报告用单位贷款额成本率和单位利息收入成本①两个指标来评价仙居农信联社的经营管理效率。

单位贷款额成本率反映为了经营单位贷款所支付的费用,单位利息收入成本反映取得单位贷款利息收入所支付的费用。从图 10 - 3 可以看出,仙居农信联社 2010 年至 2012 年单位贷款额成本率不断上升,2012 年开始下降,说明 2012 年以来其经营贷款的效率不断提高。2010 年以来,虽然仙居农信联社单位利息收入成本均基本稳定在 0.61 元至 0.65 元,但呈现出先下降后上升的趋势,说明其为获得单位利息收入所支付的费用在上升。这意味着,尽管管理效率在提高,但是由于贷款回报率在降低,创造单位收入的成本在上升。

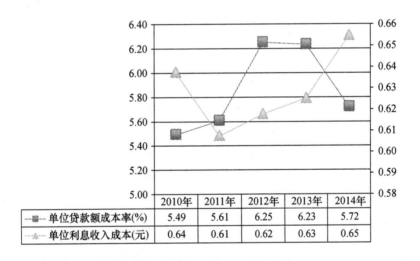

	2010年	2011年	2012年	2013年	2014年
单位贷款额成本率(%)	5.49	5.61	6.25	6.23	5.72
单位利息收入成本(元)	0.64	0.61	0.62	0.63	0.65

图 10 - 3　仙居农信联社经济管理效率(2010—2014 年)

10.4.2　社会绩效评价

10.4.2.1　金融服务覆盖广度和深度

金融服务覆盖面可以从广度和深度两个方面考虑。所谓广度,是要考察一个机构服务客户的数量,提供服务的数量和覆盖的地域范围。而深度,

---

①　单位贷款额成本率 = (经营管理费用/本期贷款发放总额)×100%,其中,经营管理费用 = 利息支出 + 管理费用

单位利息收入成本 = 经营管理费用/贷款利息收入

是从贷款额度等贷款条件来考察一个机构服务什么样的客户，是大企业还是微小企业，是富裕人群还是低收入人群。贷款额度越低，客户越接近底层，说明服务深度越深，对促进社会公平发展的意义更大。所以，衡量覆盖深度，可以看到哪些金融服务机构更加关注社会底层群体。在本报告分析中，用农户贷款规模、客户数量、服务网点数量与分布情况来衡量仙居农信联社普惠金融的广度；用客户种类、涉农贷款比重、农户贷款比重、农户单笔贷款发放额与当地人均 GDP 的比值来衡量普惠金融的深度。

　　首先，在金融服务覆盖广度方面，近年来，仙居农信联社支持"三农"发展的覆盖面不断扩大，如表 10 - 1 所示，年底持有贷款余额的农户数从 2007 年的 14815 户增加到 2014 年的 20968 户，年底贷款总余额和年底农户贷款余额都呈上升趋势，其年均增长率分别达到 20.12% 和 16.81%，由此看出仙居农信联社的贷款规模持续扩大，经营能力逐渐加强，服务范围不断扩大。通过表 10 - 1 中的贷款规模的快速增长可以看出，仙居农信联社发展普惠金融覆盖的广度在逐渐提高，仙居县农民获取金融服务的机会也更多。

　　值得注意的是，2008 年至 2014 年仙居农信联社的存贷比呈下降趋势（见表 10 - 1），从 74.12% 下降到 65.13%，意味着用于信贷的资金占比有所下降，可能是由于农村金融业务成本上升、效益下降而导致资金利用更加多元化，但是，这不利于坚持和扩大金融服务覆盖面。

表 10 - 1　　　　　　仙居农信联社贷款情况（2006—2014 年）

年份	年底贷款总余额（万元）	存贷比（%）	农户贷款余额（万元）	年底持有贷款余额的农户数（户）
2006	101270.00	—	95285.00	—
2007	115269.00	—	108004.00	14815
2008	128596.47	74.12	106229.13	15640
2009	147260.11	71.22	128329.00	16365
2010	185245.38	70.68	162824.00	16985
2011	223246.47	69.16	197066.00	17585
2012	283234.08	67.03	247105.00	18285
2013	360248.49	66.02	305377.00	18918
2014	438969.33	65.13	330367.00	20968

注："—"表示数据不能获得。

资料来源：浙江省仙居县农村信用合作联社。

　　其次，在金融服务覆盖深度方面，金融服务覆盖深度反映了"支农"、"支小"的力度。对于农信社而言，金融服务覆盖深度就是其对"三农"的支持力度，尤其是对农村低收入人群的贷款服务程度。从 2009 年到 2013 年，仙居农信联社的涉农贷款比重一直在 91%—95%，到 2014 年有所降低，但仍然为 85%（见表 10-2），反映出仙居农信联社的业务重点一直是涉农贷款。从借款主体上看，仙居农信联社的涉农贷款主体为农户和农村企业①（见表 10-2）。2009 年到 2013 年期间，农户贷款余额在仙居农信社的贷款余额中的占比一直保持在 84%—89%，到 2014 年为 75.26%，仍然占主要地位，与此同时，农村企业贷款余额占贷款总余额的比重从不足 4% 上升到近 10%（见表 10-2）。这说明随着农业产业化的发展，仙居农信联社的客户群体趋向多样化，体现出普惠金融的发展方向。而且，贷款越来越多地流向了生产经营领域。

　　根据《中国农村金融服务报告 2014》，截至 2014 年年底，全国全部金融机构贷款余额为 867868 亿元，其中涉农贷款余额为 236002 亿元，占比 27.2%，农户贷款余额占比 6.2%；浙江省金融机构各项贷款余额为 71361 亿元，涉农贷款余额 28911 亿元，占比 40.5%，农户贷款余额占比 9.8%。可见，2009 年以来仙居农信联社的涉农贷款比重和农户贷款比重都远高于全国和浙江省的平均水平。

表 10-2　　　　　仙居农信联社贷款余额分布（2009—2014 年）　　单位：万元、%

年份	年底贷款总余额	涉农贷款		农户贷款		农村企业贷款	
		金额	比重	金额	比重	金额	比重
2009	147260.11	134012.00	91.00	128329.00	87.14	4983.00	3.38
2010	185245.38	175211.00	94.58	162824.00	87.90	12387.00	6.69
2011	223246.47	208943.00	93.59	197066.00	88.27	11877.00	5.32
2012	283234.08	265873.00	93.87	247105.00	87.24	18768.00	6.63
2013	360248.49	339029.00	94.11	305377.00	84.77	33652.00	9.34
2014	438969.33	373125.00	85.00	330367.00	75.26	42486.00	9.68

资料来源：根据仙居农信联社提供的数据计算得到。

---

　　①　根据人民银行关于涉农贷款的统计口径，按照不同借款主体，涉农贷款可以分为农户贷款、农村企业贷款、农村各类组织贷款和城市企业及各类组织涉农贷款余额。

单笔贷款额度也在一定程度上反映出金融服务覆盖深度①。根据表10 - 3，2009 年至 2014 年仙居农信联社农户贷款平均单笔额度从 2009 年的 9.55 万元提高到 2014 年的 12.27 万元，呈上升趋势，但是，在此期间仙居县人均 GDP 快速发展，年平均增长率达到 5.16%，除 2009 年外，仙居农信联社年底农户单笔贷款与当地人均 GDP 的比值稳定在 4.6 左右。因此，整体来看，对于低收入农户的贷款服务力度较好。而且，2009 年至 2014 年，该比值整体呈下降趋势，由 2009 年的 5.66 降到 2014 年的 4.11，这说明仙居农信联社的农村金融服务覆盖深度逐年加深，更多的农户和微小企业得到信贷服务。

此外，由于中低收入人群往往难以提供金融机构要求的抵押品，对于这样人群的信贷担保方式常常是仅凭借贷者个人信用或者借贷者彼此互相担保，即组成联保小组。所以，信用贷款数量的占比往往也反映出金融服务覆盖深度。截至 2015 年 10 月底，仙居农信联社信用贷款余额 67708 万元，其中小额信用贷款 65566 万元，占信用贷款的比例高达 96.84%，与农户贷款余额占比高、平均单笔贷款额度低的情况相结合，可以看出仙居农信联社的服务对象主要是当地农户和农村微小企业，说明其金融覆盖深，普惠程度很高。

表 10 - 3   仙居农信联社金融服务深度（2009—2014 年）

年份	年底农户单笔贷款发放额（元）	当地人均 GDP（元）	年底农户单笔贷款发放额与当地人均 GDP 的比值
2009	95459	16856	5.66
2010	94065	20405	4.61
2011	111651	24112	4.63
2012	117809	25566	4.61
2013	124042	27331	4.54
2014	122736	29894	4.11

资料来源：根据仙居农信联社提供的数据及仙居县统计局公布的各年《仙居县国民经济和社会发展统计公报》计算得到。

————————

① 根据小额信贷信息交流机构（Microfinance Information Exchanges，MIX）的有关标准，平均单笔贷款余额不超过当地人均国民收入（GNI）的 2.5 倍时，这样的贷款可称为小额贷款，也表示这样的贷款是服务于中低收入人群。

10.4.2.2　金融服务质量

随着中国金融体制改革的不断深入和金融体系的逐步健全,金融同业竞争日益激烈,提高金融服务质量是应对竞争的重要措施。仙居农信联社在开展农村普惠金融工作中,第一,实施"便捷普惠",在全县的农村安装助农电话 POS 机和便民服务终端,基本实现农民不出村就能享受到金融服务,便民服务终端一般设在村中的小商店,店主负责操作服务设备,帮助不熟悉银行业务的老年人和教育水平较低的村民,为这些留守农村的人群提供了很大的方便;第二,仙居农信联社针对不同农户或农业经营主体,创新推出多种信贷产品,极大提高了农户信贷的可得性;第三,近几年仙居农信联社不断完善村级公议授信工作,随着农村信用体系的完善,用户从申请贷款到获得贷款的天数从 2009 年的 3.5 天降到 2014 年的 2 天,提高了金融服务质量。

10.4.2.3　金融教育

仙居农信联社注重金融教育和普惠金融宣传,旨在提高客户的金融能力、培养潜在客户。一方面,仙居农信联社结合当地的慈孝文化,开展"仙居农信慈孝普惠金融讲堂",宣传其金融产品的特点和优惠措施、阳光信贷流程、反假币等金融知识,让农民离金融服务更近一步。另一方面,仙居农信联社推行驻勤制度,开展进村、进社区、进商铺、进企业、进机关、进市场等扫村、扫街、扫楼、扫户活动,实施面对面营销、分层营销、一对一营销,宣传特色金融产品和服务,宣传恪守信用的好处,积极营造良好的农村信用环境。2014 年,仙居农信联社共举办慈孝普惠金融讲堂 11期,分发各类宣传资料 2.7 万份,分发宣传扇 8000 余把,受众人数近 3500人,辐射 23 个村。

10.4.2.4　扶贫帮困

仙居农信联社秉承"支农支小、造福民生,履行责任、奉献社会"的理念,在开展农村普惠金融中积极承担社会责任、奉献社会。仙居农信社经常参与社会公益活动,例如,参与为结对联系村捐资公益事业;认捐"党内关爱慈善专项基金"10 万元、援藏基金 50 万元;设立"慈孝仙居"农信慈善冠名基金 2500 万元;捐资结对联系村、慰问贫困户、关爱留守儿童和空巢老人;参与寻找身边的抗战老兵等公益慈善活动,把农信爱心传递给更多需要帮助的人。

通过仙居农信联社的信贷业务发展情况和社会绩效分析可见，仙居农信联社不仅具有良好的盈利能力，而且也实现了城乡居民融资更容易、享受服务更便捷、获得实惠更广泛、低收入农户融资更优惠等目标，而且还积极承担了社会责任，具有较好的社会影响力。随着金融体制的改革，不少农村金融机构为了更好地服务农业纷纷改制成商业银行，但是在实际经营过程中，改制后的村镇商业银行并没有解决这个问题，相反还存在不同程度的脱农现象。而仙居农信联社作为传统的农村金融机构，将"支农支小"落到实处，保证了农民和微小企业有款可贷，是农村金融服务的主力军。

10.5 仙居农信联社农村普惠金融发展的问题及思考

10.5.1 发展中的问题

仙居农信联社在开展农村普惠金融工作中，不断摸索创新，在支持"三农"发展方面取得了显著成效。但是，其农村普惠金融工作仍然存在以下制约因素：

第一，电子银行普及不足。与其他银行相比，仙居农信联社的农村客户占比较多，农村地区由于基础设施不够完善、农民观念比较保守等原因电子银行普及时比城市更为困难。虽然自手机银行、网上银行等上线以来大量用户开通了相关业务，但是目前手机银行和网上银行的睡眠率分别达到 53.12%、65.73%。电子银行的普及一方面还需要农信社采取更多的措施和进行更多的金融教育，另一方面也需要国家在基础设施建设方面的支持和补贴。

第二，贷款匹配困难。上文的分析显示，仙居农信联社的存贷比从 2009 年至 2014 年，呈下降趋势。一方面，仙居农信联社在市场中缺乏足够符合条件的贷款客户；另一方面，很多急需贷款的农民由于达不到农信社的授信条件而无法获得贷款。这不仅影响了农信社的资金利用效率，降低了其盈利能力，也是农信社落实"支农支小"的一个障碍，不利于扩大金融服务覆盖面。

第三，盈利方式单一。农村金融机构的收入来源主要是存贷款利差收入，但是在利率市场化的背景下，存贷款利差收入逐渐收窄，中间业务收入的地位越来越重要。而仙居农信联社推行的各项金融服务零收费及诸多让利政策使其利润进一步变薄。随着普惠金融的深入，当地其他金融机构将来在农村市场可能也会与仙居农信联社进行激烈的竞争，仙居农信联社的利润空间将进一步被压缩。

10.5.2　启示

总结仙居农信联社开展农村普惠金融的经验，可以得出以下几点启示：

第一，农村信用社在农村金融市场仍然大有可为。随着现代农业和城镇化的发展，当前我国农村人口不断外流，产业结构调整加速，涌现出了众多新型经营主体。在此背景下，农村金融需求仍然巨大。而与此同时，农村金融市场竞争不断加剧，不同金融机构利用各自的优势，分别占据了一定的市场份额。但是，只要找准定位，不断创新服务理念和技术手段，农村信用社在农村金融市场中将有更大的发展空间，可以进一步拓展农村金融服务覆盖面，推进普惠金融向纵深发展。

第二，仙居农信联社的农户贷款占比从 2014 年开始降低，而同时农业企业贷款余额比重在上升，但是仍然没有改变农户贷款余额占绝对比重的格局。这种情况可能是农业生产现代化、规模化引起农业生产经营主体发生变化而导致的，不能因为农户贷款余额占比下降而否定普惠金融发展状况。因此，对于普惠金融应全面理解，而不能过分片面地强调农户贷款余额占比。

第三，坚持"做小做散"是防控农村信贷风险的重要原则和手段。地方农村金融机构在资金和防范风险的能力上与商业银行存在一定差距，并且经营范围受到地域限制，这就决定了地方金融机构在发放贷款时只能选择"做小做散"的经营策略。小额分散不仅可以确保农民有更多的机会获得贷款，同样的资金也可以服务更多的农民，而且小额、分散的贷款也有利于农村金融机构降低风险控制的难度。

第四，推广自助机具可以大大提高金融服务的可获得性和服务效率。与城市相比，农村地区的金融交易具有业务量少、资金额小的特点。除了农村的中心乡镇，偏远地区如果设置营业网点不仅效率低，而且成本巨大，也是资源的浪费。然而目前电子银行替代率还比较低，电子银行在农村的推广和农民接受上还需要一定的时间，要成为服务农村金融的主要方式还不现实。助农电话 POS 机和便农服务终端等物理机具对基础设施的要求相对较低，与网点相比各种成本也较低。物理机具的推广和使用能够扩大金融服务在农村的可获得性，提高金融服务覆盖的广度和深度。

第五，利用农村熟人社会的信息优势创新信用担保机制有助于降低信贷风险，推动普惠金融发展。对于农村金融机构来说，与为城区居民提供贷款时可以接受用房屋作为抵押不同，对农民放贷的一个困难是农民很难提供足够有效的抵押担保物。要想让农民有更多的机会获得贷款，发展小额信用贷款是有效途径，但是，信用贷款的前提是建立有效的信用评价体系。虽然现在信用贷款在农村金融机构中占的比重并不大，但是，随着农村征信体系建设等基础工作的完成，信用贷款对金融机构和农民都更有利。在具体的操作过程中，金融机构可以通过期末员工考核等员工激励措施保证信用贷款发放的落实。

10.5.3　建议

10.5.3.1　政策层面

第一，对于推进普惠金融服务，政府应给予适当补贴。随着互联网金融、利率市场化的推进，县域金融结构竞争日趋激烈，农信社利润空间将进一步压缩。仙居农信联社在推进普惠金融三年行动中，投入设备、装修、通信及劳务费用等 3000 多万元，并且从 2012 年 4 月开始实行各项金融服务全免费，其利润空间压榨得微乎其微。对于这些在农村地区，尤其是在偏远地区大力开展农村普惠金融服务的金融机构，对其基础设施建设、服务模式和产品创新所产生的高成本给予一定的补贴。

第二，适度降低税率。农业作为弱势产业往往得不到充足的金融供给。尽管服务"三农"是农信机构的主方向和主定位，但农信机构是实行独立核算、自主经营、自负盈亏、自担风险的金融企业，因此，为进一步激发农信机构"支农支小"的潜力,建议适度降低相关税率,减轻其税负。

第三,完善农业保险体系。"支农支小"是农信社的战略定位,仙居农信联社涉农贷款以支持种养殖业为主,而种养殖业的发展需要面对自然灾害、疫病等自然风险和产销不对路、信息不对称等市场风险的双重影响,因此涉农贷款的风险也较大。建议国家完善农业保险体系,降低农业经营风险,实现农民创业致富和金融机构发展的"双赢"局面。

10.5.3.2 金融机构层面

第一,针对利率市场化、贷款收益率下降、存贷比下降等状况,探索农村金融产品和服务模式创新,突破"瓶颈",进一步挖掘农村金融市场,扩大服务覆盖面,加深覆盖深度,可能是仙居农信联社需要着力解决的问题。

第二,仙居农信联社应进一步完善基础设施建设,通过开展更多的金融教育及业务宣传工作,提高电子银行使用率。

第三,仙居农信联社应进一步加强农村征信体系建设,提高贷款资金的匹配程度和资金利用效率。

11 扎根土壤 普惠"三农"

——甘肃省陇南市武都金桥村镇银行 普惠金融工作的分析报告

中国普惠金融工作中的难点和重点是对农户的金融服务，尤其是针对贫困地区农户的基础金融服务，目前还普遍存在不足。甘肃省陇南市武都金桥村镇银行股份有限公司（以下简称金桥村镇银行）自成立以来，持续提供全面、高效的"三农"金融服务，探索出了独到的农村金融服务路径，形成了鲜明的服务特色，成就了自己在当地不可或缺的金融服务地位，并加快了当地农村金融服务市场的完善。其做法和经验，值得仔细分析。

11.1 武都区和金桥村镇银行基本情况

11.1.1 武都区自然、经济和社会概况

武都区是陇南市政府驻地，位于甘肃省东南部、白龙江中游地带，地处秦岭与岷山之间，是秦巴山系结合部，也是甘肃、陕西、四川三省交通要道，总面积4683平方千米。武都区境内海拔最低处667米，最高处3600米，相对高差2933米，垂直差异明显。根据地理条件，可分为川坝河谷区、半山干旱区、高寒阴湿区和林缘区，该地区可耕种面积较少，具有"七山二林一分田"的特点。武都区辖4个街道办事处，15个镇，19个乡，2个民族乡、50个社区、684个村，总人口58万人，40万农村人口，占比约70%。武都区有耕地70多万亩，人均1.4亩左右，草地面积约320万亩，以种植业、林业、畜牧业为主的农业仍然是该区的重要支柱产业。

11.1.2 金桥村镇银行基本情况

金桥村镇银行于2007年7月由兰州银行发起成立，注册资本金为800

万元，2015 年注册资本增至 5000 万元，股东由原先 15 个变为 56 个，其中法人股东 6 个，自然人股东 50 个，兰州银行股份有限公司仍然是最大股东，占股 24%。

金桥村镇银行在公司治理结构上设有股东会、董事会、监事会，并聘任总经理，其中有 7 名董事，3 名监事，1 名总经理，大股东兰州银行股份有限公司代表出任董事长。在内部职能机构设置上，金桥村镇银行总部设置七个业务机构，分别履行综合管理、主营业务办理、风险管理、会计结算、同业业务开展、市场开拓、内部稽核的职能。目前金桥村镇银行在全区内共设 11 个分支机构、网点，共有 136 名员工，其中一线柜台、信贷员工有 110 人，本科以上学历 80 人。经过 8 年的辛勤耕耘，金桥村镇银行取得了骄人的业绩，先后在地方获得"支援地方经济建设先进单位""金融工作贡献奖"等多种荣誉称号。2015 年 10 月，在第八届中国村镇银行发展论坛上荣获"全国百强村镇银行""全国 50 强服务'三农'与小微企业优秀单位"的荣誉称号。

11.2　战略目标与定位

11.2.1　宗旨和战略目标

根据中国银行业监督管理委员会（以下简称银监会）发布的《村镇银行管理暂行规定》，村镇银行是"在农村地区设立的主要为当地农民、农业和农村经济发展提供金融服务的银行业金融机构"。根据这一要求，金桥村镇银行始终将服务"三农"发展作为宗旨，为本辖区内的"三农"提供高效优质的金融服务作为最高目标，扎根农村，紧跟当地产业发展，充分利用现有基层组织力量，开拓创新，以提供小微分散金融产品服务为主要业务模式，在为武都区农户和小微企业提供有效金融支持的同时，实现自身良好的可持续发展，做全国一流的农村金融服务商。

11.2.2　影响金桥村镇银行战略定位的因素

金桥村镇银行的战略目标和定位是其内外部环境因素综合作用的结果。

从外部环境看，第一，武都区经济发展相对落后，贷款需求相对不足。2013年全区城镇居民人均可支配收入16255元，农民人均纯收入达到3382元，而当年全国城镇居民人均可支配收入26955元，农民人均纯收入8896元。相比之下，该区经济发展的滞后性可见一斑。第二，广大农户的现代金融意识普遍薄弱。相当一部分农民，尤其是年龄偏长的村民，现金宁愿存放在家中也不选择存入银行，更不用说主动去银行申请贷款，也无从谈起申请政府的金融补贴。当时有信贷经历的农户还较少，主动利用金融服务拓展业务、提高生产的农户更在少数。第三，农户与银行信息严重不对称，农民缺少有效担保物，银行可用风控措施少。在相对封闭的农村社会，农户信息熟知于乡村里舍，但陌生于信贷人员，且农户信贷记录稀少，从既有征信查询渠道也难以判断农户的固有信誉情况。利用农村产权资产来提供担保，目前仍然有诸多法律障碍，除此之外的农户可用担保物比较缺乏。在风险分流手段稀少的大环境下，如何有效、高效、安全地向农户提供服务，成为战略定位的重要考量因素。第四，自然条件艰苦，农村金融基础设施落后。武都区境内高山、河谷、溶洞、丘陵、盆地交错，沟壑纵横，由于许多农户居住在连机动车通行道路条件都不具备的高山峻岭之上，许多村子的网络通信设施也不能到位，且设立固定营业网点的基础条件不具备。第五，在政策上，银监会相关政策法规要求村镇银行面向"三农"提供金融服务。第六，市场竞争激烈。武都区13万常住人口城区，已经常设有9家常驻金融机构，作为一家新成立的小型金融机构，其市场声誉和服务能力难以企及原有金融机构，在城区吸储和放贷的竞争压力都很大，处于弱势。为了增加吸储竞争力，只能提高吸储利息率，当2015年一年期央行存款基准利率为2.25%时，金桥村镇银行的吸储成本已达到5.8%。

从内部条件看也是如此。第一，金桥村镇银行自身基础弱。如上所述，金桥村镇银行成立时间较短，员工仅有136人，初始注册资本金才800万元，经几次增资后，目前的注册资本金也不过在5000万元。无论是从资产实力还是人员规模上，金桥村镇银行都只能算是一个小的金融服务提供者，注定了其业务模式和业务规模只能以分散、小微为主。第二，股东支持。兰州银行作为发起人和大股东对金桥村镇银行未提出背离村镇银行主营业务的要求，而是放手金桥村镇银行积极开展小微、分散的支农业务。第三，金桥村镇银行主要管理人员擅长"三农"金融业务，从行长到员工对"三农"领域十分熟悉，愿意从事"三农"金融服务。

11.3　因地制宜的业务模式创新

农村社会的多样性和复杂性决定了没有完全适合农村金融需求的既有金融模式，尤其是对一个国家级的贫困区域。单纯地利用经典金融理论和既往普遍经验，想去有效开展武都区的农村金融业务，必然是个巨大的挑战。客观上的自然、人文、地理条件天然地导致开展农村金融业务的成本收入比偏高，甚至如果不能有效统筹、整合资源，部分业务会出现收入成本倒挂现象。这也是农村金融业务普遍难以开展的最直接原因。而来自本地的同业竞争，也促使村镇银行在高息揽储与抢夺有限贷款客户资源之间的夹缝中寻找出路。金桥村镇银行为了有效克服前述诸多困难，探索出了自有的金融业务模式。

11.3.1　拉网式整村业务推进模式

在落后经济条件下，金融业务模式单一，贷款需求不足，息差成了重要的盈利点，贷款户也成了稀缺资源。争夺有效客户资源，成了金融服务竞争战中的首要"阵地"。武都区 36 个乡镇，684 个自然村，不少分布于高山峻岭上和沟壑山川中，人口比较分散。特殊的地理环境，并没有便捷的项目营销渠道。金桥村镇银行采用了几乎最原始的整村推进方法。具体就是在业务推广阶段，并不采用重点筛选的方式，而是一个个自然村整体调研、推广。在推广过程中，甚至具体到每一户、每一村小组，集中搜集每个村的人口情况、产业构成、主要收入来源，对经济收入大户和致富带头人尤其重点关注。这种业务推广模式，覆盖面广，但成本高，工作艰苦。得益于人力资源招聘时的倾向性选择和针对性的培训工作，一批了解农村、贴近农民的员工，利用最原始的拉网式整村业务推进模式，建立起了最贴近农村、农业现实的信息资料库，为本行业务的长远发展奠定了坚实的基础。一个全体员工不过 136 人的小型村镇银行，其有效信贷客户已经覆盖到全区主要农户，贷款户目前已经涉及 28 个乡镇、296 个行政村和一半以上的自然村。

11.3.2 有效的外部组织化：推荐委员会与担保委员会的模式

在银行人力资源有限的情况下，如何获得贷款项目源，如何进行风险控制，来自银行外部的协助机制就显得十分必要。金桥村镇银行的外部协助机制发挥了独到的作用。

11.3.2.1 外部合作机制类型

金桥村镇银行有效运行了两种外部合作机制。一是与村民的联动机制——推荐委员会。以单个村为单位，依托基层村民委员会和党组织，通过基层组织推荐和银行审查考核的方式，选拔当地有威望、公正并能起到带头作用的村民5人到7人，组成村级的贷款推荐委员会。由推荐委员会向银行推荐筛选贷款户，并提出贷款的额度、期限意见。如果遇到逾期情况，推荐委员会成员负有偿还责任。村民无法绕过推荐委员会直接从金桥村镇银行贷款。推荐委员会成员的设立，连接了银行和村民，形成了有效的联动机制。二是与产业的联动机制——贷款担保委员会。根据每个乡镇的行业分布情况，在乡镇组织行业带头人或经营大户，组成担保委员会。由担保委员会为农户贷款进行推荐并担保。担保委员会与推荐委员会相似，利用相对固定的组织形式衔接起了当地产业带头人与银行，形成了产业与金融的联动机制。该行在武都区目前共设有28个担保委员会（目前称为乡镇惠农金融服务组）。

两个委员会设有专门固定工作人员，有相对明确的工作规则，委员会内部也有一定的决策机制。从形式上看，虽然不具有规范性，但已经具备了相对稳定的组织形态。在银行主导下的委员会设立过程中，充分利用了既有的乡村伦理规则。委员会人选除了自身公平和热心之外，还要有一定的组织能力和带头作用，这都是必要的考虑因素。村子里族群的大小、委员在族群中的威望，更是选拔过程中的首要考量因素。乡村治理结构中，宗族威望和血缘关系仍然起着重要的作用。甚至某些意义上，经济利益的直接作用尚不及乡村伦理的示范作用有效。一个明显的例证就是两个委员会的人都负有担保责任，并且要做大量的额外组织、调查、搜集材料、上传下达的工作，但是每个人几乎没有报酬，接近于义务劳动。委员会成员为村民、农户服务，在乡村被视为一种尊严和荣耀，甚至在某些乡村，委员会人员的分配结果也是乡村家族势力间的平衡体现。这种贴近乡村伦理的委员会组建方式，反而最能够发挥其有效的组织和带头作用。

11.3.2.2 外部合作机制的作用

两个委员会来自乡村，扎根于农户，完全本土化的运作模式，对于金桥村镇银行的业务发展，显然能够起到几个明显的作用。

首先，有效解决了金融信息不对称的难题。传统的乡土社会是熟人社会，虽然目前乡土中国已经进入半熟人社会或无主体的熟人社会形态，但是长期在农村生活、生产的大部分人，仍然是生活在熟人社会圈子里。彼此的全面深入了解程度，绝非一般信贷人员短时间所及。因此，利用熟人社会的人掌握的全面信息，有效地化解了借贷双方信息不对称产生的风险。

其次，是风险控制的有效辅助手段。信贷违约风险是金融业务的首要风险，也是主要损失原因。借款人是否违约，除了现实的客观经济压力外，也取决于在乡村社会生活中的违约成本大小。"乡土社会的信用不是对契约的重视，而是发生于对一种行为的规矩熟悉到不假思索时的可靠性。"（费孝通，1947）借款人在委员熟人监督下，违约本身就是一种在乡村内部尊严降低的成本。同时委员也的确了解其收入情况、资产情况、人品信誉，会根据其贷款需求给予推荐额度，不至于因过度贷款而导致还款困难，这本身也是风险控制的手段之一。一旦借款人违约，基于信息对称，权利人也能找到切实可行的追偿办法。

再次，是稳定项目来源的有效保证。农户在第一次贷款后，会熟悉贷款路径，习惯性地依赖故有渠道，同时有委员会成员的熟人影响力和方便的服务，更容易方便实现贷款。由于金桥村镇银行在乡村内建立了稳定的组织，其他的金融机构反而不容易再继续进行业务渗透。稳定的贷款推荐委员会，不仅会排斥同质业务的进入，也会增加其他同质业务的开展难度，变相稳固了农村金融业务的市场。

最后，弥补人力不足的有效措施。广撒网式的业务搜集模式需要大量的人员，但基于成本等原因，银行有限的人力资源无法保证时满足偏远乡村的信贷需要。委员会的设立，实际上变相增加了信贷人力资源力量。虽然是非银行正式员工，但其工作技巧更贴近于乡村现实，反而效果更好。

全区 28 个担保委员会，140 个推荐委员会，大约 850 名成员，实际上都或多或少地履行了信贷员的职能。

11.3.3　特色产业与核心产业导向模式

金融为经济服务是天然的内在属性。金桥村镇银行紧跟当地的核心农业产业，适时地为产业量身定做金融产品，是其有效发展的动力之一。当地多年来形成了花椒、油橄榄、中草药为主的种植、购销、运输产业传统，并在政府的逐渐鼓励和引导下，形成了辐射周边的产业集散地，是当地农业核心经济支柱产业，也是带动农民增收的重要途径。对于具有特色产业的村镇，金桥村镇银行有针对性地提供服务，并紧跟当地特色行业，着力扶持了一批特色产业农户做大做强。以 2013 年为例，武都区全年流转土地 6.95 万亩，新增花椒、油橄榄等特色产业 8 万亩，保存面积达 206 万亩，总产值达 26 亿元。每年大量的贷款、汇兑、支付、转账金融业务需求与核心产业相关，是当地现金流重要来源，更是众多金融机构的主要竞争领域。

金桥村镇银行利用乡镇担保委员会，把核心产业的大户组织起来，集中到担保委员会，为主要农产品地收购、运输、种植提供服务。2011 年在花椒节举办期间，金桥村镇银行在乡镇开始组建了花椒专项贷款担保委员会，将全区花椒经营户统一联保，4 年来，以联保贷款方式累计向全区 18 个乡镇、1081 户农户发放花椒专项贷款 1.043 亿元，为农民及花椒经营户增加直接收益达 7300 余万元（陈方，2015）。以核心农业产业导向的做法，在农村金融业务"广撒网"的同时，抓住了产业的"牛鼻子"，普遍推进与重点跟进相结合，保障了优质金融需求客户来源。

11.3.4　多重保证与保证金质押结合模式

金桥村镇银行对农户的贷款业务，风险分流措施比较单一，除保证以外，几乎没有不动产、动产、股权等抵押、质押贷款业务。累计 22 亿元的贷款业务量主要靠保证方式作为风险分流措施，但不良率仅为 0.7% 左右，就得益于其多重保证加保证金制度。

11.3.4.1　具体模式

在几乎不能提供物保的情况下，利用人保方式作为主要担保措施，成为不得已的选择。为了把保证效果发挥好，做到简单实用，金桥村镇银行采用了多重保证的方法。

一是小组组合，自由联合担保。3—5户农户根据贷款额度、业务关联性、彼此了解程度、地缘亲缘关系等自由组合申请贷款，彼此为对方的贷款行为承担连带保证责任。

二是推荐委员会、担保委员会成员集体对贷款户承担担保责任。推荐委员会和担保委员会的成员根据内部约定，对自己组织、审核、推荐的贷款客户，负有保后监控、催收责任，在贷款户不能如约偿还贷款的情况下，还承担着代为履行的法律责任。

三是保证金池制度。一个推荐委员会或担保委员会推荐客户范围内，每个借款人缴纳贷款额度5%的保证金组成资金池，并存放在银行冻结。资金池资金对全部贷款进行担保。任何逾期还款，可以从资金池中优先扣除偿还。个人贷款完全偿还后，可以取回自己的保证金。

11.3.4.2　多重保证金制度作用与原理

金桥村镇银行采用的多重担保与保证金结合的方式，形式上是多人保证与保证金质押结合的担保方式，蕴含了比较巧妙的担保技巧。

首先，联保小组的组成是建立在推荐委员会或担保委员会推荐的基础上形成的，一方面是小组成员自身的选择和匹配，另一方面是担保委员会的斟酌和筛选。内外两种选择机制可以尽可能克服基于共同用款动机而临时仓促组合的各种联保缺陷。借款人可以互相监督，委员会也可以防止联保小组共谋串通，出现道德风险，对借款用途、还款来源、身份信息、家庭背景情况的真实性提供了保证。

其次，由于联保小组成员对逾期项目集体承担保证责任，在信息真实准确的前提下，利害关系的牵制保证借款人违约的概率较小，即便出现少量违约现象，也可以利用小组多人力量分担单人的还款压力。从银行角度分析，利用多人的经济实力担保少数人的违约责任，实际上是防范违约风险的第一层屏障。

再次，在联保小组不能偿还的情况下，担保委员会或推荐委员会负有偿还义务，是第二重风险防范机制。需要强调的是，委员会成员提供的是连带保证责任，联保小组成员提供的也是连带保证责任，当借款人、联保小组不能偿还贷款而委员会成员代为偿还时，委员会成员根据代为偿还的额度，对联保小组的任何成员也享有法律上的追偿权。这也是对推荐委员会、担保委员会成员去提供担保的间接保障，本质上起到反担保的作用。

最后，第三重风险防范屏障是保证金池。当担保委员会或推荐委员会、联保小组成员不能偿还贷款时，质押的保证金池就可以用来还款。收取贷款额 5% 的保证金，理论上 20 户就可以完全覆盖一户的风险。在前述多重担保体制下，贷款违约率达到 5% 的可能性极小，保证金池制度的设立，成了金桥村镇银行的最后防线。

正是这种内在多重的技巧性，保障了金桥村镇银行仅利用最简单的担保措施就达到了有效控制风险的目的。但要明确的是，其担保方法是与其整套的金融操作模式互为补充、互为支撑的。人力资源的定向培训、业务营销的普遍推进都为准确定位客户源提供了帮助，相对稳定的基层金融互助组织的有效运作，也促使联保小组、保证人对还款充满信心，从而敢于提供保证。总体来看，对农村、农户的熟悉，与农民密切的组织联系，是金桥村镇银行整个业务模式得以成功的最主要原因。

11.4   业务创新中的基础和辅助措施

11.4.1   培养适合农村金融事业的人力资源

人才是企业发展最具有能动性的要素。金桥村镇银行特别重视人力资源的开发，认为合格的人才是开展农村普惠金融，在竞争中制胜的基本条件。金桥村镇银行人力资源开发工作主要包括人才的招聘和培训两个方面。

首先，在人才招聘方面，金桥村镇银行围绕总体发展战略，有意识地招收了一部分学识过硬的本科及以上学历毕业生，在一线培养一段时间后，作为管理人员储备，并从银行学校等招收部分中专毕业生，作为柜台人员主力。对一线信贷调查、服务人员的招聘，更看重他们熟悉农村、了解农村、热爱农民这些基本素质上。对于已经有基层农村金融服务经验，能够独当一面的成熟业务人员，银行从整体上给予统筹安排，尽量迅速充实到一线管理岗位。

其次，在人才培训方面，金桥村镇银行根据员工的履历和素质情况，主要采用了三种培训方式。第一，入职培训，即在员工入职时所要进行的系统性教育和训练。第二，日常业务培训，即在日常业务熟悉、提高的过程中，采用师傅带徒弟的方式，由业务熟练员工带领，帮助新员工深入到一线业务实践。第三，外部机构培训。银行近年来还从上海请来专门的培训机构，利用外部金融培训机构的专业性、系统性特长，对银行全员进行不定期培训。在培训内容上，金桥村镇银行特别注重员工对农村金融工作的思想认识，要求员工放低姿态、深入乡村，"说农民话、吃农家饭、想农民事"，在培养员工接纳、包容、理解、同情、帮助农民的思想意识的同时，金桥村镇银行还着重加强农村金融事务的方法和技巧性培训。例如，如何与农民贴心交流沟通，如何了解农村产业结构和特点，如何与基层村民委员会交流、协作等。除了室内培训，管理人员和老员工还在实践中向新员工示范这些知识的运用，培养员工与农民做业务的同时也能做朋友的理念和技巧，从细节中培育员工的农村金融业务技能。

11.4.2　核心网点与流动服务结合

在有限资源条件下，如何克服高山丘陵遍布的地理条件困难，并尽可能多地覆盖农户，是金桥村镇银行能否生存的一个关键环节。在58万人口4683平方公里的区域，金桥村镇银行的基本业务机构是在人口聚集区和交通要道、人口集散地设立的11个营业网点，其中有4个直接设立在乡镇上，1个在行政村内。此外，还设置了ATM机器11台，并与控股银行合作，向市场投放611台POS机。但是这些网点和设备还不能满足偏远山区、大量人口分散区的金融需要。为此，金桥村镇银行设立了三辆金融流动服务车，定期、定点或不定期地在农村集市、偏远乡村、临时行业大会地点提供贷款、还款、支付、缴费、转账等基础金融服务。截至2015年10月底，流动服务车设立以来，年度业务量达到20000多笔，接受客户咨询8000余次，金额达1400余万元，能独立完成存取款、查询、转账、汇款、归还贷款、手机银行、电子银行等银行金融业务。固定网点与流动服务结合的做法，有效地克服了上述困难，扩大了金融覆盖面。

11.4.3　金融教育，激发需求

在拉网式业务推进过程中，信贷业务人员和推荐委员会、担保委员会成员都会宣传金融服务，针对农户的疑问做出具体的解答，对一部分有潜力的农户进行金融规划，主动帮助农户利用金融服务增收。在一个贷款业务为零的村庄，金桥村镇银行通过业务介绍和推广，农户贷款业务从无到有，从小到大，因贷款而获得发展的农户以鲜活实例激励其他农户寻求贷款，发展生产，由此带动金桥村镇银行农村信贷业务的不断增长和不断发展。金桥村镇银行进行金融教育的成效也带动了其他金融机构在乡村积极开展金融教育工作。

11.4.4　批量审批，集中服务

农村金融业务难以开展的主要困难，除了金融需求不足之外，实际上成本居高不下是最根本的原因。传统金融机构的信贷业务是单笔单做的评价、审批模式。在偏远的山区如果采用这种模式，很可能出现成本和收益严重倒挂的现象。为了克服这一困难，金桥村镇银行采用批量集中审批的做法。其利用基层外部合作组织，统一收集资料、组织客户资源，每次在一个村子或乡镇，集中几十户甚至上百户，利用流动车，在专门时间派出专人集中服务；同时，严禁单户绕过推荐委员会或担保委员会自行到银行借款；在贷前审查环节减少了业务人员往返乡村的次数，利用推荐委员会和担保委员会去了解风险信息；在贷后检查环节节省了更多成本，甚至不用信贷员亲自下户检查；到固定的还本付息时间点，信贷员再集中提供上门服务。批量审批、集中服务的做法把因路途偏僻、人员相对分散导致的高成本稀释到众多人头，反而成了低成本、高覆盖率，把劣势变为了优势。

需要强调的是，农户项目批量调查审核是村镇银行的一般做法，但是由于金桥村镇银行的基层外部组织化工作出色，其批量项目的形成速度、形成规模一般都要好于其他同类机构，同时也保证了良好的信贷质量。

11.4.5　降低隐性贷款成本

传统上农户获得贷款除了负担利息之外，前往银行办理手续的交通、

食宿成本也不容忽视。除此农户可能还要承担寻找熟人关系支出的礼节性成本,部分农户还要承担金融机构信贷人员尽职过程中的差旅费用,甚至是逢年过节对相关人员送礼请客进行感情联络。个别情况下,贷款过程中农户还可能面对失操人员的回扣、索贿要求。许多乡村基层自治组织逢年过节或定期不定期地集中对当地信贷机构公关,为本村农户贷款方便也多有支出。加上农户多次往返于营业网点的实际务工、差旅损耗,贷款的隐性成本节节攀高,甚至要远远高于利息。无形的成本直接提高了贷款的门槛。金桥村镇银行在管理理念和制度设计上,采用上门服务方式,严格员工的职业道德操守,在正常的信贷业务过程中,不吃客户饭、不拿客户礼品,不仅直接降低了客户的差旅支出,提高了效率,减少了时间成本,而且杜绝其他增加客户隐性贷款成本的行为。长远来看,这种做法不仅提高了银行的整体美誉度,而且与市场信贷成本相比,直接降低了农民实际贷款成本支出,解开成本的面纱,一切让农民看得见、算得清,农户自然会理性、愉快地接受其金融服务。

11.4.6　履行企业社会责任

金桥村镇银行在深挖、拓展农村金融市场的同时,也把履行企业社会责任理念融进日常的经营活动中,以看得见的实际行动实实在在地影响着当地的金融市场。除了在 2008 年汶川大地震时捐款捐物之外,金桥村镇银行还坚持日常的救灾扶贫活动。在金桥村镇银行人员看来,扶贫帮困是企业作为社会人的内在要求。慈善活动树立了金桥村镇银行在农户中的持久美誉形象,直接拉近了其与当地居民的距离。这在一定程度上也起到了稳定客户源,增加客户的黏性作用。

11.5　信贷业务绩效

11.5.1　资产和业务规模

金桥村镇银行自 2007 年挂牌营业以来,累计为 3.5 万多农户发放贷款 22 亿元,服务农户超过 8.4 万人次。截至 2015 年 8 月,全行资产总额

13.32 亿元，负债总额 12.18 亿元，所有者权益 1.13 亿元，全行实现收入
4518 万元，净利润 2178 万元，资本充足率 14.28%，拨备覆盖率
692.82%。无论是从银行资产、利润，还是权益的累计情况看，金桥村镇
银行发展速度较快。从业务发展规模上看，金桥村镇银行从 2007 年起，每
年贷款户数和贷款额度平均保持了 40% 以上的增长率（见表 11 - 1）。

表 11 - 1　　　　　　企业经营情况统计（2007—2014 年）

年份	存款余额 （万元）	贷款余额 （万元）	农户贷款余 额（万元）	贷款户数	不良率 （%）	月利率（‰）
2007	1355	907	663	338	0	9.33
2008	4621	3095	3001	869	0	9.33
2009	14246	9660	6282	1891	0	9.33
2010	35195	17300	13564	3474	0.12	9.87
2011	50784	24547	19601	4891	0.08	9.87
2012	54516	40437	29455	5597	0.28	9.87
2013	63355	46602	38285	6438	0.86	9.87
2014	88335	67108	58998	7326	0.82	9.87

11.5.2　盈利水平

11.5.2.1　资产利润率、资本利润率情况

该行 2015 年 8 月的净利润为 2178 万元，资本利润率在 43.56%，资产
利润率为 1.63% 左右。该行的主要营业收入以贷款利息收入为主，2015 年
8 月的利息收入占到其营业收入的 99.2%。金桥村镇银行自开业以来，年
平均资产利润率增幅在 2.23% 以上（见表 11 - 2）。

表 11 - 2　　　　　　企业收入费用情况（2007—2014 年）　　　　单位：万元

年份	收入	费用	利润总额	净利润
2007	27.00	26.33	0.67	0.55
2008	274.92	213.90	61.02	48.82
2009	869.64	674.80	194.84	155.87

年份	收入	费用	利润总额	净利润
2010	1367.30	983.32	383.98	277.28
2011	2622.14	1694.27	927.87	717.72
2012	3862.33	2452.33	1410.00	1042.46
2013	4591.88	2671.65	1920.23	1484.40
2014	5218.06	3220.38	1997.68	1806.31

11.5.2.2 信贷质量

信贷质量可以从多维度反映出来，最能够直接反映信贷资产质量的指标是贷款不良率。从表11-1中可以看出，金桥村镇银行8年的平均不良率为0.27%，最高年度的2013年，不良率刚到0.86%，即便是在经济环境总体有所下行的2014年，其不良率仍然仅为0.82%。截至2015年9月，金桥村镇银行的不良率仅为0.74%。从不良率可以看出，金桥村镇银行不仅仅是重视数量的增长，而且对贷款质量也常抓不懈，风险控制水平逐年提高。

11.5.3 经营管理效率

11.5.3.1 员工管理有效客户数

2014年底共有贷款农户7425户，全行共有员工136人，2014年员工管理有效客户数为54.6户，一线员工为110人，平均一线员工管理户数为67.5户。

11.5.3.2 存贷比

存贷比实际上是贷存比的习惯说法，反映出银行信贷资产在流动资产中的比重，也能够间接反映银行对资金的利用率。受制于原银行存贷比75%"红线"的监管规定，存贷比指标本身就有一定限制。除2010年、2011年外，金桥村镇银行历年存贷比在67%以上，而且2012年达到了74%，2014年达到了75%，到2015年9月金桥村镇银行的存贷比达到了83%。金桥村镇银行自开业以来的存贷比平均为65%，而陇南市金融机构自2007年开始的平均存贷比为50%。高出30%的比率反映了金桥村镇银行较高的资金利用率（见图11-1），也反映出金桥村镇银行经营管理效率较高。

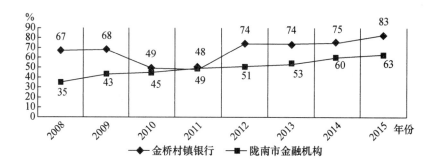

图 11－1　金桥村镇银行与陇南市金融机构存贷比的对比（2008—2015 年）

11.5.3.3　经营效率

通过计算经营费用与总贷款余额的比率，可以得到历年经营效率的指标。通过表 11－3 可以看出，金桥村镇银行过去 7 年的经营效率最高为 4.7%，最低为 2.8%，平均为 3.96%。

表 11－3　　　　　　　　金桥村镇银行经营效率（2008—2014 年）

指标年度	2008	2009	2010	2011	2012	2013	2014
经营效率（%）	4.6	4.7	2.8	3.3	4.5	4.2	3.6

11.6　社会绩效

11.6.1　金融服务覆盖广度

金桥村镇银行成立 7 年多来，其业务领域到达全区所有乡镇，直接信贷业务覆盖到全区 28 个乡镇，覆盖率为 78%。既有的 196 个行政村有直接贷款业务，覆盖占比 29%。实际上加上其他流动金融服务比率，比如吸收存款、为回乡务工人员上门取款服务等，占比要高于这个比率。

从受众人群覆盖面上看，其累计覆盖 3.5 万农户，受众 8.4 万人次。全区 2015 年的农业人口约为 40 余万，10 万户左右，2015 年 9 月支持的贷款农户为 9055 户，全区 9% 左右的农户受惠于金桥村镇银行的金融服务。在调研样本之一的汉王镇仓园村共有 580 余户农户，2015 年至少有 160 户从金桥村镇银行贷到款，占比 28%，该村累计贷款户已经达到 250 余户。

由于金桥村镇银行的贷款几乎都是涉农贷款，且其存贷比一直维持在较高水平，这从另一个侧面反映了金桥村镇银行有效归集资金，积极支农、助农的程度较高，符合顶层设计中农村资金回流农村、服务农村的基本理念。

11.6.2　金融支持的深度

11.6.2.1　农户客户占比

从金桥村镇银行的业务延伸能力看，自营业第二年开始，农户贷款平均占到了全部贷款余额的 98% 以上（见表 11-4）。在我国，农户贷款的占比反映出金融机构的支农程度，是反映其践行普惠金融程度的重要指标。因此，从金桥村镇银行的农户客户占比可以看出，金桥村镇银行是实实在在地扎根农村，全力服务"三农"，将自身的发展与"三农"的发展紧密结合在一起。

表 11-4　　　　　金桥村镇银行农户贷款情况（2007—2014 年）　　　单位：万元、%

年份	2007	2008	2009	2010	2011	2012	2013	2014
贷款余额	906.9	3095.3	9659.8	17299.8	24547.2	40436.7	46602.2	67108.3
农户余额	662.5	3060.3	9539.8	16935.8	24452.2	39330.1	44925.6	65599.3
农户比例	73	99	99	98	100	97	96	98

11.6.2.2　单笔贷款额度

金融支持的覆盖深度也可以用平均单笔贷款额与人均 GDP 之比来反映。2014 年年底，金桥村镇银行的农户贷款余额是 65599.3 万元，7425 笔，平均每笔 88349 元。武都区 2014 年的人均 GDP 约为 15189 元，金桥村镇银行的单笔贷款额为 GDP 的 5.81 倍。陇南全市金融机构从 2007 年至 2014 年农户户均年末贷款余额逐年上升，与当年人均 GDP 相比，倍数总体上徘徊在 5—6，只有 2010 年突破 6 倍。金桥村镇银行的倍数处于陇南市偏上水平，但与国内其他地区相比，这一倍数并不高，仍然存在进一步加深覆盖程度的空间。

11.6.3　服务质量

11.6.3.1　客户忠诚度

对有需求客户的持续服务时间综合反映了金融服务的质量，也反映了客户的认可程度。在金融市场竞争日益激烈的陇南地区，客户的黏性情况比较直观地反映了金融服务的优势和特色。金桥村镇银行从 2007 年挂牌营业，到 2015 年有 8 年的时间，农户贷款客户连续多次贷款的最长时间为 7年。虽然村镇银行的贷款品种绝大多数是 1 年以内的短期贷款，但对截至 2015 年 9 月 20 日金桥村镇银行的存量贷款户分析发现，连续 2 年以上贷款的户数总量达到 9253 户（见表 11 - 5），占到历年累计贷款户数的 26%。2008 年贷款农户为 1974 户，到 2015 年为止连续 7 年的贷款户数为 1173户，意味着 2008 年贷款户中至少有 1173 户连续在金桥村镇银行接受贷款服务，为当年贷款户的 60%。高占比的连续贷款户数直接反映了金桥村镇银行的客户黏性较强，间接反映了其信贷服务质量出色，对客户金融需求的满足程度高，得到了农户持续、稳定的信赖和肯定。

表 11 - 5　　　　　　　　　　连续贷款户数统计

贷款连续合作年限	贷款余额（万元）	户数
2	17325	1871
3	15219	1619
4	13703	1450
5	18019	1877
6	12833	1323
7	11019	1113
合计	88118	9253

11.6.3.2　审贷时间

在信贷成本之外，服务的便利性和效率是有效反映金融服务质量的重要指标。由于流动服务车的使用，上门为农户提供金融服务已经是金桥村镇银行的特色。即便流动服务需要更高的安保防范措施，金桥村镇银行还是克服困难，利用定点、定期、流动循环的上门服务模式，极大地方便了农户。金桥村镇银行的网点数量比其他机构并不占优势，但流动服务车的使用，使金融辐射面反而占据了优势，仅仅流动服务车就办理了20000多笔业务。金桥村镇银行自2007年开始到2014年年底，每笔业务从银行接到农户贷款申请到最后放款，平均用时6.26天。从审批周期上看，金桥村镇银行的速度并不是最快的，但平均审贷效率比其他同类的大部分金融机构还是占有优势。

11.6.3.3　产品设计

在调研中，汉王镇的杨家坝村、仓园村的许多农户反映，其他信用社、邮政储蓄银行等正规金融机构和小贷公司等也在进行上门服务，但是有的需要熟人推荐，直接获得贷款难度偏大。此外，其他机构要求的担保条件也比较麻烦，利用宅基地抵押的贷款也是仅仅给3万—5万元的额度，无法满足需求。有的银行还款比较麻烦，按月等额本息还款，十分不便。大部分其他机构的利息为12.7%—15.3%，比金桥村镇银行的也多，而小贷公司的年利率都在24%以上，达到60%的也有，成本畸高。从调研情况看，金桥村镇银行在产品设计中以客户为导向，灵活机动，充分考虑客户实际需要，贷款可获得性较高，贷款产品与农户契合性较强。金融产品与农户需求吻合程度高，反映了金融服务的质量相对优质。

11.6.3.4　客户保护

金桥村镇银行在对农户尽职调查过程中，建立了"三查一档"制度，对农户的土地、房屋等固定资产情况、主要的业务经济来源渠道与收入计划和其生产、生活用的流动资产情况进行详细的调查，并建立档案。基于对农户的详细了解，会根据其生产、生活的实际需要和其自有资金的匹配程度，来确定其贷款额度。其中未来收入的来源是否能够支持其还款能力，也是重要的考虑因素。在为农户设身处地考虑的基础上，确定合理的贷款额度，不仅可以防止农户因贷款支持不足减弱信贷作用，也可以防止因贷款过多导致农户利息成本负担太重。贷款过多会刺激农户对外发放高利贷、盲目投资、过度消费等，容易导致贷款不能及时收回，会让农户背负沉重的债务负担，甚至因此返贫。如此，贷款不仅不能帮助农户，反而成为加害他们的始作俑者。金桥村镇银行极低的不良率反映了其金融保护的做法比较出色。

11.6.4　对当地金融环境的影响

早期的农村金融服务机构，处在金融资源相对垄断的时期，业务模式还停留在等客上门的初级阶段，农户获得贷款的难度较大。当时的银行成了一种高高在上的"衙门"机构，信贷业务往往会伴随着银行机构人员的吃拿卡要，无形增加了成本。金桥村镇银行为了开拓业务，廉洁自律，在武都区率先开始了主动上门服务的模式。部分农户金融业务甚至做到农民不出村、不出镇就可以拿到急需的贷款。这种模式立刻吸引了当地农村的大量优质客户，促使其他金融机构不得不加以效仿。我国设立村镇银行的重要目的是改变农村地区金融服务机构缺少、竞争不足的现状。金桥村镇银行的做法无形当中起到了促进当地金融良性竞争效果，从客观上大大改善了当地农村金融的面貌。以当地安化镇为例，当地农信社、邮储银行等已经存在多年，在金桥村镇银行进驻之前，每户每年的存款余额分别在9000万元、1亿元左右。金桥村镇银行介入该镇的金融服务市场后，其存款余额也迅速达到了8000万余元，而与此同时，上述两家银行的存款余额并未降低，还提供了比从前更好的服务，充分验证了竞争带来的金融进步作用。

11.7　结论与思考

11.7.1　金桥村镇银行发展面临的挑战

金桥村镇银行固守于村镇银行的"本分"，专注于农村信贷业务，除了银行经营业务的法定要求以外，也是在当地特殊环境下的"被迫"之举。其许多具体业务做法是在困难条件下权衡各种利弊的结果，存在一定的负面因素，在发展过程中，也遇到诸多现实的困难和障碍。

11.7.1.1　捆绑式服务，难以全面照顾个体需求

贷款业务捆绑贷款推荐委员和担保委员会，没有他们的推荐，无法从

金桥村镇银行获得贷款。而担保委员会、推荐委员会是乡村自行推举或任命的非正式组织，本身并无规范的程序和规则，往往混杂了乡村伦理、家族势力、血缘亲情等各种因素。5—7个人就完全控制了全村人从金桥村镇银行的信贷机会，在规则并不规范清晰的情况下，有可能会阻挡部分农户的贷款机会。当然，有其他金融机构的竞争会冲抵一部分负面影响。

11.7.1.2　模糊的激励机制影响信贷模式的可持续性

金桥村镇银行成功的关键环节是两个委员会的有效运行，但是委员会成员不但没有报酬，而且要占用自己的时间，并有可能要为组织农户而自负电话费和交通费。目前维持这种工作有效持续的动力主要来自三个方面：一是委员会成员作为银行的协作组织，在乡村社会中的荣誉感带来的自我价值实现；二是委员会成员获得贷款的额度可以适当偏高，并在期限和利率等方面享受适当优惠；三是能人大户等行业领头人，基于委员的特殊信誉从贷款成员中获得的业务支持。特别的体现是像花椒收购大户因为是担保委员会成员，收购花椒的时候可以被上游农户给予一定的付款账期。这些动力是以银行紧盯核心行业、捆绑委员会为前提的。但是，两个协作组织成员虽然能适当获得部分贷款优惠，却要对所有的推荐、担保贷款承担全部责任。对担保委员的激励机制存在着模糊和不确定性，长远来看，基于奉献和个人荣誉感支撑的推荐担保体系能否长久地有序运转，有待观察。此外，两个委员会的成员虽然与金桥村镇银行没有正式的劳动合同，但是其所从事的业务行为本质上是为银行工作，是得到明示或默示授权的职务行为，委员会成员一旦在履行职务的过程中遇到损害，会有给予工伤、财产损失等事由索赔的法定理由。因此金桥村镇银行与外部协作组织间的模糊定位，也会带来一定的风险。

11.7.1.3　贷款到期集中，风险较大

如前所述，对农户贷款的集中办理会节省成本，提高效率。由于金桥村镇银行大部分采用本金到期一次还清的还款方式，利用分期还款缓释风险的方法较少，一个村的贷款往往会集中到期。潜在的风险是，如果贷款到期时农户遇到筹措资金困难，各个农户之间会有攀比、观望心理，个别情况下会有彼此鼓励赖账的倾向。群体行为中的正向行为会彼此影响，负面行为也会彼此影响。而分散到期或各户阶段性还款做法虽然会适度增加

成本，但会降低还款期集中的风险。

11.7.1.4　跨界经营限制的困惑

《村镇银行管理暂行规定》明确规定："村镇银行不得发放异地贷款。"禁止了村镇银行的业务跨注册辖区开展业务的可能性。该规定的初衷是"可用资金应全部用于当地农村经济建设。村镇银行发放贷款应首先充分满足县域内农户、农业和农村经济发展的需要"。但村镇银行发展几年来，出现了参差不齐的情况。部分区域村镇银业务行为规范，业务覆盖面广，开发当地农村金融市场比较充分，自身的资产结构、风控措施、信贷质量都处在一个良好的水平，面对当地日趋激烈的市场竞争和贷款需求资源逐渐减少的情况，业务开展也日趋困难。有些地区村镇银行竞争小，服务"三农"的效果并不理想，可开发的资源较多，但限于法律的强制规定，其他地区的村镇银行并不能异地开展贷款业务。如果市场自由调配农村金融资源，引入优质银行竞争，落后村镇银行会被先进银行带动，整体上有利于实现繁荣农村金融的目的。武都金桥村镇银行自身条件相对优质，但局限在武都区仅仅40万农业人口的地区，面对同行的强劲竞争，其业务开展相对饱和。打破而不是鼓励地方金融保护，逐渐适度放开经营地域范围，不是"一刀切"式地把业务域外开拓的大门关紧，是地方农村银行的共同需求。

11.7.1.5　"三农"信贷政策问题

目前金桥村镇银行在当地的竞争环境下，并不占有更多的政策优势。在税收上，同样以定位农村业务的农信社并不征收所得税，金桥村镇银行的所得税率虽然降至15%，但比农信社在税收上仍然处于竞争劣势。但在承担政府"精准扶贫贷款"政策类信贷业务上，却并不能享受到更多的优惠。市场经济的竞争要建立在公平之上，同样从事农村金融业务，理想的政府导向应该是公平统一。支农信贷政策差异，导致竞争上的不公平。

11.7.2　启示

11.7.2.1　村镇银行的定位符合农村金融实际需要

通过金桥村镇银行的实践情况看，农村金融业务需要专门的机构去定向开拓发展。农村是金融落后领域，不仅需要满足现成的金融需求，也需要更多的金融启蒙教育和金融业务引导。农村金融业务人员更像金融拓荒者，发现、培育、引导农业经济和农民生活方式与现代金融紧密的结合，是农村金融机构的重要历史使命。这些都需要专门的组织机构去落实，单纯利用现有的商业金融机构，而无差异化、专业性的农村金融服务，不能迅速解决农村金融服务相对落后的局面。国家对村镇银行的定位无疑是正确的。金桥村镇银行严格按照国家政策定位开展业务，在国家级贫困区较好地体现了村镇银行的职能，不仅实现了村镇银行弥补农村金融资源匮乏、竞争不足的现状的宗旨，而且实现了自身的健康成长。这充分证明在竞争相对劣势的情况下，农村金融也可以盈利，真正做农村金融业务，依然能取得良好发展。

11.7.2.2　开展农村金融业务，需要从实际出发，创新发展

金桥村镇银行之所以发展，与其紧扣当地经济、社会发展客观情况，因地制宜的创新业务模式分不开。深入乡村、扎根农户，从农民的真实需求上做文章，是开展农村金融业务的不二法门。此外，重视农村现状，把农村的伦理、秩序结构与金融业务有效结合，才是真正地从实际出发。金桥村镇银行的业务产品、服务模式、激励措施、风控手段，无不深深刻画着乡村社会的特有痕迹。村镇银行要生存、发展下去，没有把乡土气息融入自己的管理、经营文化当中，可能性不大。单纯把经典的教科书理论简单地在村镇银行这里模仿、复制，无法解决农村的金融问题。

11.7.2.3　农村金融的开展需要政策倾斜扶持

2014年金桥村镇银行的单笔业务额度平均9.1万元，每笔贷款的平均净利润为2432元，这还包括了政府的补贴和税收优惠部分。如果考虑850人的贷款担保委员会、推荐委员会成员无偿帮助的工作成本，每笔业务的利润至多也就在2000元左右，足见农村金融业务利润积累的难度。金桥村镇银行的涉农贷款的利率在政策标准上一直执行年化11.2%和11.8%两档利率，一直波动不大。考虑到实际业务中利率优惠因素，其真实利率水平略低。金桥村镇银行自2007年到2014年年底总共发放过的农户贷款总额为201374万元，获得的利息收入为20132万元，农户承担的实际利率水平为9.9973%，如果连同企业5%的保证金因素考虑进去，农户的平均利率水平为10.5%。金桥村镇银行的平均吸储的资金利率在5.8%左右，其实际获得利差在4.7%上下。陇南全市金融机构从2007年到2014年的平均涉农贷款利率却偏低（见图11-2）。

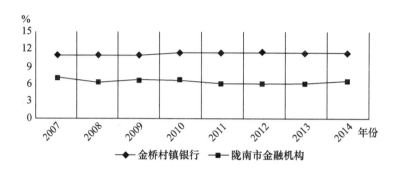

图11-2　金桥村镇银行与陇南市金融机构涉农贷款年利率比较（2007—2014年）

　　形成这种状况的原因主要是由于金桥村镇银行本身规模小，竞争力弱，为了维持自身的可持续性，需要较大的利差空间进行积累发展。目前金桥村镇银行的实际利率在10.5%左右，农民承担的利率成本不低。如果没有国家政策的支持，金桥村镇银行为了维持银行自身的生存发展，要么会导致农户信贷利率高涨不下，要么会促使其走歪门邪道，背离真正的农村金融业务。这二者显然都不是支持农村的初心所在。为了村镇银行的健康发展，也最终为了降低农民的融资成本，需要国家政策上的扶持，同时为了促使村镇银行之间的竞争和发展，应当允许优良的村镇银行有条件地跨区域经营。但是，跨区域经营往往带来机构层级的增加，更高的行政层级往往会设置在更高的行政区域，相应地将业务范围带进城。如果这种情况发生，将可能发生类似农村信用社商业化导致的脱农现象。所以，即使拓展村镇银行的经营地域范围，也必须限制其经营权限仅在基层，即县域以内，上层组织仅履行管理协调职能，以保证农村金融机构持续支农本色不变。

12　推动贫困地区发展的新型农村合作金融

——重庆开县民丰互助合作会开展农村普惠金融案例

12.1　引言

2006年以来，在国家推行"金融新政"的背景下，开县积极推动各类农村金融机构设立与发展，遏制了存贷比逐年下降的态势，存款增长率、贷款增长率都有了明显提高，但其农村金融服务供给绝对不足的问题仍未得到根本改善。自2008年至2014年，开县县域银行业金融机构的存贷比从19.91%大幅度上升到49.02%，但仍然低于50%，银行存款从农村转移到城市的状况未得到根本改变。特别是随着金融体制改革和撤乡并镇，开县农村金融网点大量收缩，越来越多的金融服务被中高端客户享受，而中低端尤其是贫困客户享受的金融服务更加有限。涉农贷款余额在贷款总余额中的占比从2009年的97.16%一直降到2014年的66.43%，农户贷款余额在贷款总余额中的占比从2009年的50.93%降到2014年的22.36%。边远山区农民"贷款难、存款难、取款难"问题不仅没有得到改善，反而日益严重，越来越多的资金被投放到农村企业以及城市企业的涉农业务当中。

在这种背景下，开县民丰互助合作会作为一个新型农村合作金融组织，在贫困人口相对集中、金融服务缺失严重的边远乡镇设立分会开展金融扶贫业务，根据当地中低收入农户及贫困人群的金融服务需求和特点，创造性地采用前置信用调查、会员自治等业务模式，设计创新信贷产品，简化信贷业务审批流程，为大量处于信贷市场底端的农户提供了价格合理、相对便捷的金融服务，大大提高了开县农村金融服务的覆盖率，改善了当地农户对金融服务的可得性和满意度，并推动了农村金融生态建设，有效促进了农民脱贫致富。

2015 年 12 月 31 日，国务院印发《推进普惠金融发展规划（2016—2020 年）》，提出，"充分调动、发挥传统金融机构和新型业态主体的积极性、能动性，引导各类型机构和组织结合自身特点，找准市场定位，完善机制建设，发挥各自优势，为所有市场主体和广大人民群众提供多层次全覆盖的金融服务。"农村金融政策导向一如既往，而值得深入探讨的是，在传统金融机构和小贷公司争先将业务从高成本的农村市场转移向城镇发达地区的浪潮中，20 年来民丰如何始终致力于金融扶贫？其成长和发展过程中的经验对改善农村金融供给实践有何作用和启发？对完善我国农村普惠金融保障体系又有何政策意义？本报告将带着这些问题对民丰互助合作会开展的农村普惠金融业务进行研究分析。

12.2　民丰互助合作会基本情况

12.2.1　民丰互助合作会的建立与发展

开县是国家扶贫开发工作重点县，全县贫困人口约为 12 万人。1988 年，开县作为四川省探索成立扶贫开发公司发展小额信贷的试点县之一，成立了开县扶贫开发公司，主要负责全县扶贫贷款承贷发放和扶贫资金管理。1997 年，为推广孟加拉国乡村银行（GB）信贷扶贫模式，开县扶贫开发公司的负责人作为自然人发起注册成立了以扶贫开发为目的的互助性非营利社团——"开县开发扶贫社"，注册资金 3 万元，主管部门是开县扶贫办。2001 年，中国扶贫基金会选定开县开展小额信贷扶贫试点，扶贫社负责人作为自然人发起并于开县民政局注册成立"开县农户自立能力建设支持性服务社"，注册资金 5 万元，承接原扶贫社所有业务。2008 年，由于中国扶贫基金会撤出、重庆市扶贫办和财政局停止发放财政经费补贴等原因，服务社面临经费不足、经营亏损等问题，开始实行股权改革，由 43 名自然人发起注册"开县民丰互助合作会"（以下简称"民丰"），注册资金为 76

万元，承接原服务社全部债权债务。

12.2.2　民丰互助合作会的宗旨与发展战略定位

根据《开县民丰互助合作会章程》，民丰性质为"会员参与、互助合作、自主管理、自我发展的新型合作经济组织"；其宗旨为"服务城乡会员，开展资金互助，推广小额信贷，促进和谐致富"。与商业银行和绝大多数小额信贷机构吸纳社会闲散资金投向高收益行业借贷的传统做法不同，民丰以"植根三农、服务百姓"为理念，以贫困人口相对集中、贫困程度相对严重、商业银行金融服务缺失的边远山区为目标市场，充分利用熟人社会的信息优势，在农村中低收入群体中推行会员制，吸收会员会费和互助资金用于开展资金互助，为中低收入群体提供"点对点"式金融服务，如借贷上门服务和无密码存取款服务。民丰为农民会员服务，组织和引导农民自主参与、自主经营，坚持"借小不借大、借贫不借富、借勤不借懒"的原则，建立"资金、项目、技术、培训"四位一体模式，其业务旨在填补边远山区和撤乡并镇以后的金融空缺，与其他金融机构形成互补关系，发挥"拾遗补阙"的作用。

12.2.3　治理结构与资金来源

12.2.3.1　治理结构

民丰实行会员代表大会制度，大会选举产生理事会和监事会，理事会由5—7名成员组成，监事会由3—5名成员组成。理事会和监事会每届任期4年。民丰县会作为一级法人，聘任秘书长为民丰法定代表人，下设财务部、稽核部、信贷部和办公室。县会在每个乡镇设分会，每个分会设主任、出纳、信贷员等岗位。各乡镇分会在其所属乡镇下辖村设立村级农户自治中心，村级中心负责管理会员农户自愿组成的小组。

民丰基本框架如图12－1所示。

民丰会员包括出资会员和一般会员。自愿申请加入并认购合作会资本金者，即可成为出资会员，享有推举权、选举权、被选举权，按照一人一票制行使表决权；有获得合作会服务的优先权，并按所持资本金份额获取经营收益，承担经营风险。

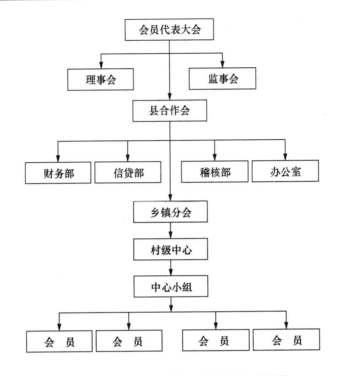

图 12 – 1　重庆开县民丰互助合作会组织结构

自愿申请并缴纳一定数额的身份会费者，可成为民丰一般会员。每个家庭（户）只能由一名当家理财者实名入会，原则上会员两年内不得退会。一般会员可将多余闲散资金存入民丰作为互助资金，用于在会员之间开展资金互助；可按缴纳身份会费的一定比例放大向民丰申请借款，其缴入的身份会费和互助金可获取一定的资金占用费及收益奖励；有推举权、选举权、被选举权、建议权和监督权，但不承担资金风险和经营风险。

在民丰对发展战略、中长期发展规划、章程修订和机构分立、合并、解散及清算等重大事项作出决议时，须召开会员代表大会，出资会员和一般会员享有同等的投票表决权利，但出资会员参会比例会更高（见表 12 – 1）。

12. 2. 3. 2　资金来源结构

2008 年以来，民丰先后 6 次进行体制创新和增资扩股，通过鼓励员工入股、吸纳社会爱心人士认购股份等方式，扩充经营资金，资金规模不断扩大。至 2015 年 6 月底，民丰总资产逾 3 亿元，其中：实收资本（股本）约为 4888 万元，主要来源于城市爱心人士认购股份与员工持股；长期负债

表 12 - 1　民丰历次会员代表大会出资会员和一般会员的总人数及代表人数

单位：人

人数类型 ＼ 年份	2008	2011	2014
出资会员人数	43	76	138
出资会员代表人数	23	36	69
一般会员人数	12358	18362	23213
一般会员代表人数	36	64	69

约 2950 万元，主要来源于国家支农扶贫贷款；流动负债逾 24000 万元，主要来源于会员互助金及会费（见图 12 - 2）。

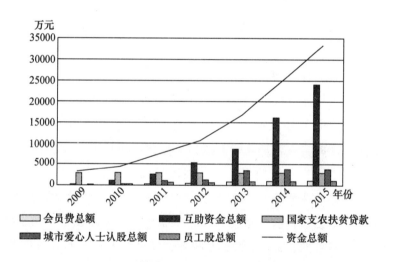

图 12 - 2　2009—2015 年民丰互助合作会资金总额及各构成增长趋势

　　为了保证机构宗旨和发展战略不偏移，民丰严格控制各项资金来源比重，谨慎考量股东数量与认股上限，平衡目标客户受益、员工发展增收、股东权益保障和机构良好经营等多方面效益。由图 12 - 3 可知，自 2009 年以来，民丰城市爱心人士认股占比从 2009 年的 2% 增长至 2013 年的 20.9%，其后又回落至 11.9%；员工持股占比和会员费占比略有起伏，但近几年来均基本保持在 3%—6%；国家支农扶贫贷款因额度一直不变，而占比持续减少，从 87.6% 减少至 8.9%；会员互助资金占比不断增加并逐渐成为主要资金来源,从 2009 年的 5.9% 增至 2015 年的 72.6%(见图 12-3)。

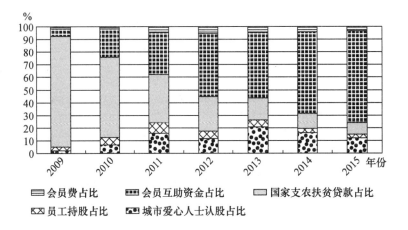

图 12-3 2009—2015 年民丰互助合作会资金来源结构

12.2.3.3 运行机制

经过 20 多年的探索,民丰建立了一整套较为成熟的运行机制。在组织结构上建立"会员互助机制",即在分会所在的贫困乡镇中推行农户会员制,开展资金互助;在客户甄别上建立"信用小贷机制",即各分会在贷款前对区域内农户逐户进行信用调查和授信评级,建立征信系统,确保了农户贷款随到随办;在业务操作上建立"方便快捷机制",即结合山区实际,采取"方便、灵活、快捷"的方式,平均每笔贷款从申请到发放仅需 2 天,对不符合贷款条件的,2 天之内给予明确答复,最大限度地为农户借款节约成本;在行政管理上建立"内部管控机制",即按照现代企业管理要求,建立严密的制度,严格进行管理;在客户服务上建立"精准扶贫机制",即优先对符合条件且有贷款意愿的扶贫对象提供贷款,并优先对扶贫对象贷款实行贷款贴息。

12.2.4 基础设施建设

12.2.4.1 网点数量及分布

为了服务更多的农户,民丰不断向边远乡镇开拓业务,建立更多民丰乡镇分会,各分会所辖中心和会员自治小组的数量也迅速增加(见表 12-

2)。民丰物理网点数量也不断增长，广泛地分布于开县各个贫困乡镇村，而非集中于县城。至2015年6月，民丰共有21个分会，其中乡镇分会网点19个，覆盖16个乡镇。每个网点都能够提供日常存款、取款、贷款、业务咨询等服务，极大地改善了当地农户金融服务的可得性。

表12－2　　　　　　2009—2015年民丰互助合作会网点数量变化

年份 网点	2009	2010	2011	2012	2013	2014	2015
分会数量	8	8	10	11	15	18	21
中心数量	74	74	80	85	480	540	514
小组数量	470	470	510	540	760	842	1211

12.2.4.2　客户信用管理系统

民丰办理贷款业务的流程为：授信评级→农户入会→借款申请→信贷调查→组建小组（中心）→办理借款资料→中心主任初审→负责人审批→发放借款→跟踪服务。民丰采取前置式动态评级与贷后跟踪回访相结合的方式对客户进行信用管理。

（1）授信评级系统。民丰各分会开展业务的第一步即为对片区内所有农户进行信用评级，步骤为：首先，由各分会组织村社干部和中心主任召开宣传会议，了解村社中心的基本情况；其次，召集群众召开院坝会议，对每一个农户的家庭经济状况进行集中摸底调查；最后，逐村、逐社、逐户进行实地走访调查，了解农户的户主年龄、劳动力数量、健康和婚姻状况、家庭收入和资产状况、信贷历史记录及信用记录等信息，并将评级所需项目指标整理后录入评级管理系统。获得授信评级的农户有资格并自愿向分会提出书面申请，成为民丰会员，并申请贷款。每年8月至12月为集中授信评级时间。

民丰根据客户的评级得分将客户信用分为五个等级，一级客户信用最好，可申请的贷款额度最高，五级为最低。随着地方经济增长、民丰发展和客户信贷需求增加，民丰对客户可申请的贷款额度进行过数次调整。2015年，一级客户可申请贷款上限为10万元，二级客户为5万元，三级客户为3万元，四级客户为2万元，五级客户为1万元。

（2）贷后跟踪催款。为了加强放贷后的客户信用管理，民丰建立了客户定期回访制度，各分会工作人员每季度对现有客户必须回访一次，对借款5万元以上的客户每两个月至少回访一次，并对其资金使用和生产经营情况进行记录。对存在逾期风险的贷款户，分会负责人和出纳员以分会名义向借款人和担保人发送催款通知书，并在法定时效内落实担保程序。

此外，民丰还建立了贷后征信管理系统，即通过业务系统中的还款记录对每一个贷款客户的信用情况进行分析甄别，超期未还客户、欠息不还客户会被系统列入黑名单，按时还款、诚实守信的客户则给予信用升级和贷款额度增加等奖励，由此建立客户还款激励机制，以保证较高的贷款偿还率。

12.3 产品、服务模式与业务规模

12.3.1 产品与服务模式

12.3.1.1 民丰产品设计

民丰贷款产品主要针对"在乡镇分会行政区域内有户籍或固定居住地点和经营场所、有稳定经济收入来源"的低收入者的经营需求而设计。其贷款产品重点支持项目包括：农村种植业、养殖业、小型加工业、小商业、房屋改造、妇女创业、农村青年创业及助学贷款等。2014年，民丰发放的用于小商业经营的贷款笔数最多，占全部贷款笔数的52.59%；其次为种植业经营贷款，约占全部笔数的28.55%（见图12-4）。

民丰目前提供的贷款产品最高额度为10万元，最长期限为24个月，年利率为14.4%，分为整借整还和整借零还两种还款方式，还款期限和频率相对灵活。担保方式相对多样，包括保证担保、抵押担保与质押担保等形式。

保证担保用于贷款额在3万元以下的客户，只要有夫妻双方承借保证即可。若夫妻一方外出务工的，可由夫妻双方凭身份证、结婚证、户口簿、会员证先到分会办理授权委托书，在家的一方可随时到分会办理借款，首次借款须提供一名担保人，并提供三权证中的一个。连续借款两年以上的信

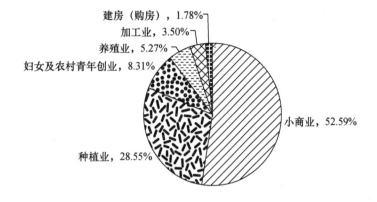

图 12 - 4　民丰互助合作会贷款项目类型分布

用良好客户可以仅凭信用担保，不必提供担保人和三权证。保证担保是民丰最主要的担保方式之一，客户使用最多、使用时间最长且贷款额占比最大（见图 12 - 5）。

贷款金额为 3 万元以上的客户则须在夫妻双方承借或夫妻一方承借的基础上，另找一名担保人，并提供三权证中的一个。担保人必须满足三个条件，一是必须是民丰会员，二是不得同时为三个以上的客户提供担保，三是其担保的总金额不能超过其个人资产总额的 50%。第三人担保是民丰第二重要的担保方式，开发时间较早，贷款业务额占比仅次于保证担保业务额。

抵押担保即提供三权证（即房地产权证、林权证、土地经营权使用证）中的一项作为借款抵押物。贷款金额为 5 万—6 万元的，需用林权证、土地经营权证作为抵押物；贷款金额为 6 万—10 万元的，需用房产证作为抵押物。

质押担保方式即用会员缴纳的互助资金凭证作为本人或他人借款质押物，借款金额不超过互助资金的额度。这种担保方式是 2013 年以来新开发的担保方式，办理业务量较少（见图 12 - 5）。

12.3.1.2　民丰服务模式的演变

民丰成立之初，其服务模式为建立县级扶贫社和试点乡镇扶贫中心，每个扶贫中心下辖 5—7 个贷款联保小组，每个小组由 5—9 户农户组成。所提供贷款的最高额度为 2000 元，期限为 1 年，还款方式为每 15 天或 30 天分期等额还款一次。贷款不收取利息，但收取 3% 的管理费及 2% 的资金占用费，另外，贷款者每人收取 2 元储金。

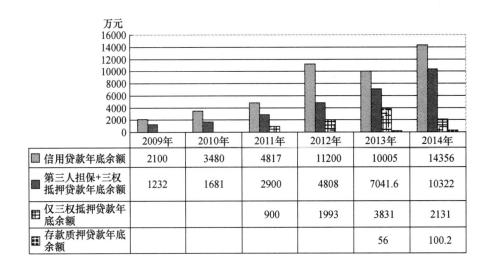

	2009年	2010年	2011年	2012年	2013年	2014年
信用贷款年底余额	2100	3480	4817	11200	10005	14356
第三人担保+三权抵押贷款年底余额	1232	1681	2900	4808	7041.6	10322
仅三权抵押贷款年底余额			900	1993	3831	2131
存款质押贷款年底余额					56	100.2

图 12 – 5　民丰互助合作会各种担保方式贷款业务量分布

此后，民丰在日常业务中不断积累经验，探索更适合开县地方农业经济社会特点的服务模式。在担保方式上，先逐渐将联保小组改成契约小组，按居住就近或人员自然流向建成紧密型贷款中心，贷款中心下辖小组数量减少到 2—5 个，每个小组的户数也减少到 1—5 户；此后又逐步弱化联保小组担保模式，在执行评级授信制度的基础上，增加包括夫妻双方互保、担保人担保、三权抵押担保、质押担保等方式，降低客户申请贷款的门槛。贷款产品的额度也由几千元逐步调增至数万元，贷款期限也延长至 2 年。还款频率和还款方式也逐步调整为每季度偿还一次，等额偿还本金的 25%，全年分 4 次还清，并增加了整借整还贷款产品。在贷款费用上，将贷款管理费和资金占用费逐步下调，直至股权改革之后改为直接收取利息的商业化运作模式。

此外，民丰自 1998 年开始作为重庆市农户小额到户贷款贴息试点单位，负责发放中央专项扶贫贴息贷款，贴息贷款额度为 3 万元，执行银行扶贫贴息贷款利率，贴息后农户实际支付利率仅为 8 厘，并且贴息贷款期限灵活，农户可随时还款，贴息额按照实际贷款天数计算，极大地减轻了农户的利息负担。2009 年以来，民丰贴息贷款余额占总贷款余额的比重始终大于50%（见图12-7），民丰超过90%的客户都享受过贴息贷款。

12.3.2　业务规模

2009年以来，民丰授信客户数和会员数都呈现稳定增长的趋势，存款客户（缴纳互助金的客户）数量更是保持着高速增长，贷款有效客户数量虽然在2010年和2011年略有下降，但此后迅速回升并于2014年增至新高点（见图12-6）；年底贷款余额、年发放贷款额均保持稳定较快增长（见图12-7）。2010年以来，每年发放贷款笔数和每笔贷款平均额度的增长趋势基本匹配趋同（见图12-8）。

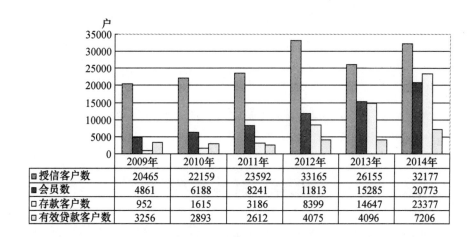

户	2009年	2010年	2011年	2012年	2013年	2014年
▣ 授信客户数	20465	22159	23592	33165	26155	32177
■ 会员数	4861	6188	8241	11813	15285	20773
▫ 存款客户数	952	1615	3186	8399	14647	23377
▫ 有效贷款客户数	3256	2893	2612	4075	4096	7206

图12-6　2009—2014年民丰互助合作会客户数量、会员数量

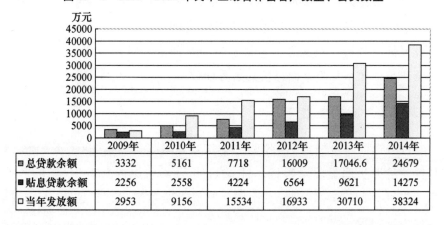

万元	2009年	2010年	2011年	2012年	2013年	2014年
▣ 总贷款余额	3332	5161	7718	16009	17046.6	24679
■ 贴息贷款余额	2256	2558	4224	6564	9621	14275
▫ 当年发放额	2953	9156	15534	16933	30710	38324

图12-7　2009—2014年民丰互助合作会发放贷款情况

2014 年年底民丰的农村农户贷款余额达 1.8 亿元，占全部贷款余额的 73%，比全县 11 家银行机构的全部农户贷款余额还高出 3800 万元，成为开县农村信贷服务的重要力量。其业务覆盖的 16 个乡镇中，有 25.6% 的农户获得小额扶贫信贷。

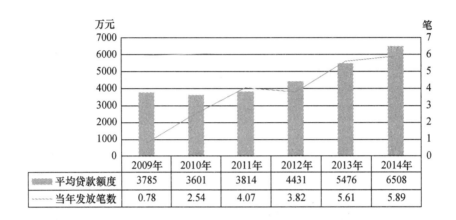

万元	2009年	2010年	2011年	2012年	2013年	2014年
平均贷款额度	3785	3601	3814	4431	5476	6508
当年发放笔数	0.78	2.54	4.07	3.82	5.61	5.89

图 12 - 8   2009—2014 年民丰互助合作会贷款发放笔数与平均贷款额度

12.4　财务绩效

民丰建立了比较完善的财务制度和财务信息反馈机制，并建立了符合实际的财务核算体系和财务监控体系，基本能够进行有效的内部财务管理。根据必要的财务信息，可以判断民丰经营发展状况，了解其经营效率、可持续发展能力和资产安全性。本报告从贷款质量、管理效率、盈利能力比率和资产负债比率几个方面评估其财务绩效。

12.4.1　贷款质量

本报告选取风险贷款率[①]作为民丰贷款质量指标。从 2009 年开始，民丰风险贷款率呈明显下降趋势，且 2011 年以来均保持低于 0.5% 的水平，远低于国际上 5% 的可接受标准上限。从逾期贷款来看，超过 30 天的逾期

———————————

① 风险贷款率 = 风险贷款额/贷款余额

贷款占比一直在90%左右，但年底逾期贷款笔数占有效贷款笔数的比重总体上也呈下降趋势，且始终控制在低于5%的水平，可知逾期贷款的平均额度是比较小的（见表12-3）。

表12-3　　　　　2009—2014年民丰互助合作会逾期贷款情况

年份 贷款情况	2009	2010	2011	2012	2013	2014
风险贷款总余额（万元）	59.7	82.6	36.8	26	41	72.4
其中：逾期1—30天的贷款金额占比（%）	10	12	8	10	6	11
逾期大于30天的贷款金额占比（%）	90	88	92	90	94	89
年底逾期贷款笔数占年底有效贷款笔数（%）	3.8	5	2	1.5	1	1.4

12.4.2　管理效率

12.4.2.1　信贷员业务负荷

每个信贷员管理的有效贷款笔数和贷款业务额体现的是民丰的劳动生产比率，该指标对考察工作人员的工作负荷是有意义的。由图12-9可知，2009年以来，民丰每个信贷员管理的贷款业务笔数[①]最多不足120笔，最少时仅为90.39笔，呈下降趋势，但每个信贷员管理的贷款额[②]呈明显的上升趋势，看上去每个信贷员的工作负荷程度不算很高。这一方面是因为近年来民丰在山区乡镇开设的分会数量增长较快，小贷业务主要在山区操作，出于分会建制完整、财务制度要求、安全等多方面的考虑，每个分会均设有四名员工全部或部分承担信贷员工作，但业务的开展需要时间，业务量的增长相对较慢；另一方面，每年8月至12月的集中授信评级工作也意味着信贷员有较大的非直接业务工作量。

---

① 每个信贷员管理的有效笔数＝期末有效笔数/期末信贷员数
② 每个信贷员管理的贷款额＝期末贷款余额/期末信贷员数

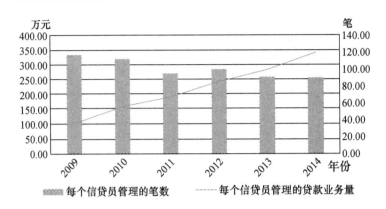

图 12 - 9　2009—2014 年民丰互助合作会每个信贷员管理业务量

12.4.2.2　经营效率

经营效率通常通过经营费用与平均贷款余额之比①、操作成本率②、借出单位资金成本率③、每笔贷款成本④、资金成本率⑤、贷款比率⑥等指标来检验。经营效率指标反映民丰为取得一定收入而运营单位资金贷款所必须支付的费用，操作成本率则反映民丰经营一定量资本使其产生收益而必须支付的操作费用。从图 12 - 10 来看，民丰的经营费用与贷款余额之比和操作成本率相对稳定，但都呈明显下降趋势，走向积极，说明民丰运营单位贷款和资产的经营费用与操作费用都在减少，效率稳定提高。

借出单位资金成本率体现机构放贷体系的效率，每笔贷款成本则是以贷款笔数为参照考察提供信贷服务的成本，而资金成本率则体现为融资支出的成本占机构总资产的比重。由图 12 - 11 可知，民丰经过 2008 年股权改革之后，2010 年借出单位资金成本率和资金成本率都大幅下降，借出单位资金成本率下降幅度超过 50%，资金成本率下降幅度超过 70%，且至2014 年，该比率一直在该水平附近波动，保持积极稳定的走向。但每笔贷

---

① 经营效率＝经营费用（资金成本＋贷款损失预留＋管理费用）/平均贷款余额
② 操作成本率＝操作成本/平均总资产
③ 借出单位资金成本率＝操作成本/本期发放贷款总额
④ 每笔贷款成本＝操作成本/本期发放贷款总笔数
⑤ 资金成本率＝资金成本/平均总资产
⑥ 贷款比率＝贷款余额/总资产

款成本持续上升，从 2009 年至 2011 年年均增长超过 50%，2011 年至 2013 年增幅有所下降，但仍保持了约 10% 的增长，2014 年又出现约 40% 的增长。这一指标的持续增长与民丰近年来在山区乡镇增设分会、致使包括人员成本在内的操作成本迅速增加有直接关系，也可以在一定程度上说明民丰并没有将业务转向低成本高收益方向，其贷款业务发展并没有牺牲其社会目标的实现。

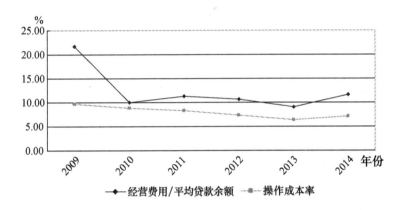

图 12 - 10　2009—2014 年民丰互助合作会经营效率、操作成本变化

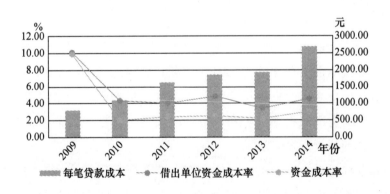

图 12 - 11　2009—2014 年民丰互助合作会贷款业务成本、资金成本指标变化

信贷资本是为机构创造收益的主要资产，贷款比率体现机构总资产中用于贷款的比重。由图 12 - 12 可知，民丰在 2010 年以前保持超过 95% 的贷款比率，2011 年之后虽有下降，但始终保持超过 80% 的水平，总体来看

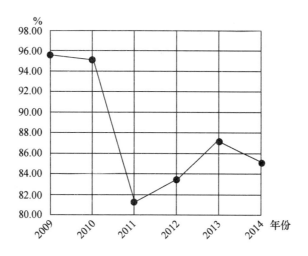

图 12－12　2009—2014 年民丰互助合作会贷款比率变化

是合理有效率的。

12.4.3　盈利能力比率

盈利能力体现机构的可持续发展能力，包括资产回报率①、贷款回报率②、所有者权益收益率③和操作自负盈亏率④等指标。

资产回报率表示运营每单位资产给机构带来的金融收入，越接近最高有效利率则说明机构管理越有效率。由图 12－13 可知，虽然 2010 年调整之后资产回报率由 35％下降至 12％，但仍比较接近民丰产品 14.4％的名义利率。贷款回报率体现机构运营每单位贷款给机构带来的金融收入。民丰贷款回报率与资产回报率走势和取值比较接近，可推知民丰不存在过多闲置资产带来的创收低效问题。

所有者权益收益率表示每单位所有者权益所获得的利润，反映机构投入的所有者权益生产率。2009 年以来，民丰的这一指标在 1％—13％波动，幅度较大，可推知民丰投资人盈利略有不稳定。操作自负盈亏率反映金融

① 资产回报率＝金融收入/平均总资产
② 贷款回报率＝金融收入/平均贷款余额
③ 所有者权益收益率＝营业利润/平均所有者权益
④ 操作自负盈亏率＝金融收入/经营费用（资金成本＋贷款损失预留＋管理费用）

收入弥补经营费用的程度。2009 年以来，民丰操作自负盈亏率虽然有所波动，但始终超过 100%，其金融收入完全能够覆盖各项经营费用并略有结余，体现出较好的可持续发展能力（见图 12 - 14）。

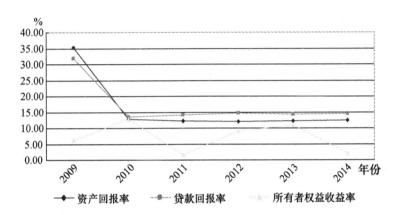

图 12 - 13　2009—2014 年民丰互助合作会可持续发展能力指标变化

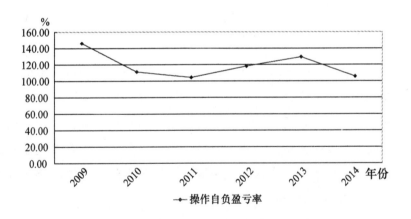

图 12 - 14　2009—2014 年民丰互助合作会操作自负盈亏率变化

12.4.4　资产负债比率

资产负债比率中选取流动比率①和负债权益率②作为分析指标。流动比

---

①　流动比率 = 短期资产/短期负债
②　负债权益率 = 负债/所有者权益

率衡量机构的资产适应负债期限的能力，负债权益率则反映机构负债与所有者权益（自有资产）的匹配程度，进而反映其吸引外部资金的能力。由图 12 – 15 可知，民丰流动比率和负债权益率虽然都呈下降趋势，但股权改革后，2011 年以来变化趋于平稳，且一直保持在合理的水平上。流动比率大于 130%，根据经验数据在正常情况下能够基本满足流动性风险控制需求。负债权益率则在 250%—470% 波动，略低于但基本符合小额信贷信息交流系统（MIX）统计的成功机构经验数据（350%—600%）。

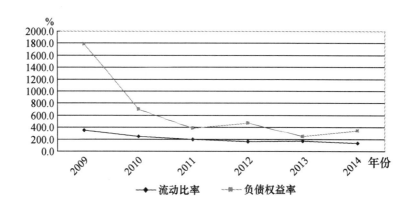

图 12 – 15　2009—2014 年民丰互助合作会流动比率和负债权益率变化

综上，民丰的财务状况总体上表现良好，贷款质量较高，逾期风险可控，经营成本收益率合理，经营较有效，资产、负债、所有者权益的配置比率及其收益回报率均在合理取值范围内，体现出较好的盈利能力和发展能力，反映了民丰较好的财务绩效。

12.5　社会绩效

12.5.1　以普惠扶贫为宗旨的业务发展

民丰自 1997 年开展业务以来，秉承"根植三农、服务百姓"的宗旨，坚持"服务山区中低收入农户、城镇低收入创业群体"的发展定位，积极开拓业务覆盖范围，不断总结和积累发展经验并调整产品和服务模式，努力为低收入和就业弱势群体提供更高效的小额信贷服务，有效地改善了当地偏远乡镇居民对存款、取款和贷款等基本金融服务的可得性，对促进城乡普惠金融发展做出了有益的探索。

12.5.2　业务覆盖面不断增加，覆盖程度持续加深

12.5.2.1　覆盖广度

民丰经过近 20 年的发展，其业务覆盖面不断扩大。2009 年其业务覆盖 8 个乡镇，74 个村，470 个社（村小组），而至 2015 年年底，其业务已覆盖至 16 个乡镇，165 个村，1211 个社（村小组）（见表 12－4）。其建在正规金融空白①乡镇的分会数量也由 4 个增加至 7 个，分会距最远客户所在地的平均距离超过 40 公里，能够为偏远地区客户提供方便快捷、近距离的服务。同时，女性客户占比超过 15%，覆盖到了女性客户的贷款需求。

表 12－4　　2009—2015 年民丰互助合作会覆盖乡镇、村、社数量　　单位：个

年份 覆盖情况	2009	2010	2011	2012	2013	2014	2015
覆盖乡镇数	8	8	9	10	13	14	16
覆盖村数量	74	74	80	85	112	124	165
覆盖社数量	470	470	510	540	760	842	1211
建在正规金融空白乡镇的分会数	4	4	5	6	7	7	7

同时，民丰的贷款客户主要是农户、中低收入家庭及微小企业。自 2010 年以来，其农户客户占比始终在 94%—96%。其授信客户占片区农户总数的比重超过 60%，会员数占片区农户总数的比重超过 30%（见图 12－16）。此外，在建档立卡贫困户总体数量减少的大背景下，民丰的建档立卡贫困户客户的绝对数量却保持着上升，从 2012 年的 1222 户增加到 2014 年的 1871 户，占片区建档立卡贫困户的比重从 6.7% 增加至 11.4%。

---

①　指没有正规金融机构服务。

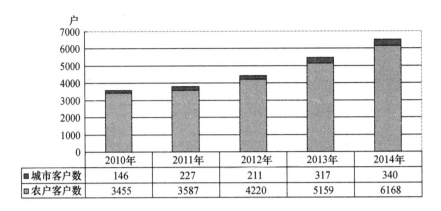

图 12 - 16　2010—2014 年民丰互助合作会农村与城市客户数量变化

	2010年	2011年	2012年	2013年	2014年
城市客户数	146	227	211	317	340
农户客户数	3455	3587	4220	5159	6168

12.5.2.2　覆盖深度

2013 年以来，民丰贷款产品额度上限调整为 10 万元，但考虑到业务风险控制、覆盖能力等因素，审贷部审批 10 万元额度贷款的程序非常严格，10 万元贷款全额获批的比例也非常低。国际社会普遍使用单笔贷款平均额度占当地人均国内生产总值的比例来衡量小额信贷机构服务客户的深度，该比例越低，说明服务深度越显著，该比例低于 2.5，则在小额信贷的合理范围内。尽管民丰的单笔贷款平均额度近年来不断增加，但是由表 12 - 5可知，2012—2014 年其单笔贷款平均额度与开县人均 GDP 的比值始终低于2.5 的标准值，且 2014 年该值也有明显回落。

表 12 - 5　　　　2012—2014 年民丰互助合作会单笔贷款额度变化　　　单位：元、%

	2012 年	2013 年	2014 年
单笔贷款平均额度	38214.85	56081.08	58887.52
开县人均 GDP	19775.16	22853.82	25834.41
单笔贷款额度与人均 GDP 之比	1.93	2.45	2.28

另外，由图 12 - 17 可知，2008 年以来，从民丰获得贷款次数为 3 次以内（含 3 次）的客户占全部客户比重的 56%，获得贷款 4 次及以内的客户占 88%，获得贷款次数为 5 次及以上的客户仅占 12%，可知民丰在客户覆盖上兼顾了广度和深度的考虑，一方面积极开发新客户，保证小额信贷受

益群体的广泛性；另一方面对确有需要多次贷款的客户，也提供"扶上马送一程"的持续服务。

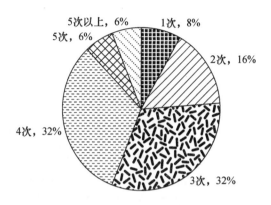

图 12 – 17　2008 年以来民丰互助合作会客户借款累计次数比例分布

12.5.3　客户保护

12.5.3.1　客户保护的原则和方法

根据《民丰互助合作会客户保护实施细则》，民丰对客户保护的原则和方法有如下规定：首先，加强员工廉洁自律教育，在制度上严禁员工利用工作或职务之便套用互助资金、挪用信贷资金、参与民间借贷和集资活动、向客户乱收费等行为；其次，员工必须严格保护客户信息，不得泄露客户的身份、家庭、财产和生产经营等信息，不得泄露客户在民丰的任何业务信息，客户业务查询必须由本人持身份证办理；最后，任何情况下工作人员不得与客户争吵，服务必须耐心细致，认真做好解释工作，保证与客户的有效沟通。

12.5.3.2　审贷流程与时间

为了防止客户因过度负债而产生过重经济负担引发信用危机，民丰建立了严格的审贷流程，利用客户信用管理系统在放贷前和审贷时详细掌握客户生产经营状况及其他相关信息，准确评估客户借贷需求和偿还能力，给予客户合理的放款额度，并于放贷后定期对客户进行回访和还款提醒，防止客户借款逾期，帮助其避免额外费用支出和信用等级降低等情况发生。

在审贷时间上，对提出贷款申请的客户，两日内必须完成调查和放款工作，对不符合放款条件的客户必须在两日内给予明确回复和解释工作。在办理业务时，尽量减少客户等候时间，在系统正常的情况下，一般存取款业务在5分钟内完成办理，一般借款业务在20分钟内完成办理，抵押业务在30分钟内完成办理。

12.5.3.3　信息透明机制、客户回访与满意度调查

为了及时有效地与客户进行信息沟通，民丰构建了通畅的多渠道信息传递和反馈机制。一方面，建立信息透明机制，常年派信贷员持续深入地向客户宣传民丰的产品特点、借款办法、贴息办法、互助资金管理办法等动态信息；及时对农户贴息进行张榜公示，广泛接受社会的监督；分会设置客户意见簿，公布投诉电话及邮箱，原则上当日即对接到的投诉进行处理。另一方面，建立客户回访机制，定期回访客户并登记客户信息变化情况，掌握客户的潜在风险情况，分析客户流失原因。

同时，在发放贴息贷款方面，民丰在广泛宣传、入户调查的基础上，建立《贴息贷款备选农户花名册》，制订贴息方案和兑付办法，优先对扶贫对象贷款实行贷款贴息。对贷款贴息的农户，由分会集中兑付，并分期分批将贷款贴息农户名册、贴息金额在乡镇分会、街道、交通要道、村社集中居民点进行公示，接受群众监督，力求做到公平、公正、公开。

2012年4月，民丰面向会员开展了满意度问卷调查。调查内容包括会员对民丰的基本情况、业务开展方式、入会借款申请条件、提供服务项目等信息的熟悉程度与满意度。调研共收回有效问卷481份，会员满意度达100%。

12.5.4　扶贫、助困与社会发展

12.5.4.1　扶贫与客户发展

2006年，民丰被重庆市扶贫办、市财政局确定为农户小额到户贷款贴息试点参与单位，在县扶贫办、县财政局、县银监办、县人民银行、县农业银行等部门的配合下，对农户发放小额贴息贷款，从民丰得到贷款的贫困农户，可以获得财政资金的贴息。民丰业务充分发挥到户贴息资金的"造血"功能，增强了贫困户脱贫致富的决心和信心，并有效改善了贫困地

区农户资金管理和使用效率，为更多的贫困家庭提供资金和培训，从而使其获得发展机会。2007—2012 年，共有 6 名贫困农户因受民丰扶助发展而获得中国银行业协会和美国花旗集团微型创业奖农业类、城市服务业类一等奖和二等奖。

12.5.4.2　助学基金资助贫困大学生

自 2011 年起，民丰每年从经营收入中拨划 20 万元建立专项助学基金，用于资助开县籍金融、经济管理、农业技术等专业的贫困家庭大学生完成学业，学生毕业后可自愿选择到民丰工作。2011 年 8 月，民丰为 10 名优秀贫困大学新生提供每人每年 5000 元的生活费资助，资助时间为本科四学年，每人资助金额共计 20000 元。此后每年新增 10 名优秀大学新生资助名额，目前资助人数已达 50 人。民丰大力支持贫困地区大学生利用自身所学带动家乡人民创业致富，并积极鼓励受资助的大学生到民丰工作，为民丰的发展献计献策，为合作金融事业的发展贡献力量。

12.6　结论与启示

12.6.1　主要经验

12.6.1.1　民丰填补了银行机构难以服务"三农"的空白，解决了"市场失灵"的问题

民丰积极探索会员制试点，开展资金互助，以合作的方式使被排斥于正规金融之外的山区农户享受到现代金融服务。它以合作的形式，破解了融资"瓶颈"的难题，具有较强的可持续发展能力。通过民丰发展合作金融业务，不仅使得山区农户的诚信意识得以培育和增强，而且在贫困地区实现了金融自治，有效推进了农村金融生态环境的改善。

12.6.1.2　民丰采用股份合作制，解决了公益性小额信贷机构的资金来源问题，有效地改善了治理机制

以扶贫为己任的公益小额信贷机构所面对的最大发展困难之一是资金来源。民丰采取股份合作制，通过吸收会员费和会员互助资金、接受本地愿意在农村开展小额信贷业务的社会爱心人士出资认股、鼓励正式员工出

资入股等方式，获得多渠道的资金来源，在一定程度上解决了资金不足的问题。而员工出资入股制度将员工利益与机构利益捆绑在一起，更有效地激发了员工的工作积极性。

民间社团组织因为没有明确特定的所有者，也被称为"无主企业"，常常显示出人员不专业、低效率等所谓的"志愿服务失灵"或"公益失灵"问题。民丰采取了股份合作制，有了明确的股东，这个组织成为"有主企业"，招聘和培养了专业人员，从而解决了"公益失灵"的问题。

12.6.1.3　民丰采取的风险管理机制有效地控制了信贷风险，并有效把控着社会风险

数年来，民丰的资本充足率一直高达20%。民丰章程规定农户会员缴纳的会费和互助资金在交付后2年内不能退出，且互助资金的70%须用于出资会员所在乡镇的互助业务，20%作为准备金交付县会统一管理，10%由县会用于各乡镇分会之间的资金调剂。同时，民丰章程规定，其业务经营风险仅由股东（出资会员）承担，一般农户会员不承担民丰的经营风险。这些规定极大地降低了合作金融业务的流动性风险、信贷风险和社会风险，提高了农户会员的受益程度和安全感，从而有力保障了民丰的正常经营。

12.6.1.4　重庆市和开县政府及时出台政策措施，有效地支持和规范了民丰互助合作会的良性发展

重庆市委、市政府和开县县委、县政府认识到民丰既成功地解决了自身的可持续发展，又实现了金融扶贫、支持"三农"发展的社会目标，为推动重庆"三农"发展和扶贫事业发挥了积极作用，市县党委政府领导多次到民丰调研，总结民丰经验。重庆市委和市政府的渝委发〔2014〕9号文要求："总结推广开县民丰互助会经验，支持贫困农户发展产业。"市府〔2014〕105号文要求："积极向扶贫开发重点区县推广开县民丰互助合作会信贷扶贫经验，探索试点将小额信贷扶贫组织改制为新型农村合作金融组织。"重庆市扶贫办、财政局、金融办联合下发《关于推广开县民丰互助合作会金融扶贫经验的通知》（渝扶办发〔2014〕54号），认为"针对贫困农户的公益性金融组织，是我市建设统筹城乡综合配套改革试验区的重要探索"，要"积极稳妥推进民丰互助会小额信贷扶贫经验，探索研究规范发展新型农村合作金融"，"研究制定我市新型农村合作金融发展方案"。这对

鼓励农村合作金融创新，改善农村普惠金融体系建设都有着积极的意义。

12.6.2　主要问题

作为以小额信贷为载体的金融扶贫发展模式，民丰的合作互助模式表现出极大的优越性和生命力，但其也存在一些难以避免的问题，主要表现为民丰身份法律地位不明确，民丰人力资本结构不合理、缺乏足够的后备支撑力量等方面。

12.6.2.1　民丰法律地位不明确，相关政策法规不配套

民丰从成立开始就有强烈的政府主导色彩，综合其组织治理、资金来源、运行机制等多方面特征来看，民丰兼有政策性金融机构、合作金融机构和小额信贷机构的特征，正是由于集金融扶贫、合作金融和小额信贷等特征于一身，其业务模式才能够在金融服务空白区持续高效率地运行，从而发挥改善贫困地区的金融服务贫乏局面、增强中低收入群体信贷可得性的作用。但是由于诸多原因民丰至今仍没有取得金融许可证，其吸收互助金、活期存款服务等业务缺乏相关法律的明确保障。目前，如何定位并确认民丰的身份地位成为民丰能否长远发展、民丰模式能否全面推广所面临的重大障碍。

同时，信贷业务规模的扩大会对机构风险控制防范能力提出更高的要求，这除了需要民丰自身强化内部管理和监督外，外部监管的作用也至关重要。而由于民丰身份合法性没有得到解决，银监部门和金融办均不是直接监管部门，扶贫办的监管作用在法律上没有权威性，因而造成外部监管缺位，存在难以估量的潜在风险。

12.6.2.2　人力资源结构不合理，持续发展缺乏后备力量支撑

由于所处发展阶段和提供薪酬能力等约束条件，民丰招录和引进人员的专业能力和综合素质的总体水平有限。据统计资料显示，民丰现有员工中，非金融专业员工比重达到84.2%。虽然民丰制订了员工专业培训计划，但目前来看培训效果有限，距离实现民丰人才队伍建设目标、满足其长期持续发展需要还有相当大的距离。专业技术人员的缺乏和从业人员专业知识的不足，直接导致民丰后备管理力量不足，进而影响其可持续发展能力和抗风险能力。

12.6.2.3　与农民的利益联结机制需要持续加强

尽管民丰是农村社区的银行，也是农民合作的银行，但其与农民的利益联结机制仍有待加强。利益联结机制不紧密可能使农户会员的权益得不到有效的保障，并导致潜在的业务脱农风险。首先，从民丰的资金来源结构来看，目前会员互助金占比已接近资本金总额的 3/4，但互助金的资金回报仅为略高于银行活期存款的利息，且根据合作会章程，缴纳互助金的农户为一般会员，不承担合作会经营风险，相应地也无股权可言。尽管一般会员原则上在会员大会上与出资会员具有同等的表决权，但一般会员出席会员大会的比例和对合作会事务的关心程度，都乏善可陈。其次，民丰之所以能 20 年来始终坚持边远贫困地区的金融扶贫工作，一方面，由于其成立与发展都受到政府扶贫部门的主导；另一方面，其主要领导者对农村金融扶贫工作的情怀与志向也是重要的原因。从长远来看，一旦这两方面的因素弱化或改变，民丰为了更好的财务绩效而将业务转向城镇发达地区的金融市场，也不是没有可能。

12.6.3　启示

2015 年 12 月 31 日，国务院印发《推进普惠金融发展规划（2016—2020 年）》，提出"坚持政府引导与市场主导相结合、完善基础金融服务与改进重点领域金融服务相结合，不断提高金融服务的覆盖率、可得性和满意度，使最广大人民群众公平分享金融改革发展的成果"，"特别是要让小微企业、农民、城镇低收入人群、贫困人群和残疾人、老年人等及时获取价格合理、便捷安全的金融服务"；并指出："积极探索新型农村合作金融发展的有效途径，稳妥开展农民合作社内部资金互助试点。注重建立风险损失吸收机制，加强与业务开展相适应的资本约束，规范发展新型农村合作金融。支持农村小额信贷组织发展，持续向农村贫困人群提供融资服务。"为了增强金融资金对扶贫开发项目的投放力度，吸引更多社会资金参与扶贫开发，同时避免小额信贷机构转向发展城市业务而脱农，政府需要切实支持致力于金融扶贫事业的公益性小额信贷机构和互助合作组织，制定相应政策和持续的扶持措施，解决他们面临的各种困难。

12. 6. 3. 1　创设新型农村合作金融组织制度框架，开展试点，为合作会等公益性小额信贷机构转制和合法经营开辟制度通道

开县民丰互助合作会代表着我国一批从事扶贫事业的公益性小额信贷机构的发展现状，这类机构有扶贫基金会下属的在 147 个县开展放贷扶贫的中和农信公司、在全国几十个贫困县里运作十年以上历史的其他公益性扶贫小贷组织，以及财政部、扶贫办开展的约有 50 亿元资金、在 2 万个贫困村的互助资金项目。

这些组织或项目既创造了很多有效的金融扶贫经验，同时也承受着缺乏合法身份、资金短缺和缺乏人才的困难。这些困难主要源于现行制度中没有适合它们的组织制度框架。重庆市推广民丰经验并研究解决其身份和业务合法化问题，可以成为开展新型农村合作金融改革的一个试点，有关政府部门应该予以支持和配合，并以此为契机，指导地方政府（尤其是具备条件的贫困地区）在其权限内探索创设新型农村合作金融组织制度框架。

12. 6. 3. 2　建立银行与新型农村合作金融组织以及其他农村社区金融机构的融资合作制度

与小型金融机构相比，大中银行在支持农户、支持小微方面缺乏优势，但是大中银行具有资本优势，可以与小型放贷机构建立伙伴关系，为后者提供批发资金，这样既可以解决小机构的融资问题，也可以解决大中机构的支农支贫问题。

目前，在开县还有一半的乡镇是民丰的业务没有覆盖到的，主要原因是缺少放贷资金。重庆三峡银行有意向与其建立战略合作伙伴关系，为民丰提供批发资金。对实践证明运营良好的公益性扶贫放贷组织，应该在政策上支持鼓励这样的支农融资模式，并使之制度化。

12. 6. 3. 3　有关部门应该适时协作，制定具体实施和管理办法

银监会下发《关于鼓励和引导民间资本进入银行业的实施意见》（银监发〔2012〕27 号）明确规定：支持民间资本与其他资本按同等条件进入银行业，可通过发起设立、认购新股、受让股权、并购重组等多种方式投资银行业金融机构；支持民营企业，特别是符合条件的农业产业化龙头企业和农民专业合作社等涉农企业参与农村信用社股份制改革或参与农村商业银行增资扩股；支持农民、农村小企业作为农村资金互助社社员，发起设立或者参与农村资金互助社增资扩股。因此，重庆市政府及开县政府应出台各类配套政策扶持民丰互助合作会依法良性发展。各级扶贫和财政部门要积极协调银监和其他相关部门，提供引导和支持，落实地方政府监管和风险处置责任，切实防范和化解金融风险。

12.6.3.4　夯实合作制基础，始终保持为中低收入农户的发展提供融资服务，推动普惠金融发展

股份制为民丰提供了提高经营水平的动力，同时，资本的逐利性也会影响民丰的扶贫宗旨。要解决这个问题，除了需要股东不忘初心，也需要在制度上增强合作制的特征，增加普通会员的参与，加强他们对民丰的权利和义务，提高他们的地位和话语权，使民丰始终成为扶助中低收入农户和小微企业发展的普惠金融机构。

13 互联网时代的农村普惠金融

——宜信农村金融战略与实践

13.1 引言

    1996 年农村信用社和中国农业银行脱钩,农村信用社重新获得独立发展的机会。1997 年起,包括中国农业银行在内的四大国有商业银行实行对农村金融市场的战略收缩政策,大规模撤并县以下金融机构,这一改革对中国农村金融的全局发展产生了重大影响。许多学者认为,大量国有金融机构从农村退出的结果是恶化了农村金融形势。四大国有商业银行退出县及县以下地区以后,农村信用合作社由于历史包袱过于沉重,难以满足农村经济对金融服务的需求。① 政府主导下的农村金融体制改革带来农村金融市场的收缩,使农村金融出现了前所未有的"真空地带"。② 学者对农村信用社的改革绩效进行的分析表明,1996 年农村信用社和中国农业银行脱钩后,不但没有被拉回合作化的道路,反而明显出现了脱离农村的倾向。③ 1997 年以后国有金融机构不断退出农村金融市场,农村金融实际上已经处于一个危险的境地。④ 近些年,虽然政府利用新设村镇银行等新型金融机构

---

    ① 参见林毅夫《金融改革与农村经济发展》,北京大学中国经济研究中心讨论稿,2003 年。

    ② 参见何广文、冯兴元、郭沛等《中国农村金融发展与制度变迁》,中国财政经济出版社 2005 年版,第 34 页。

    ③ 参见冯兴元、何梦笔、何广文《试论中国农村金融的多元化———一种局部知识范式视角》,《中国农村观察》2004 年第 6 期。

    ④ 参见郑冉冉、张孝岩《农村金融机构进入问题研究》,《经济社会体制比较》2006 年第 1 期。

的方式来弥补之前金融改革政策的不足，但广大农村地区金融机构萎缩，金融供给缺乏的局面并未获得根本改变。

在农村金融供给严重不足的大背景下，诸多的新型互联网金融企业逐步开始涉足该领域。著名互联网金融企业宜信公司就是其中之一。宜信公司创建于 2006 年，全称"宜信惠民投资管理有限公司"（以下简称"宜信"），总部位于北京，现已发展成为集财富管理、信用风险评估与管理、信用数据整合服务于一体的综合性现代金融服务业企业，以模式创新、技术创新和理念创新服务于我国高成长性人群和大众富裕阶层。全国协同服务网络覆盖 235 个城市（含中国香港）和 96 个农村地区。在多次拿到海外融资发展壮大以后，其旗下互联网金融平台"宜人贷"于 2015 年 12 月 18 日在美国纽约证券交易所（New York Stock Exchange，NYSE）成功挂牌上市，成为中国迅猛发展起来的 2000 余家 P2P 网络借贷平台中的海外第一股。

宜信在大力拓展以城市用户群体为中心的互联网金融的同时，也在我国中西部贫困、偏远地区开展了农村金融工作。利用互联网技术，积极统筹引导城市资金回流农村地区，宜信探索出一套独有的农村金融服务路径。据不完全统计，宜信自涉足农村金融以来，累计帮助超过 8 万农户、农业经营主体获得了逾 20 亿元的金融支持。它在农村扶贫、慈善、生产经营领域，蹚出了一条新型的金融路径。基于在普惠金融工作上持续多年的坚持，宜信获得了许多地方政府认可，其业绩在新闻媒体上被广为称道。宜信近年来获得了各类奖项十余项，例如"2012 全球责任中国行动奖评选——最佳企业贡献奖""2012 年度微公益单位""2012 年度公益创新奖"等。2015 年"农商贷"代表宜信普惠获得了由《农村合作时报》组织的金融普惠奖，"宜农贷"获得《人民日报》的"环球风尚榜样"的称号。

宜信公司秉承着"人人有信用，信用有价值"的理念，将普惠金融带给每一个中国人。然而一个商业机构是出于什么样的动力愿意提供农村金融服务，一个新型的互联网金融企业如何服务农村，在服务过程中取得的经验和遇到的问题对我国农村普惠金融发展到底有什么样的启示？宜信公司的实践，为我们进一步践行国务院《推进普惠金融发展规划（2016—2020 年）》，提供了十分有价值的普惠金融工作样本，值得探讨和分析。

13.2　宜信开展农村金融服务的背景

如前文所述，农村金融市场本来就基础薄弱，并且是金融改革后国有商业银行大幅退缩的领域。商业银行视农村金融市场为"鸡肋"，侧面反映了开展农村金融的难度。宜信逆势发展，在拓展城市金融领域的同时，积极布局农村金融市场，是多重主客观因素所决定的。

13.2.1　农村金融市场需求巨大但供给不足

虽然国有商业银行在中国发展最快的近20年选择了收缩农村金融的业务，但毫无疑问的是，农村金融市场并未因此而萧条，反而金融需求规模在不断扩大。根据公开统计数据粗略估计，目前我国大农业的体量在20万亿元左右，农林牧副渔的直接产值为7万亿—8万亿元，再加上食品工业、食品产业的加工业，加起来是12万亿元左右，实际上相当于GDP的1/3，但获得的贷款占全部金融机构贷款余额的比例不到2%。显然，该数字与农业经济规模是不能匹配的。根据浙江电视台的报道介绍，目前农村小额贷款的市场规模为5000亿—6000亿元，正规渠道只解决了不到2000亿元。由此导致的高利贷等非正规金融在农村市场盛行。根据学者估计，2010年非正规金融约占正规金融的25.4%，农村民间金融规模占短期贷款的19.8%。①

不仅如此，在农业细分市场已经呈现出较为清晰的产业增加规模。农业部发布的《关于开展主要农作物生产全程机械化推进行动的意见》指出，要在2020年争取实现68%的农业机械化率。公开的数据显示，2010—2013年，农业机械化率从51%提升到59%，在此期间，规模以上的农机企业收入从2768亿元提升到3779亿元，提供了1000亿元的市场增量。根据闫舒媛2015年的行业报告分析，未来五年机械化率从61%提升到68%，同样会带来巨大的市场空间。因此，称未来农村金融市场蕴含上万亿元以上的规模不是空穴来风。宜信也正是看到了一片广阔的农村蓝海金融市场，方勇

---

① 易远宏：《我国民间金融规模测算》，《统计与决策》2013年第11期。

于踏步进入，这是企业发展的理性选择。

13.2.2 互联网为增加农村金融供给提供了可能

首先，物理条件的改善使得农村互联网金融具备了基础设施条件。根据中国互联网络信息中心（CNNIC）2015 年 5 月发布的农村互联网发展状况研究报告显示，截至 2014 年年底，农村互联网网民数 1.78 亿。年均增速稳定在 25%—30%，村民使用的上网工具以手机为主。从网民平均上网时间来看，农村网民平均上网时间与城市网民差异已经很小。而且从网民职业构成上看，除了学生之外，个体户和农林渔牧劳动者占比最高，这一部分人正是基于产业支撑而最有可能产生金融需求的群体。农村已经形成并仍然在高速增长的巨大互联网规模，为金融信息整合、金融业务办理、信贷资源搜集、货币资金收转等金融基础工作提供了基本的物理条件。互联网让农村由银行"弃儿"变成了"P2P 贷款的金矿"。

其次，传统金融机构面临的一些困难，利用互联网可以得到部分化解。一方面，利用互联网技术可以在全国甚至全世界范围内有效地调配资金供需资源，可以缓解资金供给短缺的困难，并且更容易实现真实的市场化利率。另一方面，传统金融模式下，尽职调查、签订合同、放款、贷后检查、还款等既需要信贷人员多次往返于农户所在地，也需要农户频繁往返于城市、乡镇的固定网点，农户分散和交通不便，导致信贷的成本偏高。互联网金融模式下，客户签订合同、收款、还款，可以直接通过支付宝、微信转账、网银划款等网络支付手段实现，甚至是在尽职调查、产业核实、身份核对等环节，都可以借助视频设备、电子签名等，远程操作完成。在一定条件下，借款人从借款到收款完毕，根本无须见面，交易完成后甚至还素昧平生。便利的互联网技术手段有效缓解了地理自然条件带来的信贷困难。当然，传统金融机构在技术条件具备的情况下，也可以实现远程操作，但现实是传统机构转型慢，机制不够灵活，甚至是部分金融机构尾大不掉，难以转型。互联网金融企业正是抓住该契机，迅速渗透进农村金融市场。最近两年，原先积极退出农村市场的商业银行已经感受到了互联网金融带来的挑战，也在试水 P2P 网络借贷业务，逐渐折回农村市场。另外要明确的是，农村金融市场中存在信用意识薄弱、文化程度低、担保措施匮乏的难题，互联网金融一样会遇到，但是大数据技术的发展和普及正在通过建立农村征信体系来有效地解决信息不对称问题。

13.2.3　合作伙伴为深化农村金融业务创造了条件

宜信在农村金融领域是从公益金融"宜农贷"开始的。通过公益金融的开展，宜信陆续与 20 多个扶贫机构、小贷公司、合作社等展开了合作。在开拓其他业务的过程中，与全国以农机经销商为主的 200 多家企业也逐渐建立起合作关系。随着第三方合作伙伴的增多，融资租赁、商业金融业务的开展也水到渠成。随着合作机构的增多，宜信自己也开始在全国各地布点。可以说，合作伙伴的增加和紧密配合，为宜信创造了得天独厚的进入农村金融市场的机会。

13.2.4　履行企业社会责任，塑造企业社会形象

宜农贷是宜信公司于 2009 年推出的公益理财助农平台，具体由宜信联合各地扶贫机构、小贷公司等为农村贫困妇女的生产经营提供信贷帮助。宜农贷带有明显的公益性质，从设立伊始便把受众客户定位于农村妇女，坚持 6 年多来，取得了良好的社会效果。宜农贷利用自己的网络优势，把富有爱心的公益人士、志愿者、扶贫组织、贫困农户成功地串联起来，实实在在地为贫困群体提供了看得见的帮助，在公益金融领域独树一帜，为其赢得了巨大的良好声誉。在履行社会责任方面，宜信的确走在了互联网金融的前列。为了继续发挥宜信的公益职能，履行其社会责任，维护其良好的美誉度，要更好地开展宜农贷业务。宜信坚持农村金融服务市场是自然选择。

13.3　宜信的农村金融战略

13.3.1　总体战略

2015 年宜信发布第二个五年计划"互联网金融—谷雨战略"。根据"谷雨战略"，未来 5 年内宜信将打造并开放农村金融云平台，通过打造开

放的农村金融服务生态圈，建设宜信小微企业和农户征信、风控、客户画像能力资源平台，并对社会开放，实现"为农村实体经济发展服务"和"促进农村地区消费金融发展"两大目标。具体而言，就是利用互联网和大数据技术，把一切可能有需求的金融服务链条，包括但不限于信贷、金融租赁、保险、理财、法律服务、财务咨询、产品销售等活动，统一在互联网系统上进行整合、打包、协同，共享信息，互通有无。平台一方面打通宜信内部各业务条线、部门和团队，另一方面把产品的供需双方、中介服务者，甚至是管理者，共同融入一个为"三农"综合性服务的体系中，实现大数据下有效资源的合理配置，让效率和效益达到适度平衡状态。

13.3.2　战略措施

首先，为了实现该战略，基于信息不对称和社会配套制度并不完善的原因，当前的金融服务需要线上线下同步发展。具体工作中的尽职调查、签订合同、监控催收和应急处理等事项，单纯地依靠互联网还难以全部完成。需要在农村金融服务区提供必要的现场运营机构，采用O2O的运营模式还是十分必要的。未来五年内宜信将自建1000个基层金融服务网点，把云平台上的信贷服务、转移支付、农村保险服务等在线下落地。通过"一云一网"（农村金融云平台和1000个金融服务网点），实现宜信"谷雨战略"开花结果的目标。

其次，实现金融服务的本土化也是实现战略的重点。农村社会有独特的伦理特点，广袤的中国农村，地区差异也较大，不可能有一蹴而就的完美模式适合所有的农村金融需求。此外，乡土社会的基本伦理仍然是由熟人社会下的血缘、地缘决定的，熟人之间的熟悉和了解，可以克服金融信息严重不对称的困难。利用地缘优势，把农村金融服务有效本土化，招聘当地的员工，借助当地的小额贷款公司、扶贫组织、民间机构，不仅可以降低经营成本，也是金融得以持续发展的有效保证。宜信布局全国的农村普惠金融，把提供服务本土化当作其成功的有效保障措施。未来，该战略的执行将更为彻底。

最后，"谷雨战略"的实现要靠公益金融与商业金融服务并举。当前提供农村金融服务的成本相对城市金融偏高。既要帮助到农村，又要实现自身的生存和发展，并保障农村金融服务的可持续性，是宜信农村金融创新首先要考量的因素。竞争市场下的优质商业金融服务，是农村金融发展的主流趋势。对于急需金融服务但难以负担市场成本的困难农户，宜信将利用自有的体系，对接完成社会公益资金渠道来解决。商业加公益的运营模式，能够点面结合，查缺补漏，达到金融普惠的目的。需要强调的是，宜信是高速成长的企业，其战略是动态的，发展是创新的，为别人不敢为，为别人尚未为，因此，每次创新都是试错，其业务发展都是在试错过程中实现的。因此，宜信的业务模式都还远未定型，尚处于创新、探索、适应、变化、调整的过程当中，某些做法仍然需要实践检验，留待时间观察。

13.4　宜信普惠金融开展的基础设施条件

作为一个互联网见长的企业，宜信为了布局农村金融服务市场，在各项基础设施建设上已经初具规模。与其他的互联网金融机构相比并不逊色，在某些领域，例如农机电商平台，甚至走在了前列。

13.4.1　互联网平台建设

宜信为了实现普惠金融服务，成功公开运行的金融服务平台目前有16家，主要有宜人贷、宜车贷、宜学贷、宜农贷、宜信租赁、普惠一号、信翼计划、指旺理财、投米网、小微企业信贷服务中心、农商贷、商通贷、宜信财富、宜信保险服务、宜信在线、好望角等。其中，涉及主要为农村金融服务的平台有宜农贷、农商贷、宜信租赁，目前这三个原来独立的金融服务平台，已经统一整合为宜信普惠惠农平台。其他的如宜车贷、宜学贷、投米网、小微企业信贷服务中心等的某些业务也关联到农村领域。需要强调的是，每个业务平台并不决然地与涉农业务无关，可能或多或少都与农村有关联。互联网平台在宜信金融中充当着中枢作用，资源整合、信贷撮合、信息披露、数据统计、债权转让等功能，都需要利用平台实现。宜信打造安全可靠的互联网金融平台，为其金融战略提供了基础性支持作用。

13.4.2　业务合作平台搭建

宜信是中国小额信贷联盟的理事单位，该联盟由中国社会科学院农村发展研究所和商务部中国国际经济技术交流中心发起成立，后得到全国妇联发展部的大力支持。小贷联盟及以上三家发起单位对所有会员机构进行监管，包括不定期的考察、监督，以及年度的审计等。宜农贷目前合作的17家农村小额信贷机构（micro finance institutions，MFI）均是小贷联盟的会员单位。其中，与宜农贷合作的8家农村小额信贷机构，也有所属的其他上级主管单位，比如机构成立时的资金援助单位，诸如联合国开发计划署、国际计划、联合国儿童基金会等。现有22家MFI合作伙伴，成了宜农贷的合作机构。这22家合作机构，主要以诸如陕西省西乡县妇女发展协会、河南省虞城县扶贫经济合作社、甘肃省定西市安定区民富鑫荣小额信贷服务中心、青海省大通县小额信贷扶贫项目、延边图们江地区扶贫项目促进会、克什克腾旗永胜农牧专业合作社等为主，主要是基层扶贫机构、妇女支持组织、小额贷款公司、合作社为主，承担着宜农贷业务的具体实施职能，是宜农贷业务的实际落地机构。

农商贷业务拥有来自金融服务行业和信贷行业的资深专家管理团队，与地方政府部门、高校金融研究机构等开展合作与交流。目前已经在甘肃、内蒙古、黑龙江、吉林、云南、陕西、四川、贵州等省市的多个地区建立了近100家网点，全国员工超过1200名。

宜信农机融资租赁业务覆盖全国17个省，合作经销商200余个，合作主要农机品牌50余个。宜信租赁已经在山东、黑龙江、吉林、辽宁、内蒙古、河南等20多个中国粮食主产区，为近万个用户提供了农机租赁服务，机型覆盖了动力机械、收获机械、耕整机械、粮食加工设备、畜牧及生物性资产活体租赁等众多类型。宜信也与国内外百余家农机品牌建立了合作关系，基本满足用户耕、种、收的全面要求。

在宜信云平台的理念指导下，目前宜信惠农服务平台已经开展了与农机1688网和京东商城农资频道农机销售、融资与服务的密切合作。此外，新浪公益、国泰人寿、太平洋保险、平安集团等大型网站、金融服务提供商等也与宜信普惠展开了密切的合作。为了资金的安全，宜信的互联网业务已经在广发银行设立专门的资金结算账户，符合监管的要求。可以预见，未来宜信云平台的吐纳能力将会越来越强，金融业务链条的每一个环节都可能会涌现出大量的合作者。

13.5　宜信的农村普惠金融业务模式

宜信目前针对农村的金融服务主要有三类，一是宜农贷；二是农商贷；三是融资租赁业务，主要是农机租赁。

13.5.1　宜农贷业务

宜农贷是宜信公司于 2009 年推出的公益理财助农平台，无论其资金来源、运营模式还是受众人群结构，都带有明显的公益帮助痕迹，与一般的商业金融服务具有明显的不同。虽然是公益性质的，但宜农贷是整个宜信互联网金融业务的奠基者，之后的宜信互联网金融业务许多是在该业务模式基础上发展、完善而来，其开拓作用不容小觑。2015 年 12 月 18 日在纽约证券交易所上市的宜人贷的大部分业务操作模式，也是来自宜农贷的实践经验总结。

13.5.1.1　服务对象

宜农贷 100％ 的受助人群为 20—60 岁贫困地区的农村妇女，一般要求有一定的经营能力，具有相应的民事行为能力，这一点明显区别于纯粹的扶贫救助款项。扶持有一定生产能力的底层农村妇女，不仅是纯粹经济帮助的意义，对提高农村妇女的社会地位，践行妇女自救思想，消除性别歧视等方面也具有重要的社会意义。宜信秉持了在国际上公认的小额信贷理念，即相信穷人有信用，信用有价值，信用也是一种资产，相信穷人的生存技能，利用小额信贷帮助穷人获得可持续发展的能力。

13.5.1.2　产品结构与特点

当前宜农贷网站的标准产品有 1 年期、9 个月期和 6 个月期限的贷款，单人最高借款额度一般不超过 2 万元。借贷所要的增信方式，根据不同的地区和不同的合作伙伴要求并不完全一致，主要采用五户联保、第三人个人保证的常用方式。农村的宅基地使用权、土地承包经营权、林权的抵押是重庆开县特有的担保方式。借贷的还款方式大约有四种：按季等额本息、按季付息到期利随同清、按半年等额本息、整贷整还。采用小额、短期、分期还款、简单保证的方式来设定宜农贷产品，实际上是充分考虑了妇女生产的客观条件和盈利的能力。2 万元大约是 2014 年农村人均纯收入的 2 倍，如果没有意外的话，借款人还款能力应该不会受到重大影响。采用分期还款的方式，更是分散了还款的压力。这种设计既考虑到了公益贷款资源的有限性，也考虑到了对农村妇女的贷款保护。过多地给穷人放贷，尤其是给农村妇女放贷，本身就可能是对借款人的伤害。

宜农贷当前合作机构给农户的最高年利率水平为 18%，最低年利率水平为 8.124%，平均为 12% 左右。农户的利率水平是由直接放贷机构自行确定的，每个机构由于当地市场环境及人员成本不同，确定的利率标准也并不同。宜农贷利率中 2% 返还给宜农贷平台的出借人，1% 用于支付宜农贷平台的服务费，剩余的利差部分用于合作机构日常运营、风险控制、社会绩效等项目支出，如有盈余则会自动转入合作机构的资本金，继续用于农户借款业务。

13.5.1.3　基本业务模式

按照法律对金融机构监管的基本要求，在宜农贷业务领域，宜信自身是没有吸储资格的，即宜信不能够利用公开的方式直接从社会公众中吸收资金再给农户放贷，否则就会涉嫌非法吸收公众存款，严重的会构成犯罪。此外，除非利用获得的小贷公司，宜信也不能够直接借款给农户，因为其自身并不具备金融从业资格，法律并不允许其放贷。为了解决该问题，宜信采用了放款与债权转移衔接的基本业务模式。具体操作模式如下：

宜信与地方小贷公司、扶贫协会、合作社等第三方机构签署合作协议，由第三方机构先把款贷给农户妇女，签署相关的手续。然后宜信购买第三方机构的债权，并把债权适当地分散或整合，在宜农贷平台上公开出售，由社会公益人士购买。债权购买门槛很低，100 元以上就可以参与竞买，支付对价以后，出借人取得对农户的贷款债权。

整个过程中，宜信负责考察合作机构。作为合作伙伴的公益性小额信贷机构负责甄选农户，识别风险，收集农户信息，帮助农户建组，普及金融知识，执行放款收款。贷款到期后，也由合作机构负责收款，并通过宜农贷平台支付给出借人。农户如有逾期及坏账情况，根据宜农贷与合作机构签订的合作协议，机构需要先把出借人的债权回购回去，然后自行负责清收。

13.5.1.4　宜农贷业务模式的内在原理

宜农贷业务模式，从三个方面保证了输血信贷扶助农户的可持续性。首先，通过第三方机构贷款的模式，有效规避了法律对宜农贷平台不能放贷的规制。宜农贷债权买入并卖出，可以从形式上达到是出借人购买的债权并支付对价行为，而不是平台单纯地向社会吸收资金，从而规避了既有非法吸收公众存款的规定，使得资金归集、出借、放贷行为，均在合法范畴之内。其次，利用网贷平台的社会性可以迅速地募集到公益资金，利用给出借人不超过 2% 利息的方式，既保障了资金的有偿性，也保障了贷款成本维持在较低水平。而适当的利差解决了整个模式的运营成本问题，尤其是保障了地方合作机构开展小贷的可持续性。最后，地方合作机构在农户贷款逾期不能偿还时的回购义务，相当于让合作机构为贷款承担了一般保证责任，为出借人承担了最后的还款责任。这样一方面规避了合作机构与借款人串通的道德风险，另一方面保障了合作机构从筛选贷款户到回收贷款的每个环节能够尽职。

13.5.2　农商贷业务

与宜农贷不同，农商贷是宜信惠农平台下的主要商业金融业务品种，是借助纯粹市场力量在农村金融领域健康成长的业务品种，是未来宜信坚守农村金融市场的主打产品之一。

13.5.2.1　服务对象

农商贷的借款人主要是县域及县域以下农村高成长性人群，即小微企业主、工薪阶层、大学生和农户，客户年龄主要分布在 20—60 周岁，无性别和其他特殊要求，但一般要求有一定的经营业务支持。出借人主要是宜信借贷平台端的投资人。农商贷的业务是宜信标准化的商业信贷支持模式，对借款主体的筛选除了考虑到农户属性外，更看重的是借款人的偿债能力和还款意愿，与一般的信贷考察标准并无大异，不再赘述。

13.5.2.2　产品结构与特点

农商贷的单人借款额度一般在 10 万元以下，最高可达 30 万元，期限为

9—18 个月，最长不超过 24 个月，一般是等额本息按月还款的方式。农商贷最高月利率不超过 2%，最低不低于 1.6%。主要的风控手段采用多人共同借款和 1—2 名第三方保证的方式，无抵押、无其他额外要求。产品设计与借款人的业态及经营能力有关，会根据产品借款人的具体情况从中选择产品。

13.5.2.3　基本业务模式

农商贷的主要业务操作模式与宜农贷有较大的区别。农商贷一般由宜信在基层业务区的自营网点做业务宣传，入户尽职调查，搜集信息、资料，借助宜信反欺诈系统，对客户提供的申请信息，采用大数据技术来对客户关系进行图谱分析，并采用多维度信用评测技术来进行系统评分和风险异常识别。在确定好贷款额度以后，可以当面签署关键的相关合同、协议，之后通过宜信惠农平台账户划转系统进行付款。贷后的检查、贷款的催收等，均由宜信员工自行操作。整个过程中，宜信并不是资金的借出者，而是起到了信贷的撮合人和贷后的监管人角色。有关的借款合同、保证合同等，虽然由宜信员工监控完成，但宜信只是起到代理人的作用。此外，大部分业务合同从互联网上就可以签署完成，电子合同形式起到较好的作用。农商贷的业务模式是典型的 P2P 网络借贷业务模式，宜信在整个过程中主要起到的是信息中介的作用。在尽职调查和合同签署方面，实际上履行了出借人代理人的角色，从某些意义上也是信用中介职能的体现。客观上利用宜信自身的信誉，起到了为借款人信用背书的效果。在中国互联网金融平台成长的阶段，完全杜绝信用中介的可能性不大。宜信的一线实践也说明了这一点。

13.5.2.4　辅助性工作

农商贷比较典型的创新做法就是帮助农户销售产品。宜信普惠统一为静宁等地果农推出"宜苹果"项目。获得宜信普惠支持的农户，只要按照相关要求进行种植，其出产的优质苹果均能借助"宜苹果"统一项目，通过互联网众筹搭建的渠道和社会化媒体的营销方式进行销售。上述行为带来的不仅是贷款上的援助，更为关键的是农村金融信用理念的示范普及，在资金支持的同时，也为产品的销售提供了极大的帮助作用。实际上，这种资金带动产业、产业保障资金的双赢做法，大大降低了信贷的风险。

宜信为了长久的业务开展，当地营业部都会注重当地金融生态圈的维护。营业部基本上都做到了与各行政村的村委会等基层组织机构建立长期的合作关系，农商贷也通过设立村级代理服务站的形式，向农村客户提供借款、缴费等服务，真正解决了农村金融最后一公里的问题。在会同甘肃、四川社会科学院开展农村经济发展情况的调研时，得到了当地省级政府的大力支持，调研后发布的农村经济白皮书产生了较好的社会反响，为宜信赢得了良好的社会形象。

13.5.3　融资租赁业务

融资租赁业务是宜信取得融资租赁金融牌照之后在农村金融领域的一次探索。该类业务解决了部分农业机械购买、农业生产资料融资的难题，在农村金融业务拓展上，提供了更多样性的金融业务支持模式。

13.5.3.1　服务对象

融资租赁的客户群就是租赁物的承租人，也就是实质上的借款人，一般要求年龄在20—58周岁，有稳定收入和固定住所，并且有一定的农业产业基础。大部分服务对象是农业生产者或农机服务提供者。

13.5.3.2　融资租赁业务的主要业务模式

融资租赁业务在法理上并不复杂，实践操作上也已经十分成熟，宜信探索了新的做法，尤其在农机租赁业务方面，成效显著。宜信在更大范围上切入农机业务链条当中，利用平台的优势，联合农机专业销售平台、电商，把金融服务切入到整个农机销售环节，让销售商、购买者、宜信，多方共同受益，形成了紧密互助的业务闭环，既增加了业务，也降低了风险。

具体做法就是，宜信利用农机1688等互联网平台或各地营业网点，寻找农机承租户和销售商。当确定了承租户并经宜信员工实地调查后，宜信选择购买承租户选定的农机并出租给该农户。宜信租赁公司按照合同约定定期收取承租户租赁费，在此期间农机的所有权归宜信租赁，等所有租赁费交清之后，农机归承租人所有。一般情况下，农户需要先行缴纳不低于30%的农机价款。如果是通过电商平台完成的业务，相关平台会根据合作合同获得相应的收益。在整个业务过程中，宜信租赁可以直接把农机款付给经销商，之后也可以考虑把租赁费债权在宜人贷等平台上进行出售转让，迅速收回已经付出的货款。完成此过程后,购买农机的资金实际上最终还是来源于 P2P 网络借贷平台上的社会出借款。

宜信在融资租赁业务上的另一个尝试就是活体租赁业务。2015 年 7 月,宜信租赁与河北滦县军英畜牧有限责任公司达成合作,为 200 头泌乳牛办理了售后回租业务,成功地把活体物作为租赁标的。具体做法是,宜信租赁先把所有的奶牛买下来并付款,然后奶牛主再从宜信承租奶牛,并按约定期限支付租金,支付完毕租金后,奶牛所有权再归承租人(原出卖人)所有。这也是融资租赁的一个创新尝试。

13.5.3.3 农资租赁的产品结构

宜信融资租赁的主要特点是低首付,最低首付价款只要达到农机总价款的 30% 即可。强调的是宜信融资租赁本质上还是金融信贷业务,只是根据法律规定进行了适当变形而已。还款期限为 4—36 个月不等。最终以租赁费的形式偿还借款,一般月利率不超过 1.3%,年利率水平在 15.6% 以内。利用这种方式,宜信有效地对接了供应商、农户,并以高效的资金服务促进了农资的流通。

13.5.3.4 融资租赁关联业务

除了为涉农客户提供设备融资租赁外,宜信开展了为合作厂商、经销商提供包括商业保理、库存融资在内的供应链金融产品,为农机保险等业务直接提供投保服务,为农业机械整个产业链提供多元化、个性化、优质化的产品及服务体系。宜信融资租赁还根据客户情况,推出如农产品众筹、农产品场外期权、小额农资贷款及售粮贷款等服务,通过多元化、多层次的服务及手段,为客户提供多项增值服务。宜信租赁成了互联网金融与现实产销体系结合的成功案例。

13.6 宜信农村金融模式的比较优势分析

宜信在传统金融服务领域之外,创造性地在农村地区走出了一条相对成熟、清晰的普惠金融之路。其种种做法,带有明显的时代感和创新突破意识。宜信普惠金融模式既有新型金融的优势,也有新旧金融体制不能完全配套带来的纠结尴尬。

13.6.1　创新的直接交易模式

传统的农村金融服务机构，包括村镇银行、农村信用社、小贷公司等，它们的贷款资金主要来自当地的吸收存款、注册资本金和经营利润，主要是公众存款。囿于明确的地域经营限制，其吸收存款能力有限，因此放贷量自然会受到限制。而宜信利用无限开放的互联网平台，将农村的借款人直接和不同区域的出借人对接，其业务的开展不受银行业金融机构的监管约束。不仅如此，宜信有多个从事 P2P 网络借贷、众筹的互联网业务平台，无论是涉农业务还是城市业务，其本身的资金来源并不严格局限在一类平台上。利用宜信内部的调配机制，在为项目找资金的渠道上相对比较宽阔。宜信这种实质上基于互联网开放空间而达到的经营无地界的优势，是传统金融机构不可比拟的。理论上说，宜信的经营地域范围优势被不受限制的资金来源渠道所保障。农户资金来源多的样化打破了传统金融机构的垄断地位。以宜信为代表的互联网金融企业给农村金融带来了最大便利。

13.6.2　多产品多服务的互补优势

目前农村金融市场供给不足的同时，也面临着金融需求多样化和金融供给单一之间的矛盾。长期萎靡的农村金融市场发展停滞不前，为农村提供金融服务的许多银行业金融机构缺乏创新和服务意识。实际上，在农业现代化的大环境中，农村的金融需求已经远远不只是银行账户、小额借贷等基础金融服务，同时农村金融也不再仅是给什么要什么的时代，客户体验也是农村选择金融服务的一个重要因素。宜信通过统筹融资租赁、保理业务、小额贷款等业务，同时辅以保险、基金、品牌服务和合作社服务等，为农村金融提供多样化的产品和多种类的服务。多产品多服务的策略不仅彼此互补，互相促进，更容易形成综合的金融服务体系。以满足客户需求为导向的业务开展方式也提供最好的客户体验，带来更多的客户流量。

13.6.3　技术改进提高了信贷效率

互联网金融的最大优势就是便捷性。目前部分小微信贷完全可以在互联网上无纸化审核，甚至可以完成线上合同的签批。相对传统信贷机构层层审批的操作方法，的确便捷了很多。农商贷部分小额贷款，从借款人申请开始，1 天内就可以取得贷款，甚至个别业务在 6 个小时内完成了全部业务环节。技术的改进，也让宜信在农村金融服务领域可以更快地扩张发展。互联网技术下的信贷模式，不仅仅是物理技术上的进步，更是整个信贷理念的更新和信贷文化的突破、创新。在互联网信贷扩张与政府监管方式改进的博弈过程中，宜信用实例说明，互联网金融企业无论是在技术上还是信贷效率上，具有传统金融机构不可比拟的优势。

13.7　宜信农村金融业务的结论与启示

13.7.1　互联网企业开展农村金融服务的作用和意义

宜信利用互联网开展农村金融服务，对探索普惠金融实现方式，消除金融排斥，促进农村金融改革，推动城乡共同进步以及社会和谐发展，都发挥了积极作用。

13.7.1.1　以城带乡，有效调动金融资源回流农村

我国农村资金外流问题长期得不到解决，金融资源向城市集中，向富裕地区集中，农村地区尤其是西部欠发达地区的金融供给严重匮乏。传统信贷资金的供给，受制于地方银行资金的多寡，地域限制对资金的供给有重要影响，资金充裕的地区很难直接调配到资金匮乏的地区，而且缺乏城市资金有效向农户、农民支持的途径。互联网金融最大的优势就是无界性，其巨大的联通功能可以广泛地在资金的供给和需求两端进行调配。宜信利用互联网的优势，找到了把发达地区和城市的资金回流农村的路径。据宜信的不完全统计，宜农贷、宜信租赁、农商贷的大部分资金来源于城市投资者，尤其是一、二线城市投资者，其中，宜农贷超过 95% 的出借人来自一、二线城市，绝大部分都在一线城市。宜信公司在甘肃有 21 家机构，涵盖静宁县、庄浪县、麦积、安定区、陇西县、临洮县等 11 个国家级贫困县。2013 年全年，宜信公司累计为甘肃地区 3000 多户农民及创业家庭，提供了近 1.1 亿元信用借款支持（不包括城市信贷）。如果不是倚靠城市资金来源，难以想象这些贫困县会有更多资金照顾到这 3000 多户低收入群体的

信贷需求。

13.7.1.2　向农村不同阶层提供多种金融产品和服务

宜信的金融服务针对农村不同层面的农户，既包括中低收入群体，也包括初步发展来的农民、种养殖大户等，充分体现了普惠金融的理念和做法。

宜信宜农贷作为一种"可持续扶贫"的创新公益模式，突破原有以捐赠方式为主的"输血"式扶贫模式，以出借方式实现"造血"式扶贫模式，帮助中低收入和贫困人口创收致富，不仅实现了精神扶贫和物质扶贫的双重收获，而且实现了公益性和商业性的结合。宜农贷拥有的合作机构已覆盖 11 个省 23 个农民服务组织，100% 的借款人为 20—60 周岁的农村已婚女性，超过 95% 的出借人来自一、二线城市，而且大部分在一线城市，部分就是宜信自己的员工。到 2015 年年末出借人已经达到 159992 位，资助 17909 位农户获得贷款支持，资助金额 1.71 亿元，按期还款率 100%。

宜信农商贷以农村初步发展起来的农户为主要服务对象，解决了他们生产生活的融资需求。其客户已经超过 5 万人，贷款总额超过 10 亿元人民币，借款客户主要覆盖了云贵川、黑吉蒙、陕甘宁等 70 多个县市。其中，甘肃省的 3000 多位客户中种植、养殖业的客户占 14%，从事餐饮、运输、小型加工业的客户占 56%，另外用于建房、结婚、看病等家庭消费项目的客户占 30%。

宜信融资租赁以农村种养殖大户和家庭农场等新型农业经营主体为服务对象，满足他们扩大生产的融资需要，其业绩成长较快，目前年放款规模约 1.5 亿元，服务农户超过了万人，累计支持额度已经超过 5 亿元，总体融资租赁业务不良率在 3% 以内。宜信在农村金融中的业绩表现，虽然并未达到城市金融的体量，但其星火燎原之势，带来了农村金融的新气象。

13.7.1.3　推动农村金融扶贫事业

宜农贷的服务对象为低收入的农村已婚妇女群体以及家庭困难且经营薄弱的农户，发挥了良好的扶贫作用。以 2014 年为例，宜农贷为近 4000 名农村妇女提供了宝贵的借款机会。而以往，这些家庭困难、文化程度偏低、地处经济落后地区的妇女，不用说从金融机构，即便是从亲戚朋友处都难以借到款。宜农贷不仅让她们得到了实实在在的经济帮助，更让她们获得了宝贵的改善生存环境的机会，帮助她们获得了妇女自救、自力更生的机会。2014年宜农贷还推出"宝贝计划"，让4000名农村孩子得到保险服务，帮助农村孩子获得安全保障，也从另一个角度解决了农户家庭的一部分困难。

13.7.1.4　促进农村金融市场良性竞争

竞争不足、供给缺乏是农村金融落后的重要原因。提高农村金融行业的竞争力，有利于金融服务的升级和创新。互联网使金融业务更加透明，利率、贷款期限、支持类别等完全可以在网络上查到，甚至资金提供者都可以记住。互联网直观地呈现借款人信息，资金用途和风险情况都是透明化的，大大提高了信息的传递速度，促进整个农村金融行业的良性竞争，为农户带来直接的福利。宜信在农村地区"用脚做金融"的实践，有效地带动地方金融机构的自我完善，打破了固有金融机构的垄断地位，揭开了传统金融机构高高在上的面纱，使得信贷和其他金融服务逐渐地平民化、常态化，对促使农村金融形成合理、有效的竞争起到了积极作用。

13.7.2　宜信农村金融实践中的困难与挑战

2015年宜信员工从3万人扩大到4.5万人，用了不足半年的时间。作为一个庞大的金融服务机构，虽然宜信与众多的P2P网络借贷平台一样，沐浴在迅猛成长的"春风"里，看起来欣欣向荣，但是隐含的风险也是不容忽视。现实业务开拓中的问题，更是层出不穷。

13.7.2.1　监管政策风险

2015年7月央行等十部委联合发布《关于促进互联网金融健康发展的指导意见》，2015年年末银监会会同工业和信息化部、公安部、国家互联网信息办公室等部门研究起草了《网络借贷信息中介机构业务活动管理暂行办法（征求意见稿）》，目前在广泛征求意见。从意见上看，政府是采用了严格收紧的办法对互联网金融进行监管。宜信在国内创新的债权转让筹集资金的方式是否会涉及资金池问题，宜信的做法是否恪守绝对的中介身份，其客户筛选和信息备份是否能够及时达到监管的要求，都需在转型和改进之后考量。由于政府对互联网借贷平台的监管态度趋于保守，未来对宜信的业务可能产生影响。

13.7.2.2　部分地方政府对互联网金融存在不理解和偏见

当前各界对互联网金融的认识意见并不统一，例如，有些地方政府对互联网金融就带有比较强烈的偏见，认为P2P网络借贷就像是"赌博"。宜信在地方艰苦地普及金融服务工作时，经常会遇到地方政府拒绝或变相阻碍的情况，甚至有些地方政府严令禁止其在当地开展业务。随着政府监管政策的明晰化，这种情况可能会好转，但是地方政府对宜信模式的犹豫态度，直接影响了业务的发展。

13.7.2.3　市场竞争失序，不当竞争时有发生

由于互联网金融的监管细则迟迟不能落地，经常导致同类单位为了抢夺客户资源，恶性竞争加剧，甚至不择手段以诋毁对方为目的。例如，有的竞争对手窃取宜信自身的市场开拓成果，冒充宜信工作人员强揽业务。这些都在一定程度上妨碍了整个行业的健康发展。

13.7.2.4　与地方机构的合作不稳定

宜信互联网金融可以从网上筹集资金，但资金运用需要地方合作伙伴来操作，进行线上线下结合。但是，总体来看，这种合作关系还不够稳定，原因包括合作协议时间短、部分合作伙伴业务转变、人员素质参差不齐，等等。尤其是公益性质的宜农贷，需要公益性小额信贷组织等作为业务支撑，但是近些年公益性小额信贷组织发展迟缓，使宜农贷拓展业务遇到困难。

13.7.2.5　信用体系建设滞后

农村地区的信用体系建设严重匮乏，大部分农民无信贷记录，无从判断其历史信用情况。由于农户大多未与金融机构发生信贷业务，在人民银行的征信系统中缺乏相关信用数据，对农户信用状况难以有效甄别。并且部分小额贷款公司、融资租赁、保理公司和典当行等机构，对农户的借款情况并不记入征信系统，导致该部分信用记录缺失。同时，宜信尚未接入人民银行征信系统，客户逾期违约数据无法在征信系统体现，难以对客户形成有效的制约，使得客户违约成本大大降低，导致信贷风险控制难度加大。

13.7.2.6　业务模式尚不成熟，有待探索

如同互联网金融自身的发展一样，宜信农村金融的业务模式仍然处于

"摸着石头过河"的探索过程中。无论是宜农贷、农商贷还是融资租赁业务，基于地域性差异和国家政策的变动等因素，业务模式都处于不断变化、修正的过程当中。至于"谷雨战略"下的云平台业务，包括保险、支付、咨询、销售、代理等业务，目前更是在不断摸索的过程中，远未成熟，甚至部分还处于构想状态中。

13.7.3　互联网条件下开展农村普惠金融的政策建议

农村普惠金融是一项具有挑战性的工作，互联网为该项工作的可持续推进提供了更有效的途径，但面对各种困难，更需要政策进一步的支持和培育。

13.7.3.1　建立政府介入的政策激励机制

涉农金融业务自身的高成本、高风险、低回报特征，让进入该行业领域者都忧心忡忡。推动农村地区的金融水平提高，单纯地靠市场的力量，让农村金融迅速发展难度较大。互联网金融能够有效、迅速地在农村地区发挥力量，能够切入传统金融机构在农村地区开展了 30 年左右的金融市场，足以证明其优势和可持续性，应该得到鼓励。政府应当将对传统农村金融机构的优惠政策扩大适用到开展农村金融服务的互联网金融企业，也可以适度地建立专门对互联网金融企业的风险补偿金或财政补贴机制，提高其开展农村金融服务的积极性，并帮助其尽快完善、发展。

13.7.3.2　政府监管政策早日落地，细化相关的业务准则

互联网金融政策的实质性缺位，导致各家金融平台都在摸索中探索，许多做法甚至与既有法律、法规相抵触。监管缺位导致企业自身发展的动力不足，犹豫中裹足不前，试探性地突破体制约束，带着镣铐在农村金融领域的施展，是当前互联网企业的共性。看似红火的市场，实际上都在进行着与未知命运的博弈。此外，监管规则的空缺实际上也加大了互联网金融市场的风险。鱼龙混杂、良莠并存的局面让农户自身也无法考量从业者的真假优劣，导致市场杂乱无章。2000 余家 P2P 网贷机构出现的问题，也不得不让部分地方政府对互联网金融机构产生强烈的畏惧感。各家互联网金融机构自行其是的做法反而更容易撕裂市场。例如，有的互联网金融机构建立了风险准备金的提取制度，逐渐利用风险化解机制来应对市场风险；

有的毫无准备，一旦风险来临，只能被动应付，甚至坐以待毙。政府突破在金融、互联网、财政方面各自为政的做法，制定统一兼顾的规则，明确互联网金融企业具体的权利义务和行为准则，是当务之急。随着《网络借贷信息中介机构业务活动管理暂行办法》的最终落地，宜信的许多业务规则也需要做相应调整。

13.7.3.3　农机补贴现行政策需要适当调整

对于通过融资租赁的农机设备申请购机补贴问题，国务院已经下发有关指导意见进行规范，但是地方政府仍然以发票记载的名称作为受补对象。通过融资租赁购买的设备，理论上所有权一般是出租方，也就是宜信，这是该业务的基本模式。按照规定，尽管农户没有所有权但也可以用承租人的身份申请农机购买补贴，但目前大多未能严格执行。农户不取得所有权转让的发票等凭证，农机亦不能进行抵押登记。为了让农户补贴顺利，只能开具承租人为所有人的农机发票，导致在所有权问题上容易产生争议。类似税收、财政政策上的大问题，目前没有合适的协调机制来帮助化解。

13.7.3.4　加大农村金融的基础设施建设

金融的互联网化本是社会生产力提高的自然结果，一切业务对电信网络等基础设施具有强烈的依赖度。当前农村地区的网络基础设施还普遍较差。国家既然在战略上鼓励互联网的发展，并意图以此来带动全社会的进步，就应当重视农村金融和网络基础设施的建设。当前部分落后地区，尤其是西北、西南地区，有些村落甚至连移动信号都难以连接，更不用说互联网进村、进户。这与地方政府的重视度息息相关。同样是国家贫困地区，近年来甘肃省陇南市在农村电商上的持续扶持和投入，为当地农民的脱贫致富起到了良好的促进作用，这主要得益于地方政府的重视和政策支持。因此，政府在互联网基础设施建设上的促进作用不可或缺。同时，应当重视互联网金融企业与人民银行征信系统的对接。虽然监管政策把宜信的网络借贷平台当作信息中介来对待，但是在甄别互联网借款户风险方面，其有一定的责任。早日让互联网借贷平台接入征信系统，并适当增加部分保密措施，对互联网金融的发展具有积极的促进作用。

参考文献

1. 陈斌开、李涛：《中国城镇居民家庭资产——负债现状与成因研究》，《经济研究》2011 年第 1 期。

2. 陈雨露、马勇：《中国农村金融论纲》，中国金融出版社 2010 年版。

3. 杜晓山：《小额信贷的发展与普惠性金融体系框架》，《中国农村经济》2006 年第 8 期。

4. 杜晓山：《发展农村普惠金融的十大建言》，《中国银行业》2015 年第 9 期。

5. 甘犁、尹志超、谭继军：《中国家庭金融调查报告（2014）》，西南财经大学出版社 2015 年版。

6. 国家统计局国民经济核算司：《中国资产负债表编制方法》，中国统计出版社 1998 年版。

7. 顾淳：《家庭资产负债表结构与金融危机的关联性分析》，《经济研究导刊》2015 年第 13 期。

8. 焦瑾璞：《普惠金融的国际经验》，《中国金融》2014 年第 10 期。

9. 黎毅、罗剑朝等：《供给抑制下的不同类型农户信贷需求及其约束研究》，《农村经济》2014 年第 10 期。

10. 李岩等：《不同类型农户贷款行为及其影响因素——基于连续 6 年农户贷款面板数据》，《中国农业大学学报》2016 年第 1 期。

11. 李扬等：《最新国家资产负债表到底揭示了什么》，中国社会科学出版社 2015 年版。

12. 李扬等：《中国国家资产负债表 2013——理论、方法与风险评估》，中国社会科学出版社 2013 年版。

13. 李周、任常青：《农地改革、农民权益与集体经济：中国农业发展中的三大问题》，中国社会科学出版社 2015 年版。

14. 李建英等：《农村"伪金融"非法集资乱象调查》，《河北企业》2016年第 7 期。

15. 刘玲玲等：《清华经管学院中国农村金融发展研究报告　完结篇（2006—2010）》，清华大学出版社 2010 年版。

16. 刘向耘等：《中国居民资产负债表分析》，《金融研究》2009 年第 10 期。

17. 刘秋芳：《遏制农村非法集资保护金融消费者权益》，《中国农村金融》2016 年第 5 期。

18. 楼文龙：《农业供给侧改革的基础金融服务》，《中国金融》2016 年第9 期。

19. 鲁力裴：《我国土地资源价值体系研究综述》，《山西农业科学》2015年第 9 期。

20. 牛荣：《陕西省农户借贷行为研究》，博士学位论文，西北农林科技大学，2013 年。

21. 潘功胜：《关于构建普惠金融体系的几点思考》，《上海金融》2015 年第 4 期。

22. 裴银宝等：《基于虚拟土理念的"三西"地区土地价值核算探究》，《农业现代化研究》2015 年第 2 期。

23. 沈明高、徐忠、沈艳：《中国农村金融研究：改革、转型与发展》，北京大学出版社 2014 年版。

24. 世界银行：《2014 年全球金融发展报告：普惠金融》，中国财政经济出版社 2015 年版。

25. ［美］斯蒂格利茨：《经济学（上册）》，梁小民、黄险峰译，中国人民大学出版社 2000 年版。

26. 孙元欣：《美国家庭资产统计方法和分析》，《统计研究》2006 年第2 期。

27. 汪小亚等：《农村金融改革：重点领域和基本途径》，中国金融出版社2014 年版。

28. 王曙光、乔郁等：《农村金融学》，北京大学出版社 2008 年版。

29. 王应权、王亚娟、赵志勇：《秦巴山区连片扶贫开发的金融服务研究》，

《甘肃金融》2014 年第 1 期。

30. 吴红军、何广文主编：《中国农村普惠金融研究报告（2014）》，中国金融出版社 2015 年版。

31. 肖翔、张韶华、赵大伟：《金融包容指标体系的国际经验与启示》，《上海金融》2013 年第 8 期。

32. 谢平、徐忠：《新世纪以来农村金融改革研究》，中国金融出版社 2013 年版。

33. 张承惠、郑醒尘等：《中国农村金融发展报告（2014）》，中国发展出版社 2015 年版。

34. 张承惠、郑醒尘等：《中国农村金融发展报告（2015）》，中国发展出版社 2016 年版。

35. 张晓山等：《马克思、恩格斯、列宁、斯大林论农业、农村、农民》，中国社会科学出版社 2013 年版。

36. 张晓山、何耐安主编：《农村金融转型与创新——关于合作基金会的思考》，社会科学文献出版社 2007 年版。

37. 赵新新等：《基于虚拟土理念的中国耕地资源价值核算初探》，《地理与地理信息科学》2013 年第 3 期。

38. 赵澜、裴霏霏：《农村非法集资类犯罪特点、成因及防治对策——以江苏省兴化市为例》，《赤峰学院学报》（汉文哲学社会科学版）2013 年第 10 期。

39. 中共中央政策研究室、农业部农村固定观察点办公室：《全国农村固定观察点调查数据汇编（2000—2009）》，中国农业出版社 2010 年版。

40. 中国人民银行农村金融服务研究小组：《中国农村金融服务报告 2014》，中国金融出版社 2015 年版。

41. 中国人民银行陇南市中心支行课题组：《"十二五"时期陇南市金融发展改革问题探讨》，《甘肃金融》2010 年第 11 期。

42. 中国人民银行陇南市中心支行课题组：《对陇南市银行业存差现象的分析与建议》，《西部金融》2009 年第 12 期。

43. 中国人民银行开县支行：《开县支行推动政府主导金融生态文明建设成效凸显》，《开县金融信息》2015 年第 2 期。

44. 中国农业银行战略规划部、西南财经大学中国家庭金融调查与研究中心：《中国农村家庭金融发展报告（2014）》，西南财经大学出版社2014年版。

45. 章昀：《家庭资产负债表中的指标分析》，《财经视点》2008年第6期。

46. 中国注册会计师教育教材编审委员会：《财务管理》，经济科学出版社1998年版。

47. 朱玲：《贫困地区农户的收入、资产和负债》，《金融研究》1994年第3期。

48. Jaynal Abedin and Hrishi V. Mittal, *R Graphs Cookbook*, *Second Edition*, Birmingham, UK: Packt Publishing, 2011.

49. Michael J. Crawley, *The R Book*, *Second Edition*, The Atrium, UK: John Wiley & Sons, Ltd, 2013.

报告撰写分工

第1—7章：孙同全、董翀、陈方、韩磊。

第8章：聂强、孙同全、刘兴祥。

第9章：孙同全、李勤。

第10章：韩磊、汪雯羽、孙同全、罗洋明。

第11章：孟光辉、孙同全、董三荣。

第12章：董翀、孙同全、钱峰。

第13章：孟光辉、刘大伟、胡安子、李根。